MW00745342

UTTA DANELLA

# EIN BILD
# VON EINEM MANN

*Roman*

## Originalausgabe

WILHELM HEYNE VERLAG
MÜNCHEN

HEYNE ALLGEMEINE REIHE
Nr. 01/8376

14. Auflage

Copyright © 1992 by Autor und AVA – Autoren- und Verlagsagentur GmbH,
München-Breitbrunn
Wilhelm Heyne Verlag GmbH & Co. KG, München
Printed in Germany 1996
Umschlagillustration: Marietta Frommberger, München
Autorenfoto: Isolde Ohlbaum, München
Umschlaggestaltung: Atelier Ingrid Schütz, München
Satz: IBV Satz- und Datentechnik GmbH, Berlin
Druck und Bindung: Elsnerdruck, Berlin

ISBN 3-453-05305-2

# Abschiedsszene

Noch eine halbe Stunde bis zum Abflug. Georgia saß kerzengerade in ihrem Sessel, das Gesicht unbewegt, starr der Blick. Keiner sollte ihr anmerken, wie die Angst sie erfüllte, wie mühsam, wie langsam ihr Herz schlug.

Wie töricht von ihr, mit nach Riem zu fahren! Es würde wieder ein Abschied sein, und dann wäre sie endgültig allein, dann hätten alle sie verlassen.

Wäre sie zu Hause geblieben, könnte sie jetzt weinen. Nun saß sie hier unter diesen Leuten, die sie nichts angingen, und mußte so tun, als sei die Abreise ihrer Schwester nichts Besonderes, eine alltägliche Angelegenheit, oft genug erlebt. Da stand sie, Karen, ein paar Schritte entfernt, sie redete, sie lachte, freudige Erregtheit ging von ihr aus, wie immer wenn sie eine große Reise begann, wenn sie eine neue Aufgabe vor sich hatte.

Für Georgia hatte sie kein Wort, keinen Blick.

Der Fotograf Raabe, der mit seiner Frau an diesem Tisch saß, hatte schon zweimal den Versuch gemacht, ein Gespräch mit Georgia zu beginnen. Er kannte sie inzwischen ganz gut; während die Reise vorbereitet wurde, war er einige Male ins Haus gekommen, sie hatte ihn liebenswürdig begrüßt und manchmal schien es, als interessiere sie sich für das Unternehmen. Er beugte sich vor und sprach sie direkt an.

»Kaum zu glauben, daß es jetzt wirklich so weit ist. Aber wenn Ihre Schwester etwas in die Hand nimmt, haut es meist hin.«

Schweigen. Sie schien ihn gar nicht gehört zu haben.

»An sich freue ich mich ja immer, wenn so ein großes Ding startet«, fuhr er fort. »Dieses Mal habe ich nur Sorgen wegen meiner Frau. Ich lasse sie wirklich ungern allein.«

»Ach, sei doch still«, sagte Almut Raabe, eine zierliche Brünette, verlegen.

»Ich wünschte, Frau Wieck, Sie würden sich ein wenig um Almut kümmern.«

Er bekam auch diesmal keine Antwort, aber immerhin einen erstaunten Blick. Seine Ohren röteten sich. Wie konnte er nur so etwas Dummes sagen?

Georgia sah die junge Frau an, die sie bisher gar nicht beachtet hatte. Sicher hatte man sie zuvor mit ihr bekannt gemacht, aber was ging sie die Frau des Fotografen an. Um andere Leute kümmerte sie sich sowieso niemals. Es gab nur einen Menschen auf der Welt, der ihr etwas bedeutete, den sie liebte, um den sie sich, wenn man diesen Ausdruck gebrauchen wollte, kümmerte, das war ihre Schwester.

»Sag mal, Erwin, spinnst du?« fragte Almut Raabe. »Wie kommst du denn darauf? Frau Wieck kennt mich doch gar nicht.«

»Na, es war halt so eine Idee von mir. Weil wir wegfliegen, und ihr bleibt da. Irgend so eine Gedankenverbindung muß es gewesen sein. Entschuldigen Sie, Frau Wieck.«

Georgia neigte ein wenig den Kopf.

»Ich dachte«, sprach er weiter, »Sie hätten meine Frau mal kennengelernt, beim Filmball. Oder beim Presseball. Oder...« Er schwatzte über seine Verlegenheit hinweg.

»Ich war weder da noch dort«, sagte Georgia kühl.

Das hätte er wissen können, auf Bällen oder Parties sah man sie nie, höchstens bei Opernpremieren oder in einem Konzert.

»Tut mir leid«, murmelte er.

»Was?« fragte Georgia und nun sah sie ihn lächelnd an.

Dieses sanfte Lächeln, das sie noch schöner machte und allen Hochmut, alle Kälte vergessen ließ.

Raabe schmolz sogleich dahin.

»Na, ich dachte nur. Ich meine, ich dachte, Sie kennen meine Frau. Ich bin zur Zeit etwas besorgt um sie.«

»Das sagten Sie schon.« Und etwas abgelenkt von ihrer Angst, betrachtete sie die Frau des Fotografen, die nun auch lächelte. Doch die Traurigkeit in ihren Augen war nicht zu übersehen. Georgia begriff, daß sie nicht die einzige war, die vor dem Start der Maschine Angst hatte.

»Mir geht es gut«, sagte Almut Raabe leise. »Um mich brauchst du dir keine Sorgen zu machen.« Und zu Georgia: »Ich kenne Sie, Frau Wieck. Ich war im Frühjahr bei Ihrer Vernissage.«

»Ah ja?« machte Georgia.

»Es war ein so schöner Abend. Und so interessante Leute. Und Ihre Bilder waren... Ihre Bilder sind ganz phantastisch.«

»Ja, ich erinnere mich«, sagte Georgia höflich. »Ihr Mann hat recht, damals haben wir uns kennengelernt. Sie trugen ein zartlila Kleid und einen goldenen Schal um den Hals.«

Almut öffnete den Mund vor Erstaunen. Zweihundert, dreihundert Menschen hatten sich in den Räumen der Ausstellung gedrängt. Und sie *hatte* ein zartlila Kleid getragen.

»Das Auge der Malerin«, sagte Raabe, und dann lachte er.

Er war auch bei der Vernissage gewesen, er kannte die Bilder, und er hatte schließlich einen Blick für Bilder. Ganz instinktiv hatte Almut den passenden Ausdruck gefunden: Sie waren phantastisch die Bilder, die Georgia Wieck malte, im wahrsten Sinne des Wortes. An eins erinnerte er sich besonders, an ein Gesicht, ein leeres Gesicht. Das eine Auge, braun, befand sich oben an der rechten Ecke der Leinwand, das andere, grün statt braun, an der linken oberen Ecke. Und der Mund nicht etwa unten in der Mitte, sondern rechts unten am Rand.

Phantastisch, jawohl! Er hatte eine Weile vor diesem Bild gestanden, es war relativ groß, etwa achtzig zu siebzig, und hatte zugehört, was andere Betrachter dazu zu sagen hatten. Manche fanden es großartig, auch der Ausdruck phantastisch war gefallen, und irgendeiner hatte gesagt: Für mich ist das krank.

Aber es spielte keine Rolle. Wenn man soviel Geld besaß wie Georgia Wieck, konnte man malen, was man wollte. Sie mußte die Bilder nicht verkaufen, der Aufmerksamkeit der Presse und der Kunstwelt konnte sie gewiß sein, nur weil sie, die schöne Wieck sie gemalt hatte. Georgia hatte unter den Leuten ein wenig geistesabwesend gewirkt, hatte kaum gesprochen, und dann war sie auf einmal verschwunden.

»Meine Schwester ist ein wenig menschenscheu«, hatte Karen Wieck gesagt und ihrerseits die Repräsentation übernommen.

Für eine kleine Weile vergaß Almut ihren Kummer. Sie war fasziniert von dieser Frau, die ihr hier gegenübersaß, hingerissen von diesem Gesicht.

Almut kannte Frauengesichter gut, junge und alte, verlebte und lebendige, hübsche, schöne, auch sehr schöne, aber es kam ihr vor, als hätte sie nie ein schöneres Gesicht gesehen. Es war makellos, es war vollkommen, der helle Teint ohne jede Unebenheit, keine Schminke, die großen Augen fast schwarz, ebenso dunkel das glatte Haar über der hohen Stirn.

Raabe hatte sich ihr wieder zugewandt, faßte ihre Hände mit beiden Händen.

»Du weißt, was du mir versprochen hast.«

Sie befreite sich unwillig aus der Umklammerung.

»Wir reden seit Tagen ununterbrochen darüber, und versprochen habe ich gar nichts.«

»Doch, hast du. Gestern abend. Du wirst schön ausschlafen, wirst gut und reichlich essen und viel spazierengehen, solange das Wetter noch so schön ist.«

»Ich werde sechs Wochen allein sein, und ich würde diese sechs Wochen leichter ertragen, wenn ich wieder arbeiten könnte.«

Er faßte wieder nach ihrer Hand, Georgia sah, wie sich der Mund der jungen Frau verzog, gleichzeitig kam etwas wie Trotz in ihren Blick.

»Aber ich...«

»Sechs Wochen gehen schnell vorbei. Ich will nicht, daß du schon wieder arbeitest, es ist zu anstrengend. Du mußt die meiste Zeit stehen. Du könntest ja zu deiner Mutter fahren.«

»Auch das noch! In diesem Zustand!« Und dann, fast wütend, fügte sie hinzu: »Hör endlich auf damit, ich kann es nicht mehr hören.«

Almut Raabe blickte Georgia an, die jedes Wort verstanden haben mußte, wenn auch nicht deren Sinn. Ihre Augen füllten sich mit Tränen, sie zog ihre Hand wieder heftig zurück und wiederholte gereizt: »Hör endlich auf!«

Der Zustand war kein Zustand mehr: Almut hatte vor drei Wochen eine Fehlgeburt gehabt, sie war im vierten Monat gewesen und bis dahin war ihre Schwangerschaft ganz normal verlaufen.

Georgia lehnte sich in ihrem Sessel zurück, der Disput der beiden interessierte sie nicht. Sie blickte auf ihre Schwester. Die stand mit dem Rücken zu ihnen, schlank und biegsam in dem hellen Hosenanzug, und selbst von hinten sah man ihr an, wie voller Leben und Schwung sie war. Karen tat, was sie immer tat, wenn sie nicht arbeitete: sie flirtete.

Zwei Männer waren es, mit denen sie sich beschäftigte, der Chefredakteur und dieser junge Beau, der seit neuestem eine Rolle in Karens Leben zu spielen schien.

Georgia stand zögernd auf. Warum konnte Karen in diesen letzten Minuten, ehe sie für lange Zeit fort sein würde, nicht mit ihr sprechen? Vielleicht war es das letzte Mal, daß sie sich sahen.

Georgia preßte die Lippen zusammen. Diese Einsamkeit, diese fürchterliche Einsamkeit. Ob Karen jemals begriff, was es bedeutet, allein gelassen zu werden?

Almut neigte sich zu ihrem Mann und flüsterte: »Welche gefällt dir besser?«

»Wie? Was meinst du?«

»Ich möchte wissen, welche von den beiden Wieck-Mädchen dir besser gefällt.«

»Ach so«, Raabe lachte. »Karen natürlich. Sie ist ein prima Kumpel. Ich arbeite gern mit ihr, wir sind ein Superteam. Denk an die argentinische Reportage. Und was wir jetzt machen, wird noch besser. Da fällt auch noch für andere Blätter, außer für Karens, eine Menge ab. Und vermutlich können wir in Kapstadt auch mit einem first-class-Fernsehteam was machen. Das ist es, verstehst du? Das wird ganz groß. Diesmal schlagen wir sie alle, Karen und ich.«

Er strahlte, und Almut begriff, daß er eigentlich schon fort war, auch wenn er hier noch neben ihr saß.

Sie würde nicht mehr weinen, auch wenn es acht Wochen

dauern sollte, dann würde sie einfach doch wieder arbeiten. Im gleichen Augenblick betrat Thomas Keller die Senator-Lounge, oder besser gesagt, er stürmte herein, denn langsam hatte ihn noch keiner gehen oder kommen sehen.

»Da kommt Tommy«, sagte Almut.

Raabe stand auf. »Fürwahr, ein treues Herz schlägt in dieser Brust«, grinste er, und Tommy, der schon bei ihnen war, lachte.

»Ich kann mir die Gelegenheit doch nicht entgehen lassen, Karen wenigstens noch einmal zu umarmen«, sagte er, schlug Raabe auf die Schulter, küßte Almut auf die Wange und machte einen artigen Diener vor Georgia.

Sie reichte ihm die Hand, und Tommy neigte sich zu einem formvollendeten Handkuß darüber. Georgia war die einzige Frau unter Gottes Sonne, bei der er so was tat.

»Du siehst, der hohe Chef ist eigenhändig persönlich da«, sagte Raabe, »und den Typ, mit dem Karen flirtet, kennst du ja wohl. Lorenzo bello, eines reichen Vaters Sohn, und bereit, deiner verflossenen Braut die Welt im Ganzen oder auch in wohlsortierten kleinen Stückchen zu Füßen zu legen.«

Karen, obwohl ein paar Schritte entfernt, hatte wie immer jedes Wort gehört. Sie drehte sich lachend um, das Glas mit dem Tomatensaft in der Hand.

»Die Welt liegt mir sowieso zu Füßen, heute noch, jedenfalls ganz Afrika. Grüß dich, Tommy. Nett, daß du gekommen bist.«

Ein Jahr lang waren sie ein Paar gewesen, Karen Wieck und Thomas Keller, ein ausnehmend schönes Paar sogar, beide groß, schlank, blond und zumeist guter Laune. Jetzt war es aus, warum wußte keiner.

Georgia, wie immer von Eifersucht geplagt, hatte depressive Anfälle bekommen, als es anfing, obwohl sie mittlerweile an Karens Affären gewöhnt sein müßte. Erstaunlicherweise hatte sie sich dann mit Tommy ganz gut angefreundet, er war warmherzig, aufrichtig, und viel sympathischer als der Beau, mit dem Karen zur Zeit beschäftigt war.

»Warum, Karen?« hatte sie gefragt. »Liebst du ihn nicht mehr?«

»Uff«, hatte Karen gemacht. »Georgia, hör auf, mich so schwachsinnig anzureden. Ich hatte ihn gern, und ich habe ihn noch gern, und bin vor allem gern mit ihm ins Bett gegangen. That's it. Das dauert eine Weile, und dann hat man es gehabt.«

Georgia hatte sich an Thomas Keller gewöhnt, er kam oft am Abend, vor oder nach einer Premiere, brachte immer etwas mit, selten Blumen, meist eine Flasche Whisky oder Rote Grütze von *Käfer*, die er pfundweise verschlang, manchmal waren es Platten oder eine CD mit dem letzten grölenden Hit, dazwischen auch ein Klavierkonzert von Mozart.

Dann saß er auf dem Teppich, saß endlich mal still, die Beine im Türkensitz, wenn er sich nicht gleich der Länge nach hinlegte, und hörte zu, ganz hingegeben.

»Der konnte Musik machen, was? Kann heute keiner mehr.«

»Wir können sie hören«, hatte Georgia darauf erwidert. »Der Technik sei Dank. Der Lärm, den du sonst mitbringst, auf den kann ich leicht verzichten.«

»Paßt auch nicht zu dir, Madonna. Aber das ist nun mal die Zeit, in der wir leben. Und so wie dieser Göttersohn komponiert hat, kann keiner mehr komponieren.«

»Sie können es nicht komponieren, aber sie können es spielen und singen, alle Orchester, alle Kammermusiker, alle Solisten, alle Sänger. Wie ist das möglich, wenn es doch nicht in unsere Zeit paßt, wie du sagst. Sie bringen es uns vollendet dar, vermutlich besser als zu Mozarts Zeit. Aber diese Musik machen, das kann keiner.«

»Machen, das ist es. Machbar ist alles, hier und heute. Denken wir. Weit davon entfernt. Kein neuer Mozart, kein neuer Schiller, kein neuer Rembrandt, kein neuer Michelangelo, kein neuer Johann Strauß, kein neuer...«

Georgia unterbrach ihn.

»Diese Reihe kannst du beliebig fortsetzen. Auch kein neuer Verdi oder Wagner. Nicht mal ein neuer Franz Lehàr. Und weißt du, warum? Was würden du und deinesgleichen tun mit einem neuen Verdi, einem neuen Mozart, einem neuen Schiller? Ihr würdet ihn in Grund und Boden donnern. Ihr würdet ihn so verreißen, daß er sich selbst nicht wiedererkennt.«

»So, so, du meinst also, wir heutigen Kritiker seien nicht imstande, ein Genie zu erkennen, wenn sich denn eines hören und sehen ließe.«

»Das meine ich. Und wenn du ehrlich bist, wirst du mir recht geben.«

Da lag er auf dem Teppich, lang wie er war, beide Arme ausgebreitet wie ein Gekreuzigter. Dann sagte er: »Es wäre der größte Wunsch meines Lebens, einem Genie zu begegnen. Oder noch besser, es zu entdecken.«

Ungerührt erwiderte Georgia: »Keiner von euch Zeitungsschmierern würde ein Genie erkennen, selbst wenn er ihm gegenüberstünde.«

Tommy schwieg eine Weile, dann fragte er: »Nennst du deine Schwester auch Zeitungsschmierer?«

»Stell dir vor, jemand würde heute eine Operette schreiben wie Franz Lehàr. Was würdet ihr mit dem machen? Kitsch und Käse. Käse und Kitsch, wäre das einzige, was euch dazu einfiele. Ich spreche absichtlich von Lehàr, damit wir nicht bei Mozart kleben bleiben. Beide haben für das Ohr und das Gefühl, für die Sinne und für das Herz zuhörender Menschen Musik gemacht. Das trifft genauso auf Verdi und Wagner zu. Und auf viele andere. Denk bloß an Richard Strauß.«

»Nennst du deine Schwester auch Zeitungsschmierer?« wiederholte Tommy.

»Karen ist kein Feuilletonjournalist, sie interessiert sich nur für Politik. Und da besteht wohl kaum die Möglichkeit, einem Genie zu begegnen.«

»Vielleicht war das früher auch anders. Denken wir mal an Bismarck oder Napoleon oder Friedrich den Großen oder Julius Cäsar.«

Georgia mußte lachen. »Auch diese Reihe ließe sich beliebig fortsetzen. Es erinnert mich an ein Spiel, daß wir als Kinder mit Panino spielten. Nenn mir einen großen Mann aus dem zwölften Jahrhundert, fragte er beispielsweise. Karen war da immer viel schneller als ich, ihr fiel sofort einer ein, ich mußte erst nachdenken.«

Das war der Abgrund, der Thomas Keller von Karen Wieck trennte – sie eine Journalistin, der alle großen Blätter offen standen, deren Name selbst im Ausland gut bekannt war, die schreiben konnte, daß sich der Bericht einer Parlamentsdebatte wie ein spannender Krimi las, und er ein Feuilletonjournalist zweiter Güte. Er berichtete auch nur über Premieren zweiter und dritter Güte, über kleine Privattheater, Hinterhofbühnen, selbstgemachtes Kabarett, und als Höhepunkt ein Popkonzert. Und er tat sich immer schwer, bis er zusammengebastelt hatte, was die Zeitung drucken sollte, sowieso strich man ihm die Hälfte davon.

Es war alles katalogisiert in dieser modernen Welt, auch die Redaktion einer großen Zeitung. Da schrieben einige über Oper und Konzert, und ein anderer über Ballett, für die Premieren der großen Theater hatte sie ihre bestimmten Rezensenten. Ganz zu schweigen von bildender Kunst oder gar Literatur.

Tommys Unglück war, daß er von allem eine Menge verstand, er hatte schließlich lange studiert, er konnte darüber reden und er hätte auch gern darüber geschrieben, nur, man ließ ihn nicht. Darüber beklagte er sich oft bei Georgia, sie ließ ihn reden, hörte zu oder auch nicht, er interessierte sie so wenig wie die anderen verflossenen Liebhaber ihrer Schwester. Einerseits war sie froh, wenn eine Affäre sich dem Ende näherte, andererseits würde dann wieder ein neuer Mann einen Platz in Karens Leben beanspruchen, und genauso wie jeder andere zuvor ein Störenfried, ein Ärgernis für Georgia sein. Darum hätte sie ganz gern diesen netten, harmlosen Tommy behalten, er störte nicht allzusehr, und daß Karen ihn nicht wirklich liebte, wußte sie.

Aber wen liebte Karen schon wirklich außer sich selbst, außer ihrer Schwester, außer Panino, und außer ihrem Pferd und dem Hund? Niemand. Und wenn es denn unbedingt ein Mann sein mußte, wäre es besser gewesen, diesen zu behalten.

»Warum magst du ihn nicht mehr?« hatte sie also gefragt. »Er ist doch ein netter Junge.«

»Sicher. Er ist nett. Und pflegeleicht. Und zudem versteht er es noch, dich zu unterhalten.«

Dieser Dialog hatte an einem Abend, oder besser gesagt in einer Nacht vor ungefähr einem Monat stattgefunden. Karen kam gegen zwei Uhr nachts nach Hause und fand Tommy dozierend auf dem Boden sitzen, Georgia hing blaß und müde in einem Sessel. Auf dem Kaminsims stand eine leere Whiskyflasche.

Karen war mit dem Hund ins Zimmer gekommen, der sie wie immer in der Diele erwartet hatte.

»Sag mal, Tommy, bist du noch ganz dicht? Was belämmerst du meine Schwester mitten in der Nacht mit deinem blöden Geschwätz? Zieh ab, aber tempo allegro.«

Er blickte unglücklich zu ihr auf. »Ich hab' ja nur gewartet, bis du kommst.«

»Da bin ich, und nun hau ab.«

»Darf ich nicht noch ein bißchen bleiben, jetzt, wo du da bist?«

Karen stand immer noch an der Tür, eine steile Falte erschien auf ihrer Stirn.

»Nein. Und nun verschwinde. Ich möchte es nicht noch einmal sagen.«

»Leihst du mir wenigstens deinen Wagen? Ich bringe ihn morgen früh mit.«

»Ich denke nicht daran«, erwiderte Karen mit einem Blick auf die leere Flasche. Sie wußte, daß Georgia höchstens zwei oder drei Glas davon getrunken hatte. »Wie bist du denn hergekommen?«

»Zu Fuß. Es war ein schöner Abend mit Sternenhimmel.«

»Ist es noch. Die Luft wird dir guttun. Da wirst du wieder nüchtern und kannst dir überlegen, was du über den Schmarrn schreiben sollst, den du heute gesehen hast. Warst du nicht in der kleinen Quetschbude hinter dem Max-Weber-Platz?« Obwohl Karen diese Theaterchen nicht besuchte, wußte sie immer genau, was wo gespielt wurde.

Als die Schwestern allein waren, sagte sie: »Daß dir dieser Bursche nicht auf den Geist geht mit seinem endlosen Geschwätz.«

»Er ist nicht dumm«, antwortete Georgia, die Augen waren überschattet von Müdigkeit, das Gesicht weiß.

»Geh zu Bett, meine Kleine. Ich bin auch müde. Um acht geh ich reiten, und vor der Redaktionskonferenz muß ich noch zu Andreas wegen diesem Krach mit den Sozis.«

»Ich denke, da warst du heute abend.«

»Wollte ich. Aber er war nicht da. Mußte plötzlich zu einer Besprechung, sagte seine Frau.«

»Wo bist du denn dann so lange gewesen?«

»Ich war mit Lorenz Balke zum Essen und dann noch in einer Disco.«

»Lorenz Balke? Wer ist das denn?«

»Der Sohn vom Chemie-Balke. Flotter Junge. Klotzig reich.«

»Ach Gott«, sagte Georgia. »Schon wieder einer.«

»Ich habe keine Zeit, weißt du doch. In vier Wochen starte ich nach Johannesburg.«

»Ach, Karen! Warum denn nur? Dann bist du wieder so weit weg.«

Karen hatte gelacht. »Du mußt dich entscheiden, was schlimmer ist, ein neuer Mann oder eine neue Reportage. Und nun geh ich noch ein paar Schritte mit Pedro.«

»Allein? Mitten in der Nacht? Da hättest du doch auch ein Stück mit Tommy gehen können.«

»Eben gerade nicht.«

»Dann komme ich mit.«

»Du gehst schlafen, meine Kleine. Ich fürchte mich nicht. Und es ist wirklich eine schöne Nacht, warm wie im Sommer.«

Das war Mitte September gewesen, und nun flog Karen wirklich nach Südafrika, für endlose Wochen, ans andere Ende der Welt.

Eine Viertelstunde bis zum Abflug der Maschine nach Frankfurt, in der Senator-Lounge rüstete man zum Aufbruch.

Karen stand jetzt ein wenig abseits mit dem Chefredakteur. Andere hätten es als Auszeichnung empfunden, daß er sich zum Abflug einer seiner Journalistinnen einfand, für Karen war es eine Selbstverständlichkeit. Sie und der Chef waren befreundet, er mochte sie, ihre Arbeit, ihre Art zu schreiben, ihre Sicherheit, Probleme zu erkennen und darzustellen.

Raabe, seine Tasche und die wertvolle Kamera in der Hand, dachte: ob sie auch mit ihm schon...

Nein. Diese Frage konnte er sich selbst beantworten. Dazu war Karen zu klug. Mit einem kleinen Feuilletonjournalisten, gut. Mit dem Chef, nein. Niemals würde sie ihre stolze Unabhängigkeit aufgeben.

Er empfand fast so etwas wie Zärtlichkeit für sie. Wie gern er sie hatte, er auch. Wer eigentlich liebte sie nicht? Nun, viele Frauen, das mal gewiß, und nicht nur in der Redaktion.

»Off we go«, rief er. »Es wird Zeit, Kollegin.«

Karen schüttelte das kurze blonde Haar aus der Stirn. »Ohne uns fliegen sie schon nicht.« Sie blickte sich um. »Wir sind offenbar die einzigen VIPs an Bord.«

Raabe grinste. »Du vielleicht. Wer fragt schon nach mir?»

»Spiel bloß nicht den Bescheidenen. Seit der Penner-Serie bist du berühmt.«

Die hatte er im vergangenen Jahr gemacht. Armut in der reichen Stadt. Es war typisch für sie, daß sie es jetzt erwähnte, vor dem Chef. Gerade diese Serie, nicht etwas, das sie zusammen gemacht hatten. Sie war sehr fair.

Er wandte sich wieder seiner Frau zu, beugte sich zu ihr, küßte sie auf die Schläfe und flüsterte etwas sehr Dummes: »Wenn ich zurück bin, probieren wir es noch einmal.«

Almut empfand fast so etwas wie Haß. Typisch Mann. Wer war sie denn? Ein Versuchsobjekt?

»Mach, daß du wegkommst. Ich werde froh sein, wenn ich dich eine Weile nicht sehe.«

Er war erstaunt, betroffen. Würde ein Mann je verstehen, was eine Frau dachte und fühlte?

Georgia hatte verstanden, was die Frau des Fotografen gesagt hatte. Nicht seine Worte. Es amüsierte sie. Diese zierliche kleine Frau war offenbar gar nicht so harmlos, wie sie ihr bisher erschienen war. Auch sie fühlte sich nicht mehr so elend. Wenn Karen erst fort war, würde sie sich schon damit abfinden, wie immer, wie jedesmal.

Während sie zum Abflugschalter gingen, sagte sie etwas für sie Ungewöhnliches zu Tommy Keller, der neben ihr ging. »Ich hoffe, Tommy, du wirst mich trotzdem gelegentlich besuchen.«

»Trotzdem was?« fragte Tommy geistesabwesend, den Blick auf Karen gerichtet, die mit ihren langen beschwingten Schritten vor ihnen ging.

»Vergiß es«, erwiderte Georgia.

Es würde kein Trost sein, wenn Tommy manchmal auf ihrem Teppich saß, Whisky trank und Mozart hörte.

# Kaffee und Cognac

Der Chefredakteur verabschiedete sich rasch, Tommy zögerte. »Darf ich die Damen zurück in die Stadt fahren?«

»Aber das tue ich doch selbstverständlich mit Vergnügen«, sprach der schöne Lorenz und blickte Georgia eindringlich an.

»Danke«, erwiderte Georgia kühl. »Wir sind mit unseren eigenen Wagen da.«

Almut schwieg dazu. Sie waren mit dem Lufthansa-Bus gekommen, sie und ihr Mann. Doch sie begriff, daß Georgia diese kleine Abschiedsszene beherrschen wollte nach dem großen Abschied.

»Da haben wir es wieder mal«, sagte Tommy mürrisch. »Drei Autos unterwegs, um drei Personen zu befördern. Daran ersticken wir so kontinuierlich.«

»Zunächst waren wir fünf Personen«, verbesserte Georgia.

»Und wenn wir dich noch dazu rechnen, und euren Chef, und diesen Herrn hier«, ihr Blick glitt an dem schönen Lorenz vorbei, »dann waren es noch mehr Autos und nicht viel mehr Personen. Gute Nacht allerseits.« Das klang entschieden.

Lorenz machte eine knappe Verbeugung und dachte: eingebildete Ziege! Tommy sagte melancholisch: »Leb wohl, Madonna. Ich werde dich nie vergessen.« Dann verschwand er, für seine Verhältnisse bemerkenswert langsam Richtung Ausgang.

Georgia hatte verschwiegen, daß sie mit dem Taxi gekommen waren. »Laß bloß die Karre stehen«, hatte Karen gesagt. »Du fährst viel bequemer mit dem Taxi zurück.« Karen wußte schließlich, was für eine miserable Autofahrerin Georgia war, und wenn sie jemals Angst um ihre Schwester hatte, dann, wenn sie am Steuer saß.

»Meine Kleine«, sagte Karen oft, »denk immer daran, daß es genügend Taxen in dieser Stadt gibt.«

Meine Kleine, so nannte Karen ihre Schwester, obwohl Georgia nur ein Jahr und vier Monate jünger war. Doch es war nicht das Alter, es war ihr Leben, das sie voneinander unterschied. In gewisser Weise war es daher verständlich, was Almut Raabe sagte, als sie beide, Georgia und Almut, zwei bisher Fremde, in der Abflughalle in Riem standen. »Man kann es gar nicht begreifen, daß Sie Schwestern sind.«

Der Satz kam ganz spontan und gleich darauf fügte sie hinzu: »Entschuldigen Sie die alberne Bemerkung, Frau Wieck.«

Georgia lächelte. »Wir sind daran gewöhnt, das sagt jeder. Das hat man schon gesagt, als wir noch Kinder waren.«

Almut versuchte, sich die Schwestern als Kinder vorzustellen, das war gar nicht schwer. Zwei kleine Mädchen, die eine dunkelhaarig mit großen dunklen Augen, immer etwas still, etwas scheu, die andere blond mit hellen Augen, mit sprühendem Temperament, sicher lebhaft, laut, zu allen möglichen Streichen aufgelegt.

»Ich sehe es direkt vor mir«, sagte sie eifrig.

»Was?« fragte Georgia.

»Sie beide. Als kleine Mädchen. So ein... ein bezaubernder Gegensatz. Sicher waren Ihre Eltern ganz vernarrt in diese Kinder.«

»Ah ja«, machte Georgia.

»Und Sie verstehen sich so gut, das ist ja das Allerschönste daran. Ich meine, es ist nicht immer bei Schwestern so, nicht?«

Almut kämpfte mit ihrer Befangenheit vor diesem prüfenden Blick der dunklen Augen. »Ich höre das immer von meinem Mann. Er ist restlos begeistert von Karen. Er arbeitet so gern mit ihr zusammen und darum erzählt er auch so viel von ihren gemeinsamen Reisen. Karen hat ja ein Buch angefangen über die argentinische Reportage. Karen den Text, und mein Mann die Bilder. Aber nun wird das ja irgendwie – irgendwie...«

»Überlagert durch Südafrika«, half Georgia freundlich aus. »Da können Sie ganz beruhigt sein. In Karens Kopf ist alles wohl geordnet. Ich wäre sehr froh, wenn sie eine Weile am

Schreibtisch sitzen und nicht ewig in der Welt herumzigeu-
nern würde.«

»Aber als nächstes wollen sie in die Antarktis.« Almut hob
erschrocken die Hand an den Mund. »Oh, das hätte ich vielleicht nicht verraten sollen.«

Georgia lächelte. »Ich weiß auch das. Meine Schwester redet ununterbrochen von ihren Plänen. Auch von denen, die
glücklicherweise nicht zur Ausführung kommen.«

Zum Beispiel der: »Denk mal an Jules Verne. Eine Reise um
die Erde, diesmal in acht Tagen, wie fändest du das?«

»Nicht sehr originell. Das veranstaltet heute jedes Reisebüro für seine Kunden.«

Oder: »Ich wünschte, es wäre mal wieder irgendwo Krieg.
Ich möchte dabei sein.«

»Als was, Karen?«

»Als Kriegsberichterstatter natürlich.«

»Hast du gesagt, du wünschst dir, daß es Krieg gibt?«

»Nein, so meine ich es nicht. Ich meine nur, falls es mal einen gibt.«

»Es gibt pausenlos Krieg auf dieser Erde.«

»Für Vietnam war ich noch zu jung. Ich könnte mal in den
Libanon. Oder nach Sri Lanka. Aber das ist alles kein Krieg.
Nicht so richtig.«

»Du wünschst dir also meinen Tod?«

»Aber Georgia! Bist du verrückt?«

Ob Karen je begriff, ob sie trotz ihrer vielen Talente je soviel Phantasie aufbrachte, um zu begreifen, was es für ihre
Schwester bedeutete, immer wieder für längere Zeit allein
gelassen zu werden? Georgia war ziemlich sicher, daß Karen
es sehr gut begriff.

Es war relativ ruhig in dieser Abendstunde in der Abflughalle von Riem. Ein Flug nach Berlin wurde aufgerufen, dann
einer nach London.

Paris und London, das waren die einzigen Flüge, zu denen
Karen sie je hatte überreden können. Georgia hatte Angst vor
dem Fliegen, vor dem Eingesperrtsein da oben in der Luft.
Karen verstand das nicht, für sie war Fliegen nur der Weg zu
einem Ziel.

Almut Raabe blickte befangen in das schöne blasse Gesicht, das an ihr vorbei, in ein Nichts zu blicken schien.

»Dann müssen wir wohl gehen«, sagte sie.

»Ja«, erwiderte Georgia und rührte sich nicht.

Sie dachte an das leere Haus. Der Hund würde warten, und sie mußte ihn trösten, auch morgen und übermorgen, denn wie immer würde er sich tagelang nicht beruhigen können darüber, daß Karen nicht da war.

»Wir könnten noch einen Cognac trinken«, schlug sie vor. »Und uns darüber freuen, daß wir nicht nach Südafrika fliegen müssen. Außerdem soll ich mich ja um Sie kümmern.«

»Oh«, rief Almut. »Das wäre ja wunderbar.«

»Was?« fragte Georgia amüsiert.

»Wenn wir noch etwas trinken. Einen Cognac. Und vielleicht einen Kaffee. Ich komme sowieso viel zu früh in die leere Wohnung zurück.»

»Ihre letzten Worte vorhin haben sich aber gar nicht so angehört.«

»Tut mir ja auch leid. Aber es war so eine quälende Rederei in den letzten Tagen. Darum bin ich ganz froh, wenn er eine Weile verschwunden ist. Aber sonst natürlich...« Sie verstummte.

Als sie Kaffee und Cognac vor sich stehen hatten, sagte Georgia: »Sie müssen doch daran gewöhnt sein, daß Ihr Mann oft unterwegs ist.«

»Früher war er meist da. Er hat nicht für Zeitschriften gearbeitet. Meist waren es Auftragsarbeiten für die Industrie, das war seine Spezialität. Auch Porträts von Künstlern, das war ihm sehr wichtig. Ihre Schwester hat ihn gewissermaßen entdeckt. Sie hat ihn mit nach Rom genommen, und nach Hamburg, und dann haben sie diese Reportage in England gemacht. Und schließlich die große Argentinienreportage. Er ist Karen sehr dankbar. Er sagt, ohne sie wäre er nie aus seinem Atelier rausgekommen.«

»Ja, ich kenne das alles. Karen findet, er ist unerhört begabt, er hat sofort den richtigen Blick für das Wesentliche.«

»Karen ist einfach toll, sagt Erwin. Und diese Reise nach

Südafrika hat ihn restlos begeistert. Er hat in letzter Zeit alles gelesen und angeschaut, was darüber erschienen ist. Das ist höchst aktuell, findet er, diese Apartheid und das alles. Man muß einen eigenen Eindruck gewinnen und nicht ungesehen alles glauben, was hier darüber geschrieben wird.«

Georgia nickte. Es waren Karens Worte.

Südafrika war ihr genauso gleichgültig wie Argentinien. Sie hörte sich Karens lange und begeisterte Schilderungen an, die vor der Reise und die nach der Reise, doch die fernen Länder lockten sie nicht. Viel lieber wäre sie wieder einmal in den Schwarzwald gefahren. Als Kind hatte sie dort längere Zeit verbracht; der breit hingelagerte Hof mitten in einer weiten grünen Wiese, der Wald dahinter, die sanft ansteigenden Hügel... sie sah das alles noch vor sich. Das Märchen, das man ihr erzählt hatte – Schatzhauser im grünen Tannenwald, bist schon viel hundert Jahre alt.

Auf die Idee, allein dorthin zu fahren, kam sie nicht.

Almut nippte an ihrem Cognac. »Es ist nur gerade jetzt...« sagte sie, die Augen wieder voller Traurigkeit.

»Was ist denn jetzt so besonderes?« fragte Georgia sanft.

Almut erzählte von dem Kind, das sie verloren, und wie sehr sie sich darauf gefreut hatte.

»Wir sind seit fünf Jahren verheiratet. Und es war nie etwas. Ich dachte immer, mit mir ist etwas nicht in Ordnung, obwohl der Arzt sagte, davon könne keine Rede sein. Aber es ist eben doch so. Sonst wäre es ja gut gegangen.«

Almuts Augen füllten sich mit Tränen, das hatte Georgia an diesem Abend schon einmal gesehen.

»Entschuldigen Sie«, flüsterte Almut. »Ich bin noch so... ich meine, irgendwie durcheinander. Sie können das sicher nicht verstehen.«

»Warum nicht? Ich hätte auch gern ein Kind.«

Mit tränennassen Augen blickte Almut die schöne fremde Frau an. »Sie?«

»Ja«, sagte Georgia ruhig. »Was finden Sie daran so merkwürdig? Ist es nicht normal?«

»Doch, natürlich. Ich dachte nur, bei Ihnen ist das ganz anders. Weil Sie... weil Sie....«

»Weil was?« fragte Georgia, das Glas in der Hand. Sie trank selten Alkohol, aber dies war so ein Abend, wo sie ihn brauchen konnte.

»Ach, ich rede Unsinn. Sie haben so ein wunderbares Leben, Sie und Karen.«

»Ein wunderbares Leben? Wer sagt das denn?«

»Ich weiß ja nur, was Erwin erzählt. Karen, na ja, die kennt ja jeder. Aber Sie malen diese herrlichen Bilder.«

»Wollen Sie sagen, meine Bilder haben Ihnen gefallen?«

Almut blickte hilflos. »Doch. Ich verstehe nicht viel davon. Aber es stand ja sogar in der Zeitung.«

Georgia lachte amüsiert. »Ich habe sogar ein paar von meinen Bildern verkauft. Dafür hat Karen gesorgt. Sogar ihr Chefredakteur hat eins erstanden. Ich fühlte mich hochgeehrt.«

Es hing in seinem Büro, wie Georgia wußte. Nach Hause durfte er es nicht mitnehmen, da würde wohl seine Frau protestieren.

Almut war an dem Chefredakteur nicht weiter interessiert, sie hatte ihn heute zum erstenmal gesehen, und auch nur von weitem. Viel mehr beschäftigte sie das Kind, das Georgia Wieck sich wünschte.

»Es ist so seltsam«, sagte sie, »daß Sie nicht verheiratet sind. Karen hat so viele Verehrer. Und Sie doch sicher auch, Frau Wieck. Ach, entschuldigen Sie. Ich rede Blödsinn.«

Georgia lächelte. »Das hat mehr oder weniger familiäre Gründe. Wir wollten uns nie trennen, Karen und ich. Sie hat sowieso keine Zeit zum Heiraten. Und auch keine Lust dazu. Ein Ehemann sei nur lästig, das ist ihre Meinung. Verehrer, wie Sie es nennen, Frau Raabe... wie heißen Sie eigentlich mit Vornamen?«

»Almut.«

»Verehrer hat Karen viele, Almut. Und mehr als das. Sie führt ein sehr unbekümmertes Leben. Sie verliebt sich öfter mal, sie nimmt das leicht. Das war in ihrer Kindheit schon so. Viele Freunde, viel Amüsement, das beginnt, das hört auf. Es hat sie noch nie ernsthaft erwischt, so nennt sie das wohl.«

»Ach so«, machte Almut und unterdrückte die Frage, die ihr auf den Lippen lag.

Georgia kannte sie trotzdem.

»Bei mir ist das anders. Bei mir müßte es Liebe sein. Was man halt so darunter versteht. Nach Karens Ansicht ist das nur Einbildung. Ich hatte vor einigen Jahren mit dieser Einbildung zu tun, und ich meinte es ernst.«

»Und dann?«

»Karen sagte, du wirst doch diesen Blödmann nicht etwa heiraten wollen.«

»Und dann?« wiederholte Almut.

»Ich habe ihn nicht geheiratet.«

»Ach so«, sagte Almut. Viel mehr fiel ihr dazu nicht ein. Sie erinnerte sich, was Erwin vor einiger Zeit über Karen gesagt hatte: Es geht immer nach ihrem Willen, sie wird sich jederzeit und überall durchsetzen, und das ohne jede Härte, nur mit ihrem Charme, mit ihrer Siegessicherheit, ich habe noch nie in meinem Leben einen Mann, geschweige denn eine Frau gekannt, die so siegessicher durchs Leben geht. Es ist fabelhaft. Es ist beneidenswert. Diese Frau ist ein Phänomen.

Normalerweise hätte Almut eifersüchtig sein müssen. Aber dazu bestand kein Grund, das wußte sie genau. Für Karen war Erwin Raabe ein Partner, mit dem sie arbeitete. Kein Mann. Das war so deutlich zu sehen, daß man gar keinen Zweifel haben konnte. Alles an dieser Frau war übersichtlich. Gab es das wirklich, eine Frau, die immer nur tat, was sie wollte? Was sie für richtig hielt?

Du wirst doch diesen Blödmann nicht heiraten...

Weiter zu fragen traute sich Almut nicht. Es war sowieso fast unwirklich, daß sie hier mit dieser seltsamen Frau saß, die hochmütig und abweisend gewirkt hatte, und sie nun mit einem freundlichen Lächeln betrachtete und alle Zeit der Welt zu haben schien.

Daß Georgia einfach Angst hatte, in das leere Haus zurückzukehren, konnte sie nicht wissen.

»Trinken wir noch einen Cognac«, schlug Georgia vor, ihre Stimme klang heiter. »Ausnahmsweise mal. Da Sie nicht mehr schwanger sind, Almut, dürfen Sie das. Und nun erzählen Sie mir von Ihrem Beruf. Ich habe vorhin, als wir da drin saßen, einen Teil Ihres Gespräches mit Ihrem Mann gehört. Sie möchten arbeiten, und er will es nicht.«

»Nein, er will es nicht. Ich soll mich erholen, sagt er. Wovon eigentlich? Von dem Kind, das ich nicht bekommen habe? Mir ginge es viel besser, wenn ich arbeiten könnte. Dann wäre ich nicht so allein und müßte nicht immerzu darüber nachdenken. Ich bin Kosmetikerin.«

»Ah ja!«

»Bei Kollander. Das ist einer der besten Kosmetiksalons in München. Wenn nicht überhaupt der beste«, erklärte sie stolz.

»Ah ja?«

»Ich liebe meinen Beruf. Und ich glaube, ich bin ganz gut. Ich habe aufgehört, als ich im dritten Monat war. Aber ich könnte morgen wieder anfangen, sie nehmen mich mit Handkuß. Ich habe meine Kunden, wissen Sie. Die waren sehr traurig, daß ich aufgehört habe.«

Georgia begann das Gespräch zu langweilen.

»Ein schöner Beruf«, sagte sie liebenswürdig. »Für die Schönheit und das Wohlbefinden der Frauen zu sorgen, muß Spaß machen.«

»Gehen Sie nie zu einer kosmetischen Behandlung, Frau Wieck?«

»Nennen Sie mich doch Georgia. Sehr selten. Aber meine Schwester geht, wenn sie sehr gestreßt ist, oder nach einer anstrengenden Reise, zu einer Dame, nicht weit von uns entfernt. Sie macht das in ihrer Wohnung. Da war ich auch schon. Sicher nicht zu vergleichen mit Ihrem Salon Ko...«

»Kollander. In der Maximilianstraße, schräg gegenüber der Oper. Es wäre schön, wenn Sie einmal kämen... Georgia.«

»Oh ja«, sagte Georgia liebenswürdig, »das will ich gern einmal tun.»

»Ich arbeite seit vielen Jahren dort, schon ehe ich geheiratet habe. Und morgen gehe ich hin, ob Erwin das nun paßt oder nicht. Ich kann nicht den ganzen Tag zu Hause sitzen, da werde ich verrückt.«

Georgia winkte dem Kellner und verlangte die Rechnung.

»Fahren wir erst mal heim. Sechs Wochen werden vorübergehen. Bis die beiden zurückkommen, ist bald Weihnachten. In Südafrika ist jetzt Frühling.Oder fast Sommer. Es soll ja ein schönes Land sein.«

»Ein wunderschönes Land. Erwin hat mir viele Bilder gezeigt. Und auch aus der Geschichte des Landes erzählt, von den Buren, die das Land besiedelt und kultiviert haben. Und dann kamen die Engländer und es gab einen schrecklichen Krieg.«

»Ja, der sogenannte Burenkrieg. Karen hat ebenfalls verschiedene Bücher zu diesem Thema studiert...«

»Und sie müssen unvorstellbar reich sein. Das größte Goldvorkommen in der Welt, und die Diamanten, und Platin. Alles liegt in dieser Erde. So etwas kann man sich gar nicht vorstellen.« Almut kicherte, leicht beschwipst von dem Cognac, sie hatte monatelang keinen Alkohol getrunken. »Erwin will mir einen Diamanten mitbringen. Für einen Ring.« Ihr Blick haftete auf dem Ring an Georgias Finger. »Sie brauchen sich so was nicht aus Südafrika mitbringen zu lassen.«

»Nein. Man kann das hier kaufen. Und wenn Sie diesen Ring meinen, Almut«, Georgia hob die Hand, »er ist ein Erbstück, er gehörte meiner Großmama.«

»Es ist ein wunderschöner Ring.«

»Ja, ganz hübsch.« Es war ein heller Opal, von einem Kranz kleiner Brillanten eingefaßt. »Sie hatte viel Schmuck. Mein Großvater schenkte ihr zu jeder passenden und unpassenden Gelegenheit ein Schmuckstück. Es bleibt mir überlassen, ihn zu tragen. Karen mag nur Modeschmuck.« Sie zögerte und fügte hinzu: »Wir bewahren das natürlich nicht im Haus auf, die meisten Stücke befinden sich in einem Banksafe.«

Was nicht ganz stimmte, denn Georgia liebte die Steine und das Gold und sie holte sich immer wieder die Colliers, die Armbänder, die Ringe aus dem Safe und trug sie zu ihrem Vergnügen, manchmal auch einfach nur zu Hause.

»Ich finde echten Schmuck viel schöner als Modeschmuck«, sagte Almut.

»Ach, ich weiß nicht. Hauptsache, es glitzert.«

Plötzlich sagte Almut ganz ernst: »Ich denke mir, es ist wie mit der Liebe. Es kann ein bißchen Glitzer sein oder es kann echt sein.«

»Ja«, gab Georgia zu, »ich denke, da haben Sie recht, Almut. Die Liebe – sie kann echt oder Talmi sein. Falls es sie gibt und es eben nicht nur Einbildung ist.«

Sie stand auf, Almut ebenfalls, und sie gingen langsam aus dem Restaurant. Auf einmal war mehr Betrieb, es kamen Durchsagen, die letzten Nachtflüge wurden angesagt.

»Ob sie schon in Frankfurt sind?« fragte Almut.

Georgia blickte auf ihre Armbanduhr. »Ganz demnächst. So umständlich, nicht? Ich hätte es nie für möglich gehalten, daß es von München aus keinen Direktflug nach Südafrika gibt.«

»Und dann fliegen sie über die Alpen«, meinte Almut versonnen. »Schade, daß es dunkel ist.«

»Im Dunkeln über die Berge. Und zu wissen, wie tief der Abgrund ist.«

»Was für ein Abgrund?« fragte Almut erschrocken.

»Nun«, Georgia legte leicht die Hand auf den Arm der jungen Frau, »ich meinte es mehr symbolisch. Unser ganzes Leben ist ein Flug über den Abgrund, von dem wir nicht wissen, wann er uns herabziehen wird.«

»Aber das klingt schrecklich, Georgia. Warum sagen Sie so etwas? Gerade heute?«

»Wieso heute nicht? Der Abgrund ist immer da. Es ist der Tod, dem wir nicht entgehen können. Haben Sie schon einmal darüber nachgedacht, Almut, daß Ihr Kind nie sterben muß, weil es nicht geboren wurde?«

»Nein. Nein. Das ist ein furchtbarer Gedanke, Georgia. Wenn alle so denken würden, könnte keine Frau ein Kind zur Welt bringen.«

»Man denkt die Dinge meist nicht zu Ende«, sagte Georgia ruhig. »Denn wenn man es täte, gäbe es längst kein Leben mehr auf dieser Erde.«

Sie gingen langsam durch die Halle zum Ausgang, und Georgia dachte, daß sie das malen mußte: der Abgrund, aus dem sich eine gierige Hand streckt. Und darüber zitternd, angstbebend die Menschen, die Kinder, die Tiere. Nein, die Tiere wohl nicht. Die wußten nicht um den sicheren Tod. Oder wußten sie es doch? Sie blieb stehen, ihre rechte Hand umklammerte ihren Hals, sie konnte nicht mehr atmen vor Entsetzen.

Ich weiß es. Ich weiß es. Alles holt sich die gierige Hand, alles, was ich liebe. Mama, die Großmama, Panino und nun wird sie Karen holen. Aber ich werde nicht warten, bis sie nach mir greift, ich werde freiwillig in den Abgrund springen. Mama hat es getan. Ich kann es auch.

Ihre Stirn wurde feucht, ihr Atem stockte, gleich würde sie umfallen. Nun begann sie also wieder, diese entsetzliche Zeit der Depression.

Warum, Karen, warum läßt du mich allein?

Ihre Hände krampften sich ineinander, sie spürte den Ring an ihrer linken Hand. Sollte sie ein Opfer bringen wie Polykrates? Dieser Gedanke brachte sie wieder zu sich. Die Frau des Fotografen würde es höchst merkwürdig finden, wenn Georgia Wieck ihr in der Abflughalle von Riem einen kostbaren Ring schenkte. Und ein Opfer würde es schon gar nicht sein, sie besaß so viel Schmuck.

Almut war auch stehengeblieben und blickte hilflos in das schöne Gesicht, das noch blasser geworden war, fast weiß sah es jetzt aus.

»Das ist ein furchtbarer Gedanke, Georgia«, wiederholte sie.

Georgia sah sie wie erwachend an, dann lächelte sie. »Vergessen wir ihn, Almut«, sagte sie gelassen, »ich denke manchmal solche Dinge, aber daran soll sich keiner ein Beispiel nehmen. Meine Schwester nennt mich eine morbide Spinnerin. Vermutlich hat sie recht.«

»Sie haben so einen schönen Namen«, sagte Almut, während sie weitergingen. »Georgia. Das habe ich noch nie gehört.«

»Das ist ganz einfach zu erklären. Mein Vater hieß Georg.

Nachdem das zweite Kind wieder ein Mädchen war, bekam ich den Namen Georgia. Vermutlich hat er sich einen Sohn gewünscht.«

»Aber der konnte ja noch kommen.«

»Soviel ich weiß, bestand wenig Hoffnung darauf.«

»Ihr Vater – lebt nicht mehr?«

»Das weiß ich nicht. Er verließ uns, als ich ein Jahr alt war.«

Weiter zu fragen, traute sich Almut nicht. Sie schwieg, bis sie im Taxi saßen, dann war ihre Neugier doch zu groß.

»Sie wissen nichts von Ihrem Vater?«

»Nicht das Geringste. Es existiert nicht einmal ein Bild von ihm. Wo darf ich Sie hinbringen, Almut?»

»Nach Schwabing. In die Herzogstraße. Aber ich kann mir ja auch ein anderes Taxi nehmen.«

»Wozu denn?«

Und dann sprachen sie nicht mehr bis auf ein paar kurze formelle Abschiedsworte.

Karen Wieck und Erwin Raabe flogen in dieser Nacht über die dunklen Alpen, über das Mittelmeer, über den afrikanischen Kontinent, erfüllt von ihren Erwartungen, verbunden durch die gemeinsame Arbeit.

Georgia Wieck und Almut Raabe verband nichts als eine Unterhaltung bei Kaffee und Cognac. Und die Einsamkeit, die sie nun für einige Zeit ertragen mußten. Jedoch bestand kein Grund, einander wiederzusehen.

# Das leere Haus

Das Taxi fuhr rasch weg, nachdem Georgia ausgestiegen war, sie stand allein auf der dunklen Straße. Es war eine weite Fahrt gewesen, von Riem nach Schwabing, und dann nach Bogenhausen, und sie hatte ein gutes Trinkgeld gegeben. Ein höflicher Taxifahrer hätte gewartet, bis sie im Haus war. Aber so höflich, man konnte auch sagen, so ritterlich waren Taxifahrer nur noch ganz selten.

»Die Ritterlichkeit des Mannes einer Frau gegenüber beweist seine Männlichkeit«, das hatte Panino einmal gesagt. »Und das hat nichts mit seinem Stand, seiner Herkunft, seiner Bildung zu tun. Er hat sie oder er hat sie nicht.«

Eine kurze Weile stand sie regungslos und starrte auf das leere Haus. Wenn Panino doch darin wäre! Wenn er da wäre und auf sie wartete! Dann gäbe es keine Leere in ihrem Leben, genau so wenig wie in diesem Haus, dann wäre Liebe da, Wärme, Schutz, Geborgenheit. Das alles war mit ihm aus ihrem Leben gegangen. Geblieben war sein Geld, das bot zumindest Schutz.

Sie ging durch das Gartentor, ließ es hinter sich zufallen, sofort bellte im Haus der Hund, und als er den Schritt erkannte, der sich auf den Steinplatten näherte, ging das Bellen in ein aufgeregtes Jaulen über.

Die Haustür war hoch und breit, aus festem dunklen Holz, die Jugendstillampe, die darüber hing, gab nur ein mattes gelbliches Licht, das kaum die umliegenden Büsche erreichte. Jeder konnte sich dort verstecken, und Georgias Hand zitterte ein wenig, als sie hintereinander die drei Schlösser aufsperrte.

Die Lampe über der Haustür stammte auch von Panino, und Karen hatte es entschieden abgelehnt, sie durch eine helle, moderne zu ersetzen. Dafür hatte sie an allen vier Hausecken Strahler anbringen lassen, die wie Scheinwerfer das Dunkel im Garten durchdrangen, Bäume und Büsche in ein gespenstisches Licht tauchten. Man konnte sie innen, gleich neben der Tür mittels eines Knopfdruckes anknipsen, ein zweiter Knopf befand sich neben Georgias Bett.

Pedro drängte sich glücklich an ihr Knie, doch bevor sie ihn streicheln konnte, war er schon an ihr vorbeigelaufen, den Gartenweg entlang, bis zum Tor. Dort stand er, schaute, wartete. Vergebens.

Georgia drückte auf den Knopf, die Strahler flammten auf. Gleichzeitig dachte sie, wie töricht das von ihr war. Jeder, der sich im Garten verbarg, konnte sehen, daß sie allein gekommen war. Jeder hätte auch beobachten können, wie vor zwei Stunden die Koffer in das Taxi geladen wurden, wie sie weggefahren waren. Jemand konnte inzwischen eingebrochen haben, konnte sich jetzt im Haus verbergen, in diesem riesigen Garten mit den alten Bäumen, den hohen Büschen. Es wurde viel eingebrochen in dieser Gegend hier draußen, ziemlich am Ende des Herzogparks, wo es viele schöne alte Villen gab.

»Pedro, komm!« rief sie laut, damit jeder es hören konnte. »Karen kommt gleich, und sie bringt Tommy mit. Und diesen Lorenz. Hörst du, Pedro? Komm! Hierher!«

Der Gordonsetter kam langsam herangetrabt, die Enttäuschung war ihm anzusehen.

Schon als Kind hatte sie diese Angst gehabt, wenn sie allein in einem Zimmer war, allein im Dunkeln, allein auf einer langen einsamen Straße, aber sie war selten allein gewesen.

Da war die Großmama, da war Panino, da waren Kathi oder Onkel Huber, als sie noch sehr klein war, ein Kindermädchen. Egal wer, Hauptsache es war einer da, der ihre Hand nahm.

Seltsam, an ihre Mutter dachte sie in diesem Zusammenhang nie. Mama war niemals Schutz, Hilfe, Geborgenheit gewesen. Sie war Zärtlichkeit, stürmische, auch unberechenbare Zärtlichkeit, aber keine Geborgenheit. Mama war Unruhe, Erregung, und eben auch wieder Angst.

Karen hatte das nie so empfunden. Und Karen hatte niemals Angst, vor nichts und niemand, sie lief mitten in der Nacht allein den Isarweg entlang, mit oder ohne Hund.

»Und was machst du, wenn dich einer anfällt?«

»Der kriegt einen Tritt in die Eier.«

Georgia schloß die Tür, beugte sich zu dem Hund und strich sanft und zärtlich über seinen Kopf.

»Ich habe geschwindelt, Pedro. Sie kommt heute nicht. Und morgen auch nicht. Sie kommt lange nicht. Freust du dich denn nicht, daß ich wenigstens da bin? Stell dir vor, ich wäre auch auf und davon geflogen.«

Doch, Pedro freute sich, daß sie da war. Er ließ sich streicheln, drängte sich eng an sie, lauschte dennoch immer zur Tür hin.

Georgia ging durch sämtliche Zimmer, machte überall das Licht an, die Vorhänge hatte sie zugezogen, ehe sie nach Riem gefahren waren.

Das Haus war groß: das Terrassenzimmer mit dem Kamin, das Wohnzimmer, das Speisezimmer, Paninos Bibliothek, der gelbe Salon, der jetzt Karens Arbeitszimmer war, der blaue Salon, die riesige Küche, das Mädchenzimmer, die Vorratsräume, ein Duschraum, zwei Toiletten. Im oberen Stock die Schlafzimmer, die Bäder, die Ankleidezimmer, Georgias Atelier.

Nachdem sie durch das ganze Haus gegangen war, auch hier alle Lichter brannten, atmete sie auf.

Der Hund war ihr nachgekommen und blickte erwartungsvoll zu ihr auf.

»Ich weiß, du möchtest noch spazierengehen, aber ich verlasse das Haus nicht mehr. Du gehst einfach in den Garten, und dann bekommst du eine Kleinigkeit zu essen. Und ich werde dir ein bißchen Gesellschaft leisten. Schlafen kann ich sowieso noch nicht.«

Pedro wedelte mit dem Schwanz, das Wort essen war ihm wohlbekannt.

Eine Weile blieb Georgia in ihrem Atelier stehen und betrachtete das Bild auf der Staffelei, Karens Pferd, der Rappe Tassilo. Ein ganz normales Bild, das Pferd sah aus wie ein Pferd, und es sah aus wie Tassilo.

»Das wird prima«, hatte Karen heute mittag gesagt, »bis ich zurück bin, ist das Bild fertig, und du schenkst es mir zu

Weihnachten. Und daß du mir Tassilo jeden Tag besuchst. Rüben und Äpfel nicht vergessen, bitte. Das ist genau der richtige Spaziergang für dich und Pedro. Ich möchte nicht, daß du den ganzen Tag zu Haus sitzt, meine Kleine.«

Es würde ein recht ausgedehnter Spaziergang sein, isaraufwärts bis zur Tivolibrücke – die Brücke zu überqueren war unangenehm, dort herrschte starker Verkehr – nach der Brücke in den Englischen Garten, dann die ganze Breite durchspazieren, bis zur Universitätsreitschule, wo Tassilo sein Quartier hatte.

»Das ist gut und gern eine Stunde Weg, Tassilo«, sprach Georgia zu dem Bild. »Und zurück müssen wir ja auch wieder. Dir allerdings, Pedro, wäre der Weg gerade recht, wie ich dich kenne.«

Pedro wedelte wieder mit dem Schwanz, der Weg war ihm sehr recht, denn Karen nahm ihn oft mit in den Stall. Wenn sie denn Zeit fand, um zu reiten und mit dem Rad fuhr. Wenn sie viel zu tun hatte, nahm sie das Auto und Pedro mußte zu Hause bleiben, denn dann kam sie meist nicht hierher zurück.

Für Georgia stand auch ein Rad im Keller.

»Wenn es nicht regnet, können wir mit dem Rad fahren, Pedro. Und über die Brücke schieben wir das Rad. Und wir nehmen einfach Karens Rad, das lehnt sicher hinten an der Hauswand. Oder hast du schon einmal erlebt, daß sie es in den Keller bringt?« Und dann wieder zu dem Bild. »Wir kommen dich oft besuchen, Tassilo, ich habe es Karen versprochen.«

So würde es jetzt immer sein; sie würde mit dem Hund sprechen, mit den Bildern, mit sich selber, solange sie allein war. Viel war an dem Bild nicht mehr zu tun, dachte sie, noch ein paar Lichter auf Tassilos seidenglatten Hals, das große Auge noch lebendiger, an der schmalen Blesse eine Winzigkeit ändern. Sie warf einen Blick auf die Skizzen, die auf ihrem Arbeitstisch lagen, nahm den Pinsel in die Hand, legte ihn wieder hin. Heute nicht mehr. In den nächsten Tagen würde sie das Bild fertigmachen.

Weihnachten! Das war noch zwei Monate entfernt.

Sie stand und dachte nach. Was war ihr da vorhin durch den Kopf gegangen, als sie mit der jungen Frau Cognac trank, mit der Frau, die das Kind verloren hatte?

Wie hieß sie? Ach ja, Almut.

»Sie heißt Almut«, sagte sie laut. »Sie ist Kosmetikerin, Pedro.«

Georgia lachte leise. »Stell dir das vor, Pedro. Ich male auf Leinwand, auf Papier, manchmal auch auf Holz. Sie malt auf Gesichtern. Und ich habe geschwindelt, als ich sagte, ich ginge manchmal zu Karens Kosmetikerin da vorn am Kufsteiner Platz. Ich war noch nie dort. Aber ich dachte, es freut sie, daß ich weiß, wie so was geht.«

Eine Hand, die aus dem Abgrund kam und nach den Lebenden griff. Eine tote, dürre Hand. Wieso tot? Sie war weder tot noch lebendig, es war eine Geisterhand. Wieso eine Geisterhand? Eine tötende Hand, eine würgende Hand, eine gierige Hand, die nie genug bekam.

Sie bekam genug. Sie bekam früher oder später alles, was sie wollte.

Das würde sie als nächstes malen. Und jeder würde erkennen, was für eine Hand das war. Daß es die Hand war, die jeden angeht. Die auf jeden wartet.

»Die Hand, die nach jedem greift. Nach mir. Nach dir, Pedro. Nach dir, Tassilo.« Sie machte eine Pause. »Nach Almut, nach ihrem Mann, nach Tommy. Nach dem allmächtigen Chefredakteur.« Wieder eine Pause, dann fast wütend: »Auch nach Karen. Falls das Flugzeug über den Bergen abgestürzt ist, hat die Hand schon, was sie will. Ach, wie sich ihre Finger krümmen, wie ihr das schmeckt. Man könnte sie schmatzen hören, diese Hand.«

Fröstelnd zog sie die Schultern zusammen.

»Es ist kalt. Wir müssen morgen den Huber anrufen, damit er uns die Heizung höher stellt.«

Sie wohnte in diesem Haus, seit sie geboren war, früher hatte es eine Koksheizung, inzwischen gab es eine Ölheizung, aber Georgia hatte nie gelernt, damit umzugehen.

Sie ließ im oberen Stock alle Lichter brennen und ging mit Pedro die Treppe hinab.

Das Kind von dieser Almut hatte die Hand schon geholt, ehe es geboren war. Oder konnte man sagen, es war der Hand entgangen, weil es nicht geboren wurde?

Ob man das malen konnte, ein ungeborenes Kind?

Ein Mensch, der dagewesen war, und den es nicht gab.

Gedanken, die nicht gedacht, Taten, die nicht getan wurden. Freude, die nicht empfunden, Leid, das nicht erlitten wurde. Ein Lächeln, niemals gelächelt. Ein Gesicht, das keiner kennen konnte, ein schönes Gesicht, ein häßliches, ein kluges, ein dummes, ein glückliches, ein verzweifeltes – mit dem Gesicht war es noch am einfachsten, man konnte Almuts Gesicht nehmen und das von dem Fotografen, man konnte die beiden Gesichter ineinander fließen lassen, aber damit war noch lange nicht dargestellt, wie das Gesicht geworden wäre. Ein Gesicht, das es nicht gab. Nie geben würde.

Ein Gesicht, das die gierige Hand nicht zerfetzen würde. »Ich glaube, das kann man nicht malen, Pedro. Willst du jetzt mal in den Garten gehen und deine Sachen erledigen? Ich mache uns inzwischen etwas zu essen. Und dann machen wir diese gräßliche Beleuchtung aus. Jeder Mensch kann wissen, daß wir allein im Haus sind. Wenn du zurück bist, schalte ich die Alarmanlage ein.«

Sie stand eine Weile unter der offenen Tür, es war ein milder Oktoberabend, das Laub raschelte unter Pedros Füßen, längs und quer lief er durch den riesigen Garten. Die Strahler beleuchteten auch die Rosen, die immer noch blühten.

Panino hatte die Rosen gehegt und gepflegt, zusammen mit Herrn Huber. Wunderschöne Rosen, groß und leuchtend, das ganze Jahr über mußten sie betreut werden, geschnitten, gedüngt, im Winter, wenn es kalt war, bekamen sie schützende Hüllen. Im Mai begannen sie zu blühen, und sie blühten bis in den späten Oktober.

»Sie sind das schönste und edelste, was auf dieser Erde lebt«, hatte Panino gesagt, den Arm um die Schultern des Kindes Georgia gelegt. »Ein Geschöpf, das nichts Böses tun kann. Das in aller Schönheit nur für sich allein lebt.« Eine

Zeitlang hatte Georgia, sie war noch sehr jung damals, Rosen gemalt, immer wieder Rosen.

»Ja, ja«, hatte Panino gesagt. »Aber sie leben nicht, sie duften nicht. Man kann sie nicht festhalten, nicht beschreiben, nicht darstellen. Eine Rose ist eine Rose ist eine Rose. Es ist die Vollendung.«

Nach Paninos Tod wurden die Rosen von Herrn Huber allein gepflegt, es schien sie nicht zu stören, daß Panino nicht mehr da war. Und wie man mit Rosen umging, hatte Herr Huber gelernt.

Karen betrachtete es sachlicher.

»Rosen, gut und schön. Die Hauptsache ist, Onkel Huber kommt jeden Tag. Ich möchte nicht, daß du allein bist, wenn ich verreist bin.« Das war vor der argentinischen Reportage.

Kathi, die den Großeltern den Haushalt geführt hatte und die die Mädchen seit ihrer Kindheit kannten, war eines Tages nicht mehr da gewesen. Sie war alt und wackelig geworden, halb taub dazu, Töpfe und Teller fielen ihr aus der Hand, sie zog um in ein Altersheim. Auch dafür hatte Panino gesorgt. Danach kam eine Haushälterin, die faul war und widerspenstig und Georgia auf die Nerven ging. Die nächste redete zu viel, bis man merkte, daß sie stahl. Und die dritte, die im Haus lebte, war hysterisch, so nannte es Karen.

Vor all diesen Frauen und ihrem Anhang mußte man jetzt Angst haben, denn sie wußten, wer im Haus lebte, wußten, daß Karen oft auf Reisen war, wußten von dem Schmuck, und daß Pedro sehr gutmütig war.

Jetzt gab es keine Haushälterin mehr, nur Frau Moser. Sie kam jeden Tag, räumte auf, machte sauber, kaufte ein und bereitete das Essen, erträglich, aber nicht sehr raffiniert, nicht zu vergleichen mit Kathi, die nicht nur bayerisch und fränkisch kochen konnte, sondern von der Großmama allerlei Finessen französischer Küche übernommen hatte.

Ins Haus ziehen wollte Frau Moser nicht. Sie hatte eine Tochter, die geschieden war und arbeitete, und zwei Enkelkinder, die versorgt werden mußten, sie beeilte sich immer, schon zu Hause zu sein, wenn die Kinder aus der Schule kamen. Aber sie kam pünktlich und zuverlässig, und Karen hatte seufzend zugegeben: »Wir können froh sein, daß wir wenigstens sie haben.«

Herr Huber hatte eine gelähmte Frau, für die er sorgen mußte, die konnte er auch nicht mit ins Haus bringen. Denn bei aller Liebe zu den Rosen und zu den beiden Wieck-Mädchen dachte er nicht daran, seine Frau aus dem gewohnten Rahmen zu reißen. Dort konnte sie sich einigermaßen bewegen, ein kleiner Garten war da, und es gab die Nachbarin, die sich kümmerte, wenn er nicht da war.

Die Hubers wohnten in Unterföhring, das war nicht allzu weit entfernt, und Herr Huber kam mit dem Rad, aber immerhin war er auch schon einundsiebzig. Als Karen sich einen neuen Wagen kaufte, einen Porsche, sagte sie mit aller Selbstverständlichkeit: »Weißt du was, Onkel Huber, du nimmst einfach meinen alten Wagen, da bist du schneller da und kannst mal so zwischenrein nach meiner Schwester sehen, wenn ich nicht da bin.«

»Aber Fräulein Karen, ich kann doch nicht mit einem Mercedes fahren.«

»Na, warum denn nicht? Du fährst doch prima.«

Sie waren schon als Kinder mit ihm gefahren, er hatte sie zur Schule gebracht und abgeholt, zum Reitstall, zum Schwimmen, zu allen Unternehmungen hatte er sie gefahren, wenn Panino keine Zeit oder keine Lust hatte. »Du bist doch früher immer mit dem Mercedes gefahren. Der Wagen ist noch bestens, dem fehlt gar nichts.«

»Das weiß ich, Fräulein Karen. Aber früher war es der Wagen vom Herrn Großvater, das war was anderes.«

»Wieso?«

»Wenn ich den Wagen nehmen soll, um von hier zu mir zu fahren, dann sieht das aus, als ob es mein Wagen ist.«

»Ja, und?«

»Ich kann doch nicht mit einem Mercedes umeinand fahren.«

»Das hast du schon gesagt, Onkel Huber. Erklär mir mal, warum nicht!«

»Was sollen denn die Leute denken, da wo ich wohn, und ich kann mir das ja auch gar nicht leisten.«

Karens helles Lachen. »Na, dann übernehmen wir eben die Kosten für den Wagen. Ist doch klaro. Und wenn sich deine Nachbarn nicht beruhigen können, dann sagst du eben, es ist unser Wagen und du fährst ihn hauptsächlich für meine Schwester, die nicht gern selber fährt. Die Hauptsache ist, du kommst so oft wie möglich und schaust nach Georgia, wenn ich verreist bin. Wenn du kommst, und die Frau Moser kommt auch jeden Tag, dann klappt das hier so einigermaßen. Hab ich vielleicht nicht recht? Und wenn das Wetter schön ist, Onkel Huber, bringst du deine Frau mit, dann kann sie hier im Garten sitzen und kommt auch mal raus aus der Bude.«

Seitdem fuhr Herr Huber den Mercedes, seine Frau brachte er selten mit, aber das Haus brauchte ihn, die Rosen brauchten ihn, und Pedro liebte ihn heiß und innig. Trotzdem war Georgia in der Nacht allein im Haus.

Als Pedro aus dem Garten zurückkam, die Strahler ausgemacht, die Alarmanlage eingeschaltet war, überfiel sie eine gewisse Erschöpfung. Eigentlich war es angenehm, allein zu sein, Ruhe zu haben.

Karen war weg, gut. Sie würde sich damit abfinden wie immer. Georgia ging in die Küche. Es gab kaltes Huhn, Leberwurst, Käse, eine Tomatensuppe konnte sie aufwärmen, und für Pedro waren da noch eine kleine Portion Rindfleisch und ein paar Flocken.

Nach dem Essen saß sie vor dem Fernseher, dann nahm sie ein Buch, dann kam Mozart dran. Schließlich schluckte sie eine Schlaftablette.

Sie zögerte. Lieber zwei? Ja, heute lieber zwei. Sie konnte ja schlafen, solange sie wollte. Frau Moser würde um acht kommen, und sie nicht stören. Georgia ließ nicht alle Lichter im Haus brennen, aber einige doch.

Bevor sie einschlief, dachte sie an Karen. Wo war sie? Über dem Mittelmeer? Schon über Afrika? Weit weg auf jeden Fall.

# Der späte Passagier

Der Mann kam in Frankfurt als letzter an Bord, es schien, als habe man extra auf ihn gewartet. Die Passagiere waren schon angeschnallt, der Purser und die Stewardessen standen an der Tür. Karen hatte bereits ihr Champagnerglas in der Hand, konnte den Mann und seinen Auftritt in Ruhe betrachten.

Er trug weder Mantel noch Hut, doch einen korrekten grauen Anzug, ein hellblaues Hemd und Clubkrawatte, in der Hand den obligaten schwarzen Aktenkoffer.

Die Stewardess begrüßte ihn mit Namen, und er sagte zu ihr: »Hallo, Bessy.«

Dieser späte Passagier sah gut aus, das Gesicht war ausdrucksvoll, leicht gebräunt, nur gerade soviel, daß es nicht angeberisch aussah; das Haar, glatt und ordentlich an den Kopf gebürstet, war dunkelbraun und üppig, die Augen unter kräftigen Brauen hell.

Das alles registrierte Karen, die geübte Beobachterin, mit einem Blick. Auch sie traf ein kurzer Blick, dem nicht, wie sie es gewohnt war, ein zweiter folgte. Auch Erwin sah er kurz an, ehe er sich setzte. Kein Gruß.

Dies ist kein Herr Irgendjemand, befand Karen, wir interessieren ihn nicht sonderlich, aber immerhin wollte er wissen, mit wem er zusammen sitzt, und das für viele Stunden. Sie überlegte, ob sie dieses Gesicht kannte. Von einer Begegnung her sicher nicht, dann hätte sie es nicht vergessen. Vielleicht aus der Zeitung.

Ein Politiker? Nein, entschied sie sofort. Ein Wirtschaftsführer, ein großer Manager, ein Banker, Industrie, Presse. Ein Kollege? Nein, auch nicht. Einer, der so aussah, den würde sie kennen. Es könnte einer aus Südafrika sein. Film, Theater? Nein. Ein Wissenschaftler – vielleicht.

Die Tür schloß sich, der Start wurde angesagt.

»Also dann«, sagte Erwin neben ihr mit einem Seufzer.

Sie, Erwin und der späte Passagier waren die einzigen Fluggäste der ersten Klasse.

»Na denn«, erwiderte sie und hob leicht ihr Glas. »Freust du dich?«

»Ich weiß noch nicht«, meinte Erwin.

»Ach, Winnie, das sieht dir ähnlich. Jetzt überkommt dich das große Verlangen, zu Hause bei Almut auf dem Sofa zu sitzen, ein kühles Bier zu trinken und die weite ferne Welt weit und fern zu wissen.«

»Das sind Gefühle, die du nicht kennst.«

»Noch nicht. Vielleicht in zwanzig Jahren.«

»Du nicht, auch in zwanzig Jahren nicht.«

Sie wandte den Kopf und blickte wieder auf den Mann, der durch den Gang getrennt in ihrer Reihe saß. Bessy reichte ihm gerade den Champagner, bekam ein Lächeln, und Karen sah auch seinen Mund, einen geschwungenen, sensiblen Mund, schön wie ein Frauenmund. Ein Mund zum Küssen.

Sie lehnte sich zurück, während die Maschine anrollte, und die Stewardess ihren Spruch aufsagte. Ein langer Flug. Sie würde schon herausbekommen, wer dieser Mann war. Ein Nachtflug. Vielleicht schlief er auch die ganze Zeit.

Dann, mein Kind, läßt du dich am besten pensionieren.

Sie mußte lachen, kurz und erheitert über ihre Gedanken, die sich zwischen professioneller und weiblicher Neugier bewegten, das kannte sie von sich.

Das Lachen trug ihr einen zweiten Blick ein, diesmal über den Gang hinweg, sie erwiderte ihn und war zufrieden. Der zweite Blick war wichtiger als der erste.

»Das wird eine tolle Reise, Winnie, du wirst sehen.«

Daß sie Erster Klasse flogen, war ihr Wunsch gewesen. Erwin hatte zu bedenken gegeben, daß das Blatt nur Businessclass bezahlt, und sie hatte gesagt: »Bei dem langen Flug? Kommt nicht in Frage. Ich will es bequem haben. Den Rest zahlen wir drauf. Wenn es dir zuviel ist, übernehme ich das.«

Ein wenig taktlos konnte sie schon sein. Aber großzügig war sie immer, Geld war für sie kein Besitz, sondern ein Mittel zum Komfort. Als sie den Flug buchten, war Erwin Raabe noch ein werdender Vater, der mit dem Geld sorgsam umgehen mußte. Karen Wieck jedoch war eine reiche Erbin. Ohne Geld zu leben, mit wenig Geld auszukommen, sparsam zu wirtschaften, das hatte sie nie gelernt.

Sie gehörte jener glücklichen Generation an, für die, bei einigermaßen konsolidierten Verhältnissen im Elternhaus, das Erben eine Selbstverständlichkeit war. 1955 geboren, im ersten großen Boom des Wirtschaftswunders, hatte sie niemals Not oder auch nur die geringste Entbehrung kennengelernt, auch wenn es in ihrem Fall nicht der Vater, sondern der Großvater war, der für sie sorgte.

Alles war auf schnurgeradem Weg gelaufen, Schule, Studium, Beruf. Der verschwundene Vater spielte sowieso keine Rolle, und die letzte Phase der Depressionen und den Selbstmord ihrer Mutter hatte man geschickt von ihr ferngehalten. Mentalität, Begabung und ein gesunder Ehrgeiz ebneten ihr den Weg zum Erfolg, eine ausreichende Portion Egoismus und strahlendes Selbstbewußtsein bewahrten sie vor Komplikationen in ihrem Privatleben. Männer boten Unterhaltung und Entspannung, Freude am Sex hatte sie früh empfunden, doch es hatte sie, wie ihre Schwester es an diesem Abend Almut Raabe gegenüber im Flughafenrestaurant von Riem ausgedrückt hatte, nie ernsthaft erwischt.

Und nun geschah es doch. Auf diesem Flug in ein unbekanntes Land, sollte auch sie in ein unbekanntes Land des Gefühls geraten, es ›erwischte‹ sie.

Das Gespräch mit dem Nachbarn über dem Gang begann schon gleich nach dem Abendessen. Sie hatten sehr gut und sehr reichhaltig gegessen, und als die Stewardess fragte, ob sie noch einen Wunsch habe, sagte sie: »Puh! Nein, danke. Ich kann nicht mehr piep sagen. Nein, danke, auch keinen Kaffee. Ein Glas Wein nehme ich noch gern.«

Das Dessert stand noch auf ihrem Tablett, und Anja, die zweite Stewardess, schlug vor: »Vielleicht mögen Sie es später essen. Ich kann es Ihnen kaltstellen.«

»O ja, das wäre nett. Falls es mir langweilig wird. Essen ist immer eine angenehme Abwechslung.«

Anja lächelte und trug den Becher mit der Eiscrème in ihre kleine Küche. Der Purser, der Axel hieß, schenkte Wein

41

nach. Und der interessante Mann, den die Crew mit Herr Heinze anredete, kam von seinem Besuch im Cockpit zurück. Als Karen den Kopf wandte, begegnete sie seinem Blick. »Es freut mich, daß es Ihnen geschmeckt hat«, sagte er.

»Es war auf jeden Fall zu viel. Jetzt wäre ein Spaziergang recht.«

»Das dürfte Ihnen im Moment schwerfallen. Aber warten Sie ein paar Jahre; wenn wir noch höher fliegen, können Sie im Weltraum spazierengehen.«

»Ich bezweifle, daß diese Art von Fortbewegung diejenige ist, die mir jetzt guttäte.«

Erwin Raabe löffelte den Rest von seinem Eis und schob einen Keks in den Mund, lächelte und lehnte sich befriedigt zurück. Na also, er hatte längst erwartet, daß Karen mit diesem Mann anbändeln würde. Auch ihm war nicht entgangen, wie attraktiv er war.

Eine Weile sprachen sie über das Essen, dann bekam Herr Heinze Kaffee und Cognac serviert, sagte lächelnd: »Danke, Anja«, und Karen fragte: »Gehört Ihnen eigentlich diese Fluglinie?«

Er zog eine Braue hoch, aber sie bekam ein Lächeln. »Die Lufthansa? Kaum. Was veranlaßt Sie zu dieser Frage?«

»Das wissen Sie genau. Man kennt Sie, und Sie kennen die Besatzung, das ist nicht gerade üblich.«

»Ich fliege öfter auf dieser Strecke. Es ist nicht immer dieselbe Crew, aber manchmal trifft man eben Bekannte.«

»Unter den Passagieren auch?«

»Kommt vor.«

»Ein langer Flug. Wenn Sie das öfter machen, ist das nicht anstrengend?«

»Finden Sie es anstrengend bis jetzt?«

»Nein, gar nicht. Ich fliege gern.«

»Die Belastung eines Ost-Westfluges, beziehungsweise vice versa, fällt weg. Kein Jetlag. Das macht den Flug angenehm. Ich fliege auch gern. Wenn man bedenkt, daß unsere Vorfahren noch drei bis vier Wochen gebraucht haben, bis sie am Kap der Guten Hoffnung waren, dann haben wir es doch viel bequemer.«

»Da sprechen Sie aber von nicht weit zurückliegenden Vorfahren. Vasco da Gama, der als erster das Kap umsegelte, wird wohl ein Weilchen länger gebraucht haben.«

»Das kam auf den Wind an. Und inwieweit seine Mannschaft mitgemacht hat. Meistens haben die damals gemeutert, wenn es in unbekannte Gegenden ging.«

»Siehe Columbus.«

»Richtig. Allerdings war Vasco da Gama nicht der erste, der das Kap erreichte und weiter gen Osten segelte. Vorher gelang es schon einem gewissen Diaz. Von dem man annimmt, daß er der erste war. Genau weiß man das nicht.«

»Der alte Menschheitstraum, Indien auf dem Seeweg zu erreichen. Columbus hat auf diese Weise Amerika entdeckt, und ich frage mich manchmal, ob er uns eigentlich etwas Gutes damit getan hat. Und er hat nie erfahren, daß es nicht Indien war, wo er endlich an Land gegangen ist.«

»Er war auch nicht der erste.«

»Ja, ich weiß, die Wikinger sollen schon vor ihm dagewesen sein. Kommt mir immer reichlich unglaubwürdig vor. Bei den Kähnen, die die hatten. Und bei der Entfernung. Vielleicht ist einer mal aus Versehen dort gelandet. Und den haben die Indianer massakriert.«

»Die Indianer müssen relativ friedlich gewesen sein. Sie sind es, die massakriert worden sind. Von den weißen Eroberern...«

»So sagt man. Warum wollten sie eigentlich alle in dieses gräßliche Indien?«

Er lachte. »Sie waren offenbar dort, und es hat Ihnen nicht sonderlich gefallen.«

»Nein, wirklich nicht. Es ist ein unheimliches Land, das mir angst macht. Sie sind so unberechenbar, und dann dieses Kastenwesen, noch heute in diesem Jahrhundert. Der Haß zwischen den Religionen, die Armut, das Elend.«

»Und die herrlichen Tempelbauten, die ungebrochene Tradition, auch und gerade in diesem Jahrhundert. Das muß man auch sehen.«

»Na ja, sicher. Aber es war nicht das Volk, das die Tempel gebaut hat. Es waren die Sklaven, die bauen mußten und vermutlich haben es die meisten nicht überlebt. So ähnlich wie es in Ägypten mit den Pyramiden war. Wir stehen heute davor und sagen Ah und Oh, sind billig dahingekommen mit irgend so einem Tourismusunternehmen. Doch daß die Erde, auf denen diese Bauwerke stehen, mit dem Blut von Millionen Menschen getränkt ist, daran denken wir nicht.«

Sie lehnten sich zueinander, sahen sich an, Karen las so etwas wie Spott in seinen Augen.

»Ob es Millionen waren, bezweifle ich, so viele Menschen gab es damals gar nicht«, sagte er.

»Sie werden im Laufe der Zeit schon zusammengekommen sein.«

»Sicher. Aber Menschen waren damals wie heute der billigste Stoff. Oder meinen Sie, es hat sich etwas daran geändert?«

»Ich hoffe es. Nein, ich weiß es. Die Menschheit hat sich schließlich weiter entwickelt. Der Fortschritt beschränkt sich nicht auf Technik allein.«

»Es ist das Vorrecht der Jugend, an dieses Märchen zu glauben.«

»Na, haben Sie sich bloß nicht so. So jung bin ich nicht mehr, und so alt können Sie auch noch nicht sein.«

»Jugend hat nichts mit der Zahl der Jahre zu tun.«

»Sie wissen immer eine Antwort, wie?«

»Meistens. Ich weiß auch, warum sie partout nach Indien wollten. Der Gewürze wegen. Damit ließ sich damals viel Geld verdienen. Auf dem Landweg war es weiter, teurer und gefährlicher. Die berühmten Wege von damals, auf denen man reich werden konnte – die Seidenstraße – die Salzstraße – die Gewürzstraße. Es gibt keine Statistik darüber, wie viele Menschen diesen Handel mit dem Leben bezahlt haben, wie viele in den Meeren umgekommen sind, weil sie den Seeweg nach Indien suchten. Das ist wie mit den Tempel- und Pyramidenerbauern.«

»Ja, nur daß die Kapitäne mit ersoffen sind.«

»Meist waren die auch nur Zubringer für die Herren in den Handelskontoren in Amsterdam oder London oder Hamburg oder Lissabon. Doch zweifellos wird mancher Kapitän ganz gut verdient haben, wenn er es denn überlebt hat.«

Anja kam vorbei, und Karen sagte: »Ich würde nun doch gern mein Dessert essen. Und dann nehme ich einen Whisky.«

»Das ist eine gute Idee«, sagte Herr Heinze. »Für mich bitte auch einen Whisky.«

Er schwieg, bis Karen das Dessert gegessen hatte, und Anja den Whisky servierte. Dann fragte er: »Wollen wir uns noch ein bißchen unterhalten? Wir könnten uns an die Bar setzen, damit wir Ihren Nachbarn nicht stören. Oder wollen Sie schlafen?«

»Nicht gleich. Vielleicht können wir noch ein wenig über näherliegende Dinge plaudern.«

»Und das wäre?«

Diesmal entdeckte sie eine leichte Unverschämtheit in seinem Blick. Unverschämt fand sie es auch, daß er Erwin Raabe, den er nebensächlich als ihren Nachbarn bezeichnete, von vornherein aus der Unterhaltung ausschloß. Aber daran war natürlich Erwin selber schuld, er hatte sich mit keinem Wort an dem Gespräch beteiligt. Und nun hatte er die Augen geschlossen und schlief, oder tat jedenfalls so. Das kannte sie schon, er zog sich immer betont zurück, wenn sie einen Flirt begann. Albern!

Als sie dann neben Herrn Heinze saß, sagte sie: »Ich denke mir, wir könnten über Südafrika reden. Wenn Sie so oft dorthin fliegen, kennen Sie sich doch sicher gut aus.«

»So kann man es nennen.« Aber statt von Südafrika zu erzählen, fragte er: »Von Amerika halten Sie offenbar auch nicht viel?«

»Wieso?«

»Es hörte sich vorhin so an, als wir von Columbus sprachen. Sie waren im Zweifel, ob er uns mit der Entdeckung Amerikas etwas Gutes getan hat. Wen meinten Sie mit uns?«

»Europa natürlich.«

»Europa hat Amerika besiedelt. Alle Amerikaner stammen aus Europa. Abgesehen von den Indianern, die, wie wir festgestellt haben, von den Europäern massakriert worden sind.

Und dann gibt es noch die Schwarzen, die aus Afrika kommen und als Sklaven importiert worden sind.«

»Amerika ist ein Sammelbegriff für zwei Kontinente und für viele, sehr verschiedenartige Länder. Man kann manche davon mögen und andere nicht. Sie sind Amerikaner?«

»Nein. Weder vom nördlichen noch vom südlichen Kontinent.«

»Sie sprechen ausgezeichnet deutsch, also nehme ich an, daß Sie Deutscher sind, der mit Südafrika Geschäfte macht.«

Er lachte. »Auch nicht. Ich bin Afrikaaner.«

»Mit zwei aa, ich weiß.«

»Sie haben sich vorbereitet, wie es sich für eine gute Journalistin gehört. Und so stellen Sie auch Ihre Fragen.«

»Warum denken Sie, daß ich Journalistin bin?«

»Weil ich es weiß. Sie sind Karen Wieck.«

»Oh!« diesmal staunte sie unverhohlen, und er lachte wieder. Er hatte weiße, regelmäßige Zähne, das Lachen machte ihn jünger.

»Woher kennen Sie mich? Sind wir uns irgendwo begegnet? Nein«, sie schüttelte den Kopf, »das wüßte ich.«

»Sie kennen so viele Leute, da ist es doch möglich, daß Sie eine mehr oder weniger flüchtige Begegnung vergessen.«

»Seien Sie nicht so eitel. Sie wissen genau, daß Sie ein Typ sind, den man nicht vergißt, wenn man ihm einmal begegnet ist.«

»Nun gut, dann bin ich eitel, und Sie sind ehrlich. Keiner von uns beiden würde es vergessen, wenn wir einander begegnet wären.«

Das war deutlich. Er war im Flirten mindestens so geübt wie Karen. Er war ein ebenbürtiger Partner und das verwirrte sie nun doch ein wenig.

»Woher also wissen Sie, wer ich bin? Haben Sie sich bei der Crew erkundigt?«

»Ich habe Sie im Television gesehen, vor einem Jahr etwa. Es war eine Diskussion über die politischen Veränderungen in der Sowjetunion.«

»Vor einem Jahr? Ja, das stimmt. Und Sie haben mich wiedererkannt?«

46

»Sofort, als ich hereinkam. Ich merke mir Gesichter, die mir gefallen. Ich vergesse auch nicht, wenn jemand etwas Gescheites gesagt hat. So wie Sie in jener Sendung.«

»Vielen Dank«, murmelte Karen, leicht verunsichert inzwischen. Was hatte sie damals gesagt? Sie trat öfter in sogenannten Talkshows auf, zu diesem oder jenem Thema.

»Sie sagten, daß Sie an das Wunder der Wandlung in der Sowjetunion nicht glauben können. Gorbatschow sei zweifellos ein bedeutender Politiker und möglicherweise auch guten Willens. Aber nicht erst der Kommunismus, schon das Zarenreich habe das russische Volk und die zur Sowjetunion gehörenden Völker geprägt, man könne diese Menschen nicht von heute auf morgen aus ihrer Lethargie erwecken.«

»Stimmt, das habe ich gesagt. Und viel Widerspruch damit erregt.«

»Sie hatten recht. Aber Menschen glauben immer wieder an ein Wunder. Das gehört zur Menschheitsgeschichte, der Glaube an das Wunder und die stets darauf folgende Ernüchterung. Ich habe übrigens kurz darauf einen Artikel zu diesem Thema von Ihnen gelesen.«

»Sie haben ein außerordentlich gutes Gedächtnis.«

»Da ich Ihren Namen weiß, sollte ich mich wohl auch vorstellen. August Heinze.«

»August?« fragte sie fassungslos. Und unversehens rutschte ihr heraus: »Das hatte ich noch nicht.«

Er senkte die Lider halb über die hellen Augen, es sah arrogant aus.

Karen verbesserte sich rasch: »Ich meine, ich kenne niemanden, der so heißt.« Doch dann fiel ihr ein: »Oder doch, ja. Es gibt in München einen sehr bekannten Mann, der August heißt.«

August Heinze fragte nicht, wer das sei. Er sagte: »Zweifellos ein altmodischer Name. Aber er ist bei uns Familientradition. Die Erstgeborenen heißen bei uns August oder Rudolf. August war der erste, der nach Afrika kam, nach Südwestafrika, als es noch deutsche Kolonie war, also vor dem Ersten Weltkrieg. Und da er aus Dresden kam, wird es Sie nicht weiter verwundern, Karen Wieck, daß er August hieß.«

Gebannt von dem Blick der hellen Augen sagte sie eifrig: »August der Starke, König von Sachsen. Siebzehntes Jahrhundert, nicht?«

»Er wurde im siebzehnten Jahrhundert geboren, aber sein Wirken lag im achtzehnten Jahrhundert. Und er war nicht König von Sachsen, er war Kurfürst von Sachsen. Zum König krönte man ihn in Polen. Was nicht gerade die beste Idee seines Lebens war, es hat ihm viel Ärger gebracht.«

»Er muß ein sehr potenter Mann gewesen sein. Er soll viele und schöne Mätressen verbraucht haben.«

»In Sachsen wie in Polen. Verbraucht haben ist kein hübscher Ausdruck. Nehmen wir mal an, er hat sie mehr oder weniger geliebt. Und die Damen wußten auch mehr oder weniger, was sie taten. Übrigens, wenn Ihnen der Name August nicht gefällt, nennen Sie mich Gus. Das ist bei uns so üblich.«

»Aha«, sagte Karen und griff nach ihrem Whiskyglas. Es war leer.

»Nehmen wir noch einen?« fragte er und berührte leicht mit der Fingerspitze ihren Handrücken.

»Ja, ich denke schon.«, antwortete Karen. Sie blickte auf ihren Handrücken, als müsse dort ein Mal zu sehen sein. Oder eine Wunde.

Verdammt noch mal, dachte sie, dieser komische Heini, dieser Afrikaner mit zwei aa, wird mich noch lange nicht aus der Fassung bringen.

»Und wer ist dann Rudolf?« fragte sie.

»Mein Großvater. Er kam in den zwanziger Jahren nach Johannesburg, wo jener August, der sein Onkel war, inzwischen lebte und zwar sehr gut, er hatte sich an einer Goldmine beteiligt. Kolonien gab es da für Deutschland schon nicht mehr. Was man ja, von heute aus gesehen, nur begrüßen kann, wenn Sie bedenken, was für Ärger die Briten und Franzosen und die Holländer und noch ein paar andere mit ihren Kolonien hatten. Die Deutschen waren ja reichlich spät in dieses Geschäft eingestiegen. 1886 genau, und Bismarck, der ein kluger Mann war, hielt sowieso nichts davon. Recht hatte er.«

Er muß Historiker sein, dachte Karen. Er weiß eine Menge,

und er will es mitteilen. Typisch. Ein Banker, zum Lachen. Ein Schulmeister von Kopf bis Fuß.

Doch dann dachte sie an Panino, ihren Großvater. Der war Banker und dennoch in Geschichte bestens bewandert. Weil sein Vater Historiker war, drum.

Sie nahm einen großen Schluck von ihrem Whisky, das Glas hatte Anja gerade vor sie hingestellt.

Jetzt hätte sie gern eine Zigarette geraucht, auch wenn das nicht mehr Mode war. Sie hatte welche in ihrer Tasche, die sie unter den Sitz geschoben hatte. »Moment«, sagte sie, »ich hol mir bloß eine Zigarette.«

August Heinze zog ein Etui aus seiner Jackentasche. »Bitte sehr, hier sind sie schon.«

Sie deutete auf das Etui. »Echt Gold? Aus der Mine von August dem Ersten.«

»Möglich«, sagte August der Jüngere leichthin. »Mit Gold leben wir.«

»Da können wir popligen Europäer nur staunen.«

Als ihre Zigaretten brannten, sagte sie: »Es erleichtert mich sehr, daß Sie auch rauchen. Nachgerade kommt man sich schon wie ein outcast vor, wenn man raucht.«

»Das Rauchen zu verteufeln ist eine Modeerscheinung, wie so vieles andere auch. Aber Sie machen mir nicht den Eindruck, als ließen Sie sich davon abhalten, zu tun, was Ihnen Spaß macht.«

Sie gab ihm einen Blick von der Seite. »So ungefähr stimmt das. Aber in meinem Job ist man relativ großzügig, wir trinken und wir rauchen. Auch wenn wir manchen Moralisten dieser und jener Couleur in unseren Reihen haben. Die Freiheit geht uns über alles.«

»Welche Art von Freiheit meinen Sie?«

»Die Freiheit zu denken, zu reden, in meinem Fall zu schreiben, was man für die Wahrheit hält. Und eben auch die Freiheit, zu rauchen.«

»Was für eine Wahrheit?« Es schien eine Spezialität von ihm zu sein, hinterhältige Fragen zu stellen.

»Es gibt nur eine Wahrheit.«

»Wie kann eine kluge Frau wie Sie so etwas behaupten.

Sie haben es ja eben viel vorsichtiger ausgedrückt. Was man für die Wahrheit hält, haben Sie gesagt. Und es kommt wohl immer auf den Standpunkt an, von dem aus man seine Wahrheit betrachtet.«

»Und es wird vermutlich nicht ganz leicht sein, in Südafrika den Standpunkt zu finden, von dem aus man die Wahrheit sieht. Für einen Europäer, meine ich.«

»Vergessen Sie mal die Wahrheit und versuchen Sie es mit der Wirklichkeit. Die Südafrikanische Union ist genau wie Amerika von Europäern besiedelt und kultiviert worden.«

»Aha«, rief sie triumphierend, »da haben wir es schon. Und die Schwarzen, die dort leben, denen das Land doch eigentlich gehört, haben die keine Rechte? Sie dürfen nicht wählen, nicht reden und schreiben, was sie wollen.«

»Sie haben eigene Schulen, sie haben eigene Universitäten, sie haben auch eigene Zeitungen. Das ist die Wirklichkeit. Die Wahrheit ist: sie haben keine Rechte.«

»Das geben Sie zu?«

»Das gebe ich zu, denn es ist die Wahrheit. Und wenn man nicht sehr bald und sehr schnell die Verhältnisse ändert, wird es zu einer Katastrophe kommen. Sehen Sie, Karen Wieck, Sie reisen in ein puritanisches Land, und Puritaner haben immer hartnäckig und uneinsichtig auf *ihrem* Recht und *ihrer* Wahrheit bestanden.«

»Daß wir im zwanzigsten Jahrhundert leben, müssen doch Puritaner auch begreifen. Diese Apartheid paßt einfach nicht mehr in unsere Zeit. Amerika ist schließlich auch mit dem Problem der Schwarzen fertig geworden.«

»Welches Amerika meinen Sie? Im Süden und in Mittelamerika haben sich die Rassen mühelos vermischt, jedenfalls im Volk. Die Vereinigten Staaten haben einen blutigen Krieg geführt, coloured people sind gleichberechtigt, und haben es in manchen Fällen weit gebracht, aber die Masse der Schwarzen lebt immer noch in erbärmlichen Verhältnissen.«

»Das tun viele Menschen auf dieser Erde. Auch und gerade in Afrika. Aber Sie werden zugeben, daß diese Apartheid in unserer Zeit unerträglich ist.«

»Unerträglich für wen? Apartheid, ich kann das Wort

schon nicht mehr hören. Wissen Sie, daß es eine Schöpfung unseres Jahrhunderts ist? Das Gesetz der Apartheid gibt es seit 1950. Unsere Großväter haben viel gelassener mit den anderen Rassen zusammengelebt. Es sind ja nicht nur die Schwarzen, wir haben viele Inder im Land, überhaupt Asiaten, und entsprechend Mischlinge. Obwohl sich gerade die Inder sehr rassebewußt verhalten haben, sie sind stets unter sich geblieben. Das nur nebenbei. Das ganze Gesetz entspringt der Unsicherheit der Weißen.«

»Ja, ich kenne die Zahlen. Über zwanzig Millionen Schwarze und nicht einmal fünf Millionen Weiße. Es ist einfach unvorstellbar, daß sich die Weißen überhaupt so lange behaupten konnten.«

»Sie sagen es. Und die Torheit der letzten Jahrzehnte, die Umsiedlung der Schwarzen in die homelands, die strengen Paßvorschriften, die Unmöglichkeit, sich selbst Arbeit zu suchen, und das Verbot, sich am Ende eines Arbeitstages in den Städten aufzuhalten, das muß eigentlich jeden vernünftig denkenden Weißen mit Scham erfüllen.«

»Ich staune, daß Sie so etwas sagen, Sie als Afrikaander.«

»Ganz echt bin ich eben nicht. Ich bin ja deutscher Herkunft, auch wenn es drei Generationen zurückliegt. So richtig gehört man da nie dazu. Obwohl man es in mancher Beziehung leichter hat, gerade weil man viel Unrecht nicht mittragen muß. Bestimmend sind immer noch die Buren, also die einstmals aus Holland eingewanderten Puritaner, die als erste das Land erobert und besiedelt haben. Auch wenn Südafrika von England fest in den Griff genommen wurde, auch wenn es viele Jahre zum Commonwealth gehörte, hat sich nichts daran geändert, daß die Buren das Gesicht Südafrikas prägen. Sie lieben sich nicht, die Engländer und die Buren. Das einzige, was sie vereint, ist die weiße Hautfarbe.«

»So ist der Burenkrieg unvergessen.«

»Bis heute. Und darum ist es von einem gewissen Vorteil, wenn man weder von Buren noch von Engländern abstammt.«

»Ich verstehe«, sagte Karen nachdenklich. Und freimütig fügte sie hinzu: »Wie schön, daß ich Sie auf diesem Flug getroffen habe, Herr Heinze. So habe ich schon einiges gelernt über Südafrika, ehe ich gelandet bin.«

»Die Freude über unsere Begegnung ist ganz auf meiner Seite«, sagte er. »Cheers!«

Sie leerten das zweite Glas und lächelten sich an.

»Ihr Großvater namens Rudolf kam also in den zwanziger Jahren nach Johannesburg. Auch aus Dresden?«

»Aus Dresden. Und er kam eigentlich nur, um Onkel August zu besuchen, denn die Familie in Dresden machte sich Sorgen. Man befürchtete, es ginge ihm schlecht, und Rudolf sollte ihn zurück in die Heimat bringen.«

»Statt dessen hatte er eine Goldmine, und es ging ihm gut.«

»Es ging ihm hervorragend. In Windhuk hatte er ein Geschäft betrieben, es muß so eine Art Transportunternehmen gewesen sein, das die weit auseinander liegenden Farmen mit Waren versorgte. Damit war er ein reicher Mann geworden, und sein Neffe Rudolf blieb für immer da.«

»Und jetzt sind Sie Besitzer einer Goldmine.«

»Längst nicht mehr. Mein Vater verkaufte die letzten Anteile an eine amerikanische Gesellschaft. Selbst zu fördern, ist viel zu kostspielig geworden. Ganz zu schweigen von dem Ärger, der damit verbunden ist.«

»Sie meinen die Ausbeutung der Schwarzen in diesen Minen.«

»Es ist eine mörderische Arbeit. Sie haben zwar inzwischen eine Gewerkschaft und werden verhältnismäßig gut bezahlt, gemessen an dem, was Schwarze sonst verdienen können. Aber es ist Sklavenarbeit, noch immer. Genau wie Sie es vorhin bei Pyramiden- und Tempelbauten beklagten. Und wie es für so manche Arbeit auf dieser Erde zutrifft, wo viele Arme für den Wohlstand der wenigen Reichen schuften müssen.«

Karen war überrascht. War er am Ende ein Sozialist, dieser Afrikaaner aus Sachsen? Das war das letzte, was sie vermutet hatte. Am Ende war er doch ein Politiker. Das würde sie noch herausbringen in dieser Nacht.

»In einem Bergwerk zu arbeiten war wohl immer und in jedem Land schwere Arbeit, gefährlich für die Gesundheit und das Leben. Die Goldminen sind tiefer als jedes andere Bergwerk, und man muß immer tiefer gehen, um das so heiß ersehnte Metall zu finden. Früher wurden die schwarzen Arbeiter in den Minen begraben. Auf Lebenszeit.«

»Wie soll ich das verstehen?« fragte Karen.

»Nun, es war so, man ließ sie bereits als Kinder durch die engen Öffnungen in dem Bergwerk verschwinden. Von den Älteren, die da unten vegetierten, wurden sie in die Arbeit eingewiesen. Und die taten sie, so lange sie lebten. Es war meist nicht lange.«

»Aber das ist ja entsetzlich. So etwas kann es doch gar nicht gegeben haben.»

»Kennen Sie sich so wenig aus in der Geschichte der Menschheit, daß Sie so wenig von dem Leid wissen, das die Menschen einander antaten?« fragte er. »Und von dem Elend, das die meisten Menschen, die auf diesem Stern leben, auch heute noch erdulden müssen?«

Ob er am Ende Theologe ist? fragte sich Karen. Oder doch Historiker?

»Alles wegen Gold«, warf sie ein.

»Gold, Platin, Diamanten, Uran, Kohle, Silber, Vanadium – es gibt so viel, was in der Erde liegt, und was die Menschen begehren. Was die einen reich macht und die anderen verrecken läßt. Zur Zeit ist es das Öl, das die wichtigste Rolle spielt. Das Gold in Afrikas Erde wird in nicht zu ferner Zukunft abgebaut sein. Es gibt schon Minen, die gehen 4000 Meter in die Erde hinab. Stellen Sie sich so etwas vor!«

»Ich versuche es gerade«, sagte Karen eingeschüchtert.

An einen Flirt mit diesem Mann hatte sie gedacht, und nun war das Gespräch so ernst, geradezu bitter geworden. Haßte er die Minen, aus denen immerhin sein Reichtum stammte? Aber sie wußte ja gar nicht, ob er reich war. Sie versuchte dem Gespräch eine andere Wendung zu geben, um die düstere Stimmung zu vertreiben.

»Auf jeden Fall ist es ganz plausibel, daß Urgroßvater August beim Gold landete. Sein ehemaliger Souverän hat sich auch damit beschäftigt.«

Er wußte sofort, worauf sie anspielte.

»Richtig. August der Starke hielt einen Mann gefangen, der ihm versprochen hatte, Gold zu machen. Aber damit stand er nicht allein, das hat man im Laufe der Geschichte immer wieder und an allen Orten versucht.«

»Es gelang nicht, Gold zu machen, aber Böttger erfand das Porzellan, das bis dahin nur die Chinesen herstellen konnten. Es wurde zwar nicht eine Gold –, aber immerhin eine Geldquelle für das Land Sachsen.«

»So sicher, ob die Chinesen zuvor die einzigen waren, kann man auch wieder nicht sein. Der ganze Orient steckt voller Kunst und Schönheit, die Menschen dort kannten Fertigkeiten, wovon das barbarische Europa nicht einmal träumen konnte. Übrigens war der erste August Heinze nicht mein Urgroßvater, sondern mein Urgroßonkel.«

Er nahm es sehr genau, dieser August von heute, er war geradezu pingelig. Es amüsierte Karen, sehr deutsch kam es ihr vor.

»Und wer heißt nun Rudolf?« fragte sie.

»Mein ältester Sohn.«

Also! Warum sollte er nicht Frau und Kinder haben. Und was machte ihr das aus? Nichts. Gar nichts. Damit war der Fall erledigt. Verhältnisse mit verheirateten Männern fing sie prinzipiell nicht an. Es war einmal geschehen, als sie sehr jung war. Damals glaubte sie an die große Liebe. Panino hatte gesagt: »Mach Schluß. Und tu's nie wieder. Nicht aus moralischen Gründen, aber es ist lästig. Du hast das nicht nötig. Du gehörst einer Generation an, in der es ausreichend Männer für Frauen gibt. Du bist hübsch und unabhängig. Schaff dir keine sinnlose Abhängigkeit, die dein Leben verdunkelt. Du mußt gar nicht erst erlauben, daß so ein Gefühl wie Liebe sich etabliert. Man kann das nämlich verhindern, es ist meist sowieso nur Einbildung.«

Seitdem hatte sie es verhindert, es gelang ihr immer.

Sie lächelte August Heinze freundlich an.

»Ihr jüngster Sohn heißt demnach August.«

»Aber nein, die beiden Namen werden immer nur für die Erstgeborenen benutzt. Mein Jüngster heißt Jan. Das klingt den Buren gut in den Ohren. Falls mein Sohn in Südafrika leben sollte, wenn er erwachsen ist.«

»Und warum sollte er nicht?«

»In meinen Augen haben die Weißen keine Zukunft in diesem Land, und daran sind sie selbst schuld. Ich denke daran, meine Söhne in Deutschland erziehen zu lassen. Oder einen in England, einen in Frankreich, einen in Deutschland, dann wird daraus eine europäische Familie, und das hat Zukunft in meinen Augen.«

»Drei Söhne?« fragte Karen mit Staunen.

»Der in der Mitte heißt Paul. Das ist allerdings ein Name mit Tradition in Südafrika.«

Sie wartete ab, ob er von seiner Frau sprechen würde, offensichtlich verfügte er ja über viel Familiensinn, drei Kinder, der Vater, der Großvater –, nein, Uronkel. Eine beachtliche Sippe.

Am liebsten hätte sie gefragt: und wie heißt Madame Heinze? Vermutlich hieß sie Victoria nach der ehemaligen Queen der Briten.

Doch nein, Engländer waren sie ja nicht, Buren auch nicht, blieb die Frage, wie die legitime Gattin von August dem Starken geheißen hatte.

Wie immer schaltete ihr Kopf automatisch weiter, eine Gedankenkette folgte der anderen.

»Und was hat der Name Paul für eine Tradition?« fragte sie höflich.

»Ein Franzose namens Paul war ein wichtiger Mann für unser Land, ein flüchtender Hugenotte, der die ersten französischen Reben brachte, das heißt die Setzlinge. Man hatte es am Kap schon zuvor mit dem Weinbau versucht, das Klima und der Boden eignen sich dafür. Aber das Ergebnis war nicht besonders wohlschmeckend. Nachdem der Hugenotte an Land gegangen war, konnte man die Reben veredeln, es ging bergauf mit dem Weinbau.«

»Ja, ich habe gehört, daß es einen guten Wein in Südafrika gibt. Sind Sie am Ende Winzer?«

»Nicht ich. Mein Schwiegervater hat ein großes Weingut am Kap. Unter anderem.«

Nun also, da war das nächste Familienmitglied.

»Und Sie leben da?«

»Nein, ich habe ein Haus in Sandton. Das ist ein Stadtteil von Johannesburg. Wir haben allerdings auch ein Haus in Kapstadt, dort lebte meine Schwägerin. Ich bin gespannt, wie Ihnen Kapstadt gefallen wird. Es ist die schönste Stadt der Welt.«

»Auch das hat man mir berichtet. Es wird schwer sein, darüber zu schreiben, denn es ist unendlich viel über diese Stadt geschrieben worden.«

»Wie lange wollen Sie in Südafrika bleiben?«

»Sechs Wochen etwa.«

»Das ist nicht sehr viel Zeit, um ein fremdes Land kennenzulernen. Ein Land, das so viele Gesichter hat, so viele unterschiedliche Landschaften. Und so viele Probleme. Sehr wenig Zeit, um die Wirklichkeit und die Wahrheit zu entdecken. Und die Trauer zu empfinden über das, was hier – möglicherweise – schon im nächsten Jahrhundert zerstört sein wird.«

»Sie lieben dieses Land«, es war keine Frage.

»Ich liebe es. Ich bin in Kapstadt geboren und aufgewachsen, aber ich werde nicht in Südafrika bleiben.«

»Sind Sie nicht zu pessimistisch? Meinen Sie denn wirklich, daß sich die Probleme nicht doch lösen lassen? Mit einer gewissen Einsicht auf beiden Seiten. Wenn man sich klar darüber ist, daß die Apartheid sich überlebt hat, dann muß es doch möglich sein, zu einem friedlichen Miteinander zu kommen.«

»Nein. Die Buren würden lieber kämpfen und sterben, als die Schwarzen als gleichberechtigte Partner anzuerkennen.«

»Ja, aber die Engländer? Ich dachte immer, es handelt sich um ein Volk. Wenn man Ihnen zuhört, dann könnte man meinen, es gäbe nicht nur die Konfrontation zwischen Schwarz und Weiß, sondern auch eine zwischen Menschen englischer und holländischer Abstammung. Der Burenkrieg ist fast ein Jahrhundert her.«

»Ja, ich habe mich mit diesem Krieg beschäftigt. Wenn man bedenkt, wie viele Kriege geführt worden sind, und wie bald sich oft die Völker danach wieder vertragen haben, die Fronten wechselten, Handel trieben, Verträge abschlossen. Selbst die beiden großen Kriege in diesem Jahrhundert sind so schnell Geschichte geworden, Europa vereinigt sich, die Vereinigten Staaten sind ein wohlmeinender Freund, und nun sieht es so aus, als sei sogar der Kalte Krieg zu Ende...«

»Aber, ich bitte Sie«, unterbrach Karen, »Buren und Engländer führen doch keinen Krieg mehr gegeneinander. Sie regieren gemeinsam in diesem Land. Sie sind ein Volk.«

»Das werden sie nie sein. Die Engländer haben einen sehr bösartigen Krieg in diesem Land geführt, das haben die Buren nicht vergessen. Das vergessen sie nie. Ihrer Meinung nach hat England ihnen das Land weggenommen, das Gott für sie bestimmt hatte.«

»Das ist alles viel komplizierter, als ich dachte«, sagte Karen. »Schwarz gegen Weiß, das ist es, was man denkt. Aber Weiß gegen Weiß, ich verstehe es nicht.«

»Sehen Sie, ich habe ja gesagt, sechs Wochen werden nicht genügen, um zu einem Urteil zu kommen. Doch ich will Ihnen auf gar keinen Fall ein Vorurteil aufschwätzen. Es ist einer meiner größten Fehler, die Verhältnisse ungeschminkt zu sehen und den Dingen auf den Grund zu gehen.«

»Das deutsche Erbe, nehme ich an.«

Er lachte. »Da können Sie recht haben.«

»Was kann Ihnen und Ihren Kindern schon geschehen? Da Sie nicht einmal mehr eine Goldmine besitzen und die Schwarzen ausbeuten, und vermutlich auch keine Sklaven haben, sind Sie doch fein raus.«

»Die Sklaverei ist abgeschafft. Und meine Familie hat nie Sklaven gehabt, sondern immer nur Angestellte, die anständig bezahlt wurden. Doch die Minenarbeiter waren schon für meinen Großvater ein Albtraum. Darum hat er mit einer amerikanischen Gesellschaft fusioniert und sich weitgehend aus dem Geschäft zurückgezogen, und mein Vater hat die Anteile dann verkauft.«

»Was sicher ein gutes Geschäft war.«

»Ein sehr gutes Geschäft.«

Karen schwieg beeindruckt. Sie versuchte, sich in ein sachliches Gespräch zu retten.

»Es ist alles sehr interessant, was ich von Ihnen erfahre«, sagte sie. »Die Geschichte Südafrikas beginnt ja wohl nicht mit Diaz und den Buren, sie ist viel älter. Es muß ja eine Urbevölkerung gegeben haben.«

»Auch die Schwarzen sind zugewandert. Die echten Ureinwohner waren die Buschmänner, wie man sie verallgemeinernd nennt, ein Volk von kleinen, stämmigen Leuten, nicht schwarz, braunhäutig, sie waren Nomaden und lebten von der Jagd. Man beschäftigt sich jetzt sehr ernsthaft mit der Erforschung jener Zeit. Und die Tiere! Vergessen Sie die Tiere nicht. Gemessen an Europa gibt es noch eine reichhaltige Fauna, die man in den Nationalparks schützt, um sie zu erhalten. Ja, ich fürchte wirklich, die sechs Wochen werden etwas knapp sein, Sie werden kaum Zeit haben. Aber ich hoffe, Sie werden mir die Gelegenheit geben, Ihnen das eine oder andere zu zeigen.«

Er beugte sich zu ihr, sah sie sehr genau an, kein Lächeln war um seinen Mund, und dann sagte er, sehr direkt, ohne Umschweife: »Sie gefallen mir sehr gut, Karen Wieck.«

Es würde gut sein, an Madame Heinze und die Kinder zu denken, nahm sich Karen vor. Sie löste sich aus seinem Blick, griff nach dem leeren Glas.

»Anja bringt uns gleich noch einen nightcap zu unserem Platz. Und dann müssen Sie ein wenig schlafen«, sagte er, seine Stimme klang weich und zärtlich.

Sie war müde. Das Essen, der Wein, der Whisky, und die Nähe dieses Mannes, der sie verwirrte. Kannte sie ihn wirklich erst seit dieser Nacht?

Sie schwieg, versuchte, ihre Gedanken zu sammeln, während sie zu ihren Plätzen zurückgingen.

Anja brachte den Whisky, Karen griff wie hilfesuchend nach dem Glas.

»Und Ihre Familie, Herr Heinze? Wo lebt Ihre Frau mit den Kindern?«

»Die Kinder sind in Kapstadt bei meiner Schwägerin. Meine Frau ist tot.«

Das klang so gelassen, so unbewegt, daß es Karen vorkam, als träume sie.

»Ihre Frau ist...«

»Sie ist mit einem Flugzeug abgestürzt.«

»Mit einem Flugzeug abgestürzt«, wiederholte sie mechanisch. Sie hob unwillkürlich die Hand und machte eine vage Bewegung in den Raum, in dem sie saß, hoch über den Wolken, weit entfernt von der Erde. Zu stürzen, da hinab...

Er griff nach ihrer Hand und hielt sie fest. »Es war nicht eine Maschine wie diese hier. Eine kleine Beechcraft, meine Frau war eine begeisterte Fliegerin. Sie ist über den Drakensbergen abgestürzt. Ihr Bruder war bei ihr. Sie waren beide gute Piloten. Es hat Tage gedauert, bis man sie finden konnte. Das, was man finden konnte.«

»Wie entsetzlich. Und... und die Kinder?«

»Sie wissen es nicht.«

»Sie wissen es nicht«, sagte Karen fassungslos. »Wann ist es denn passiert?«

»Vor drei Monaten«, sagte er ruhig, hob ihre Hand, die er noch immer hielt, und legte sie an seine Wange.

In diesem Augenblick erwachte Erwin Raabe und sah sich nach Karen um. Die unterhielt sich offenbar prächtig, und der fremde Mann küßte ihr gerade die Hand. Wo sie wohl waren? Über dem Meer? Über Afrika? Und was tat die arme, kleine Almut allein zu Hause? Sicher war sie sehr traurig. Er seufzte, drehte den Kopf zur Seite und schlief wieder ein.

# Ein fremder Mann

Auch Georgia hatte eine seltsame Begegnung mit einem fremden Mann, und zwar am Tag, der auf diese Nacht folgte. Die zwei Tabletten hatten ihr zu tiefem Schlaf verholfen, sie erwachte spät. Sie hörte draußen den Hund bellen, also war Frau Moser schon da und hatte ihn hinausgelassen. Zufrieden dehnte sie sich in ihrem breiten Bett, hob mit beiden Händen das lange dunkle Haar und breitete es über das Kissen aus. Karens Abwesenheit bot auch Vorteile, sie konnte schlafen, solange sie wollte, wurde nicht durch Karens Rufen oder Singen gestört, durch ihr Herumalbern mit dem Hund, das manchmal das ganze Haus durchlärmte. Manchmal kam sie auch, zog ihr die Decke weg, öffnete weit die Fenster, auch im Winter und rief: »Steh auf, du Schnecke, ich will nicht allein frühstücken.«

Karen war ein Morgenmensch, sie stand immer früh auf, was nicht hieß, daß sie am Abend früh zu Bett ging. Sechs, auch fünf Stunden Schlaf genügten ihr, behauptete sie stets, und sie denke nicht daran, ihr kostbares Leben mit zu viel Schlaf zu verplempern.

Wie sie wohl diese Nacht verbracht hatte? Sicher war das Flugzeug schon gelandet im fernen Afrika. Falls es nicht abgestürzt war. Dann würde es eine Meldung im Radio geben. Georgia streckte die Hand aus nach dem Apparat, der neben dem Bett stand und zog sie wieder zurück. Von einem Unglück erführe sie immer noch früh genug.

Der erste Tag allein – was sollte sie damit anfangen? Am besten erst einmal das Pferd besuchen, wie sie es versprochen hatte. Falls das Wetter immer noch so schön wäre, könnte sie mit Pedro einen langen Spaziergang machen, der im Stall bei Tassilo endete. Und dann – das würde sich finden. Vielleicht mal wieder durch Schwabing bummeln. Sie verzog unlustig den Mund. Das war auch nicht mehr der Mühe wert.

Um zu sehen, ob das Wetter schön war, hätte sie aufstehen

und die dunklen Vorhänge zurückziehen müssen. Da bellte Pedro wieder. Wenn er sich so lange im Garten aufhielt, war bestimmt schönes Wetter, er mochte keinen Regen. Ob Frau Moser ihr wohl Frühstück ans Bett brachte? Sie hatte es kaum gedacht, da hörte sie schon ein sachtes Pochen an der Tür.

»Ja«, rief sie, »ich bin wach.«

Frau Moser steckte den Kopf herein.

»Guten Morgen, Frau Wieck. Soll ich Ihnen Tee bringen?«

»Ach, das wäre wunderbar. Guten Morgen, Frau Moser. Wie ist denn das Wetter?«

»Schönes Wetter ham wir. Warten's, ich mach' die Vorhäng auf.«

Während Georgia auf den Tee wartete, blickte sie in das goldene Laub des Ahorns, den sie vom Bett aus sah. »Der Herbst ist die schönste Jahreszeit in Bayern«, hatte Panino gesagt. »Blauer Himmel und Sonne, und die Luft klar und durchsichtig.« Und dann folgte oft anschließend die Frage: »Was meint ihr, Kinder, wollen wir rausfahren zum Tegernsee und auf den Wallberg? Es müßte eine prachtvolle Fernsicht sein heut.«

Manchmal schlug er auch den Chiemsee vor und die Kampenwand, oder Bad Reichenhall und den Predigtstuhl, und es kam vor, daß er Lust hatte, zur Zugspitze hinauf zu fahren. Er liebte die Berge, sowohl von unten wie von oben, nur mußte eine Bergbahn vorhanden sein.

»Früher, mein Spätzle«, sagte er, den Arm um Georgias Schultern gelegt, wenn sie irgendwo auf einem Berg standen und in die sich unendlich fortsetzende Kette der Gipfel schauten, »bin ich ja per pedes heraufmarschiert. Aber heut ist mir das zu strapaziös. Und für deine schlanken Beinderln taug es ohnedies nicht.«

Da war er schon über achtzig, ein distinguierter weißhaariger Herr mit einem kleinen Embonpoint, dem keiner mehr als Siebzig gegeben hätte. Wenn sie vom Berg kamen, kehrten sie irgendwo ein, er kannte überall ein erstklassiges Restaurant, und manchmal mußte man dafür eben um ein paar Ecken fahren. Er liebte es, gut zu speisen, und als Badener trank er gerne Wein. Sehr oft landeten sie in Salzburg, einer

Stadt, die er liebte. Obwohl sein Kopf klar und seine Augen noch gut waren, erklärte er eines Tages, daß er nicht mehr am Steuer sitzen wolle, also wurden sie von Herrn Huber gefahren. Es sei denn, Karen war dabei, dann brauchten sie Herrn Huber nicht, denn sie war eine ebenso rasante wie sichere Fahrerin. In den letzten Jahren seines Lebens war es jedoch meist Georgia allein, die ihn bei diesen Ausflügen begleitete, Karen hatte selten Zeit; das Studium, später der Beruf, ihre vielen Reisen beanspruchten ihre Tage und Nächte. Kam sie aber doch einmal mit, so wurde aus dem Ausflug meist ein ausgedehntes Unternehmen. Im Sommer wollte sie noch schwimmen in einem See, im Winter kamen die Skier mit, und die Zugspitze war ihr sowieso am liebsten. »Wenn schon, denn schon, dann gleich richtig rauf«, sagte sie. Einmal schrieb sie sogar ein höchst gelungenes Feature über eine Zugspitzfahrt, sie erzählte, was sie bei der Auffahrt, bei der Abfahrt und natürlich oben erlebt, gesehen, beobachtet und gedacht hatte. Und mit dem Bayerischen Fernsehen mußte sie die Fahrt noch einmal machen und kommentieren, man setzte extra einige Schauspieler in die Zugspitzbahn, weil man ja nicht erwarten konnte, daß die originellen Typen, die Karen beschrieben hatte, auch an diesem Tag auf den Berg fahren würden.

Georgia hätte die Fahrt mitmachen sollen, aber sie hatte entsetzt abgelehnt.

»Das fehlte gerade noch, daß mein Gesicht im Fernsehen erscheint.«

»Es wäre bestimmt das schönste Gesicht, das man seit langem gesehen hat«, erwiderte Karen freundlich und küßte ihre Schwester.

Frau Moser kam mit dem Tablett ins Zimmer, hinter ihr trabte Pedro herein, legte die Pfoten auf die Bettdecke und versuchte, einen Kuß anzubringen.

»Gehst vom Bett runter, du Lauser«, schimpfte Frau Moser. »Kommst grad von draußen.«

»Aber es ist ja trocken«, sagte Georgia und liebkoste den Hund. Ein paar goldene Blätter hingen in seinem Fell, eins landete auf der Bettdecke. Georgia nahm es in die Hand, ehe es Frau Moser entfernen konnte.

»Schön«, sagte Georgia und hob das Blatt gegen das Licht. »Pures Gold. Schöner als man es aus jeder Goldmine rausholen kann.«

»Nur net so wertvoll«, meinte Frau Moser. Und mit einem drohenden Unterton fügte sie hinzu: »Ich hab fei Semmeln mitgebracht, und eine müssen's wenigstens essen.«

Georgia nickte. »Bestimmt.«

Frau Moser wußte, wie wenig Georgia am Morgen aß, im Gegensatz zu Karen, die ausführlich frühstückte, wenn die Zeit es erlaubte.

»Ob Miss Karen schon in Afrika ist?«

»Sie müßte gelandet sein, ja.«

Es war Karens Vorschlag gewesen. »Sagen Sie einfach Miss Karen zu mir, nicht immer Frau Wieck«, hatte sie gesagt, »dann weiß man auch gleich immer, wer von uns beiden gemeint ist.«

Das gefiel Frau Moser, sie fand es schick, und gebrauchte auch außer dem Haus diese Bezeichnung.

»Unsere Miss Karen hat wieder einen Artikel geschrieben«, erklärte sie ihrer Familie oder den Nachbarn, wenn ein Beitrag von Karen erschien. Sie schnitt ihn jedesmal sorgfältig aus und klebte ihn in ein Album. Jetzt blieb sie neben dem Bett stehen, bis Georgia den ersten Schluck getrunken und Butter auf ihr Brötchen geschmiert hatte.

»Was soll ich nachher heut zum Mittagessen kochen?« fragte sie.

Georgia, eben mit dem Frühstück beschäftigt, blickte belästigt zu ihr auf und entschied: »Gar nichts. Ich habe nachher verschiedenes zu besorgen und werde unterwegs eine Kleinigkeit essen.«

Das würde sie nicht tun, sie setzte sich ungern allein in ein Lokal, doch es bestand kein Grund, jetzt über das Mittagessen nachzudenken. Sie konnte eine Büchse aufmachen. Sie betrachtete das goldene Blatt auf ihrer Bettdecke und nahm sich vor, am Nachmittag Blätter im Garten aufzusammeln, vom Ahorn, von der Linde, von der Eberesche im letzten

Gartenwinkel. Vielleicht fand sie auch auf dem Weg noch ein paar. Später würde sie die Blätter malen. Die Blätter, dahinter angedeutet die Isar und noch einmal dahinter das Gesicht des Herbstes, des Vergehens, des Sterbens.

Wie malte man das?

»Is eh nix mehr da«, unterbrach Frau Moser ihre Gedanken. »Ich müßt zum Einkaufen fahren.«

Einkaufen konnte man in dieser Gegend mit den vornehmen Villen nicht, es gab nur vorn bei der Brücke Geschäfte.

»Wir brauchen heute nichts«, sagte Georgia ungeduldig. »Wirklich nicht, Frau Moser. Morgen werde ich zum Käfer fahren und ganz groß einkaufen.«

»Is recht. Wenn's dann so is, Frau Wieck, tät ich gern zu Mittag schon heimfahren. Die Monika ist krank, sie liegt im Bett. Heut hab' ich's net in die Schul gehen lassen.«

»Oh, was fehlt dem Kind denn?«

»Ich weiß net. Fieber hat's.«

»Dann fahren Sie gleich nach Hause, Frau Moser. Ich komme hier schon zurecht.«

»Ja, dann geh' ich bald. Ich muß nur noch das Zimmer von Miss Karen aufräumen.«

Karen packte ihre Koffer konzentriert und rasch, und was nicht mehr hineinpaßte, warf sie entweder aufs Bett oder in eine Ecke.

Frau Moser verschwand, Pedro lag vor dem Bett und bekam seinen Anteil an dem Brötchen.

»Und jetzt steh' ich auf«, erzählte Georgia ihm, »dusche mich, zieh mich an, und dann machen wir einen langen Spaziergang. Zu Tassilo.« Sie überlegte. »Wir hätten Frau Moser fragen sollen, ob für dich noch etwas zu essen da ist. Nein, wir fragen nicht. Notfalls machen wir auch für dich eine Büchse auf. Oder ich bringe Fleisch mit. Hm, Pedro? Ein schönes, saftiges Steak?«

Bevor Georgia ging, bekam sie einen Telefonanruf.

»Hier ist Linda, Schätzchen. Wie geht es dir? Karen ist gestern abgedüst, nicht? Fühlst du dich sehr einsam?«

»Nein, gar nicht«, antwortete Georgia. »Pedro ist da,

und Frau Moser, und nachmittags kommt sicher Herr Huber. Und ich arbeite. Nein, ich bin gar nicht einsam.«

»Na, ich kenn dich doch, Schätzchen. Ohne Karen bist du ja nur ein halber Mensch. Sie hat extra gesagt, ich soll mich mal bei dir melden.«

Georgia war sicher, daß Karen gerade zu Linda so etwas nicht gesagt hatte.

»Wirklich, mir geht es gut.«

»Wir könnten doch zusammen Mittag essen, was meinst du? Ich bestell einen Tisch in der Piazetta, ja?«

»Tut mir leid, Linda, geht nicht. Ich hab Karen versprochen, daß ich ihr Pferd besuche. Sie hatte sowieso in den letzten Tagen keine Zeit zum Reiten.«

»Ach ja, den schönen Tassilo. Weißt du, Schätzchen, ich hätte einen interessanten Mann zu bieten. Den könnte ich mitbringen.«

»Behalt ihn selber«, sagte Georgia, und nun klang ihre Stimme unfreundlich. »Ich hab jetzt keine Zeit mehr. Ciao, Linda.«

Karen und Linda Lossen verband eine langjährige herzliche Feindschaft, sie begegneten einander hin und wieder im bewegten Münchner Partyleben, fletschten die Zähne und sagten sich einige mehr oder weniger verbrämte Unliebenswürdigkeiten. Karen nannte Linda nur die Briefkastentante, denn sie hatte wirklich einmal vor vielen Jahren für einige Monate bei einer Frauenzeitschrift die Leserbriefe betreut. Heute war sie Chefredakteurin eines der größten Glanzpapiermagazine, hoch angesehen und viel zitiert. Mit einem längeren Interview in ihrer Zeitschrift vertreten zu sein, bedeutete eine Auszeichnung. Auch Karen war sie schon zuteil geworden, Linda selbst hatte sie befragt, und Karen war trotz einiger Blessuren nicht schlecht dabei weggekommen.

Linda teilte Karens Interesse für attraktive Männer, nur artete es bei ihr jedesmal in Heirat aus. Ihre dritte Scheidung war gerade vor kurzem über die Bühne gegangen.

Georgia stand vor dem Spiegel, um sich zum Ausgehen zurechtzumachen und empfand Ärger. Was bildete sich diese

Person ein? War sie ein trauriges Kind, das man mit einem Bonbon tröstete? Eine verlassene Schwester, die man gnädig zum Essen einlud?

Doch unversehens verwandelte sich der Ärger in Traurigkeit, das Gefühl der Verlassenheit, der Einsamkeit kehrte zurück, das sie an diesem Morgen so tapfer bekämpft hatte.

Ah ja, Linda wußte, wie verloren sie ohne Karen war. Kein Mann, kein Freund, keine Freundin, niemand in ihrem Leben außer Karen. – Du sollst mir das liebste sein...

Tränen stiegen ihr in die Augen. Sie verdeckte ihr Gesicht mit der gespreizten Hand.

»Mach dich nicht lächerlich«, sprach sie hinter der Hand hervor, »ein paar Wochen nur... dann wird sie wieder da sein, erfüllt und begeistert, wird reden und reden, und schreiben und schreiben. Wie wird es schön sein, hier in unserem Haus, im Winter. Vielleicht liegt Schnee, und wir gehen an der Isar entlang, alles glitzert vom Reif, der Fluß schweigt, irgendwann ist Weihnachten, Karen bekommt ihren Tassilo gemalt, und ich...« sie verstummte, tupfte mit den Fingerspitzen die Tränen aus ihren Augenwinkeln. Und bis dahin würde sie immer nur mit sich selber reden, so wie eben jetzt. Aber das war immer noch besser als mit der selbstgefälligen Linda zum Essen zu gehen.

»Komm, Pedro, komm, wir gehen, es ist höchste Zeit«, rief sie, aber Pedro war längst unten und wartete.

»Adieu, adieu, Frau Moser«, rief sie in die Küche, »und gute Besserung für Ihre Enkeltochter. Morgen wieder wie immer, ja?«

Eilig lief sie aus dem Haus, ehe Frau Moser sie einholen konnte. Sie hörte das Telefon klingeln. Sicher noch einmal die gräßliche Linda, die gab nie etwas auf, das sie sich vorgenommen hatte. Frau Moser rief ihr nach, und am Gartentor blieb Georgia widerwillig stehen.

»Was ist denn? Sie sehen doch, daß ich weg bin.«

»Es ist der Huber. Er will wissen, ob's Ihnen was ausmacht, wenn er heute nachmittag nicht kommt. Er möchte mit seiner Frau zum Arzt, es geht ihr net gut.«

»Nein, natürlich nicht. Er braucht nicht zu kommen. Mein Gott, sind denn alle krank?«

»Aber der Frau Huber geht's ja nie gut, das wissen S' doch. Also sag' ich ihm...«

»Sie sagen ihm, er soll nicht kommen. Und morgen auch nicht und die ganze Woche nicht mehr, wenn es seiner Frau nicht gutgeht.«

Georgias Stimme klang gereizt, und Frau Moser betrachtete sie prüfend, sie kannte diesen Ton.

»Ich sag's ihm. Wegen heut'. Kommen müßt' er schon, im Garten ist noch viel zu tun. Das ganze Laub da...«

»Ja, ja, ja, wen stört denn das Laub. Also, ich geh'.«

Frau Moser blickte ihr nach, bis sie den Weg hinab zur Isar, dann links um die Ecke verschwunden war. Sie kannte diese Stimmungen gut genug, eben noch freundlich, ja, herzlich, dann abweisend, kalt, gereizt. Ohne Grund, nur so. Seufzend kehrte sie zum Haus zurück. Sie würde sich genau nach Frau Hubers Zustand erkundigen, und den Huber für den nächsten Tag bestellen.

Georgia ging rasch unter dem goldenen Laub isaraufwärts, aber sie sah die goldenen Blätter nicht, nicht das Licht über dem Fluß, nicht das südliche Blau des Himmels. Auch nicht Pedro, der vergnügt vor ihr herlief.

Karen in Südafrika, weit, weit weg. Vielleicht schon tot. Wer weiß, was es dort für Krankheiten gab... Und Kämpfe zwischen den Schwarzen und Weißen. Und Kämpfe zwischen Schwarzen und Schwarzen. Und Karen garantiert immer dort, wo etwas passiert.

Ehe sie zur Brücke kam, fiel ihr ein, daß sie die Mohrrüben für Tassilo vergessen hatte. Sie kehrte um, am Kufsteiner Platz war ein Geschäft, sie wußte, daß Frau Moser dort einkaufte. Die würden wohl Rüben haben.

Im Stall war es ruhig, keiner mehr da, kein Stallbursche, keine Reiter. Tassilo hatte schon gegessen und freute sich, daß Besuch kam und einen Nachtisch brachte.

Sie ging zu ihm in die Box, sagte: »Na, mein Schöner, wie geht es dir?« legte den Arm um seinen Hals und sah ihm zu, wie er die Rüben zerknackte. Auch Pedro bekam eine Mohrrübe, das war so üblich, wenn er im Stall war. Er und das Pferd waren Freunde, denn Karen nahm ihn meist mit, wenn sie ausritt.

Als sie Kinder waren, sollte Georgia ebenfalls Reitunterricht bekommen, aber nach einigen Versuchen gab sie auf, sie war zu ängstlich und total unsportlich. Alle Bemühungen, sie für einen Sport zu begeistern, sei es Reiten, Tennis, Skifahren, waren fehlgeschlagen. Und Panino hatte entschieden: »Laßt sie! Das ist nichts für sie. Ihre Welt ist der Traum, nicht die Wirklichkeit.«

Nicht, daß er sehr glücklich darüber gewesen wäre. Seine Frau lebte in dieser Welt und auch seine Tochter, die Mutter der Kinder, und er wußte um die Gefährdung der beiden Frauen, die er liebte. Aber er war klug genug, zu wissen, daß kein Mensch gegen sein Wesen leben konnte. Darum war er froh, als er Georgias Talent entdeckte; er förderte es, als sie noch ein Kind war. Sie konnte stundenlang sitzen, sehen, nachdenken, und dann malte sie, erst mit Farbstiften, später mit Tusche, kleine hingehauchte Skizzen, die ihn rührten. Er sah ihr verstohlen zu, wie sie alles um sich herum beobachtete. Darin glich sie ihrer Schwester. Karen drückte sich redend und schreibend aus, Georgia malend.

Auf seinen Rat hin besuchte Georgia die Akademie, doch nach drei Semestern weigerte sie sich, das Studium fortzusetzen. Panino, der bemerkt hatte, wie sie stiller und stiller wurde, fragte dennoch: »Kannst du mir erklären, warum?«

»Nein«, erwiderte Georgia knapp und abweisend. Doch auf seinen ruhigen Blick hin versuchte sie zu erklären, was ihr an dem Studium widerstrebte.

»Die anderen«, sagte sie.

»Welche anderen?«

»Die anderen, die dort sind. Ich kann sie nicht um mich haben.«

»Du kannst keine Freunde unter ihnen finden?«

»Nein.«

»Du bist jung. Es ist normal, daß ein junger Mensch Freunde unter Gleichaltrigen hat.«

Doch die hatte Georgia schon in der Schule nicht gehabt.

»Ich habe Karen.«

»Aber sie hat eine Menge Freunde. Und sie ist oft nicht da.«

»Das macht nichts. Ich habe dich. Und Amili.«

Amili war Amelia, seine Frau. Zwischen ihr und Georgia bestand ein enges, sehr herzliches Verhältnis. Ihr Tod war ein großer Kummer für Georgia. Aber schlimmer als alles, was sie je erleben könnte, wäre sein Tod.

Er hatte das gewußt solange er lebte. Und er lebte lange, die Kinder brauchten ihn. Kinder, die bei ihm aufgewachsen waren, ohne Vater und mit einer depressiven Mutter. Die wichtigste Aufgabe seines Lebens war, die Depressionen seiner Frau Amelia und seiner Tochter zu bekämpfen.

Georgia bekam Privatunterricht bei einem Professor, mit dem sie sich gut verstand. Eine gewisse Technik müsse sie nun einmal erlernen, fand Panino, obwohl er nicht viel von bildender Kunst verstand, seine Liebe galt der Musik.

Aber Georgia malte sowieso auf ihre Weise, oft morbide und selbstzerstörerisch, das erkannte ihr Großvater sehr genau. In gewisser Weise entsprach das dem Zeitgeschmack, das erkannte er auch. Aber das alles war nicht wichtig, denn da war ja das Geld, das er den Mädchen hinterlassen würde. Es war sicher angelegt, und wurde von Leuten seines Vertrauens verwaltet. Beide Mädchen nahmen es als gegeben hin, daß es da war; vernünftig damit umzugehen, hatten sie beide nicht gelernt.

»Es gibt ein Bild von dir, mein Schöner«, flüsterte Georgia, die Wange an den Hals des Pferdes geschmiegt. »Das bekommt Karen, wenn sie wiederkommt. Bist du traurig, daß sie nicht da ist? Ich auch. Südafrika. Tassilo. Weißt du, wo das ist? Ganz weit weg. Am anderen Ende der Welt.«

Sie stutzte, überlegte. »Es ist nicht die Welt, Tassilo. Es ist nur unsere Erde. Sie ist nicht so groß wie die Welt, sie reicht vom Nordpol bis zum Südpol. Und am Südpol ist Karen noch lange nicht. Die Arktis und die Antarktis, eine stille weite Welt. Da und dort endet unser bißchen Erde.«

Ob man das malen konnte? Arktis und Antarktis, Eis und Eis, und dazwischen die Erde, dazwischen die Menschen. Was für Menschen? Alle Menschen, weiße, schwarze, braune, gelbe, rote – was gab es noch?

Diese friedliche Ruhe im Stall. Ihre Gedanken wurden unterbrochen von einer lauten fröhlichen Stimme.

»Halli, hallo, Schätzchen, da sind wir. Wie wundervoll, dich zu treffen. Nein, was für ein prachtvolles Pferd. Was für große Augen er hat. Giorgio, ist es nicht ein schönes Pferd? Und das ist meine Freundin Georgia Wieck. Genauso schön wie das Pferd. Habe ich es nicht gesagt?«

Linda stand vor der Box, neben ihr ein Mann. Georgia lächelte nicht, sie schwieg und sah an der ›Briefkastentante‹ vorbei.

»Was sagst du? Da sind wir. Ich wußte, daß ich dich hier erwische, du scheues Reh. Ach, und mein süßer Pedro ist auch da. Grüß dich, Pedro.«

Pedro wedelte mit dem Schwanz, als er die freundliche Stimme hörte und ließ sich bereitwillig streicheln. Tassilo hingegen wich zurück zur Wand und legte die Ohren an, als die beiden Besucher auch zu ihm in die Box traten. Er liebte es nicht, wenn fremde Leute ihm zu nahe kamen.

»Bitte!« sagte Georgia in herrischem Ton anstelle eines Grußes und wies hinaus auf die Stallgasse. Als sie vor der Box standen, schloß sie energisch die Tür und machte nicht den geringsten Versuch, Freude über die Begegnung zu zeigen.

Linda Lossen kannte das, es irritierte sie nicht im geringsten, sie war hier, und sie wußte warum.

»Georgia, Schätzchen, darf ich dir Signor Giorgio vorstellen? Ich habe ihm schon viel von dir erzählt. Ich habe ihn in Venedig kennengelernt, als ich dort den großen Bericht für mein Blatt gemacht habe. Sicher hat dir Karen davon erzählt.«

»Du hast davon erzählt«, sagte Georgia widerwillig. »Und so viel ich weiß, war das vor einem Jahr.«

»Genau, genau. Venedig im November, der Nebel über den Kanälen, die Palazzi in Grau gehüllt, verträumt, versponnen. Ein Traum, ein Märchen. Ja, ich habe es vergangenes Jahr im November gemacht, du weißt, was für eine lange Vorbereitung wir haben. Das geht nicht wie bei einer Tageszeitung, heute passiert, morgen berichtet. Wenn nicht umgekehrt.« Sie lachte glucksend... »Wir haben voriges Jahr die Aufnahmen gemacht, jetzt steht die Sache, erscheint nun in der nächsten Nummer. Ist schon ausgedruckt. Wird ganz phantastisch.«

Georgia schwieg abwartend, Linda würde schon weiterreden. Tassilo war zurückgekehrt, steckte die Nase durch das Gitter, und Georgia strich mit dem Finger behutsam über seine weichen Nüstern.

»Giorgio hat mir sehr geholfen, er kennt sich gut aus in Venedig. Was für eine Kunst! Was für Bilder! Du müßtest unbedingt einmal mit mir hinfahren, Georgia. Oder noch besser mit Signor Giorgio. Er könnte dir alles zeigen.«

»Ich kenne Venedig«, sagte Georgia abweisend.

»Ja, natürlich. Soviel ich weiß, warst du mit deinem charmanten Großpapa dort. Nicht, warst du doch?»

Georgia ersparte sich die Antwort. Linda wußte alles über ihr Leben, über Karens Leben. Sie war auf ihre Art eine so perfekte Journalistin wie Karen.

»Giorgio, ich habe Ihnen erzählt, was für eine große Künstlerin Georgia Wieck ist. Sie malt hinreißende Bilder. Georgia, du bist dir darüber klar, daß wir demnächst was über dich machen. Da kommst du nicht daran vorbei. Bedeutende Frauen der Gegenwart, du kennst die Serie.«

»Ich bin nicht bedeutend«, sagte Georgia. »Und kein Leser deiner Zeitschrift wird wissen, von wem du da redest.«

»Wenn sie es gelesen haben, werden sie es wissen. Ach, Georgia!«

Ehe sie ausweichen konnte, hatte Linda sie auf beide Wangen geküßt, die übliche Begrüßungszeremonie der Münchner Schickeria.

»Giorgio, wie gefällt sie Ihnen? Habe ich zuviel gesagt?«

Der fremde Mann neigte den Kopf. »Ich bin hingerissen«, sagte er.

Georgia konnte nicht umhin, ihn anzusehen. Er streckte ihr die Hand hin, am liebsten hätte sie sich umgedreht und

diese beiden Leute mit den schlechten Manieren stehen gelassen, aber das war nicht ihre Art, also gab sie ihm wider-
strebend die Hand, er hob sie an die Lippen.

Sie gingen aus dem Stall hinaus, blieben draußen im Sonnenschein stehen. Eine junge Bereiterin kam vorbei, die
Tassilo bewegte, wenn Karen verreist war. Sie grüßte Georgia.

»Es geht ihm gut«, sagte sie und lächelte. »Wir sind heute
mit der Truppe ausgeritten.«

Georgia nickte. »Sehr schön. Ich werde öfter vorbei-
schauen, mit Rüben und Äpfeln.«

»Das wird ihn freuen«, sagte das junge Mädchen, mit einem zögernden Blick auf die beiden Fremden ging es weiter.

»Ah, die reitet den Tassilo. Ein herziges Kind«, sagte
Linda albern.

»Was kann ich sonst noch für dich tun?« fragte Georgia
kühl.

»Schätzchen, du hast noch gar nichts für mich getan.
Aber du sollst mit uns essen gehen.«

»Nein, ich habe keine Zeit.«

»Doch, hast du. Ich muß dir von Venedig erzählen.«

»Ich denke, du hast die Reportage vor einem Jahr gemacht.«

»Ja, das stimmt. Aber die Highlights, die ich noch hinein-
gezaubert habe, die kennst du nicht. Wo gehen wir hin?»

»Mir egal«, sagte Georgia unfreundlich.

»Es gibt da einen recht guten Italiener in der Kaulbachstraße, wie wär's damit. Ich bin da bekannt, ich krieg' sicher
einen Tisch.«

»Wenn der Signore aus Italien kommt«, sagte Georgia,
»finde ich es nicht sehr originell, wenn du mit ihm italienisch essen gehst.«

Linda lachte. »Da hast du recht. Wir sollten lieber in den
Franziskaner gehen. Aber soviel ich weiß, kennt er deutsche
Küche sehr gut. Und nun wird er mal die italienische in
München testen. Avanti, avanti!«

Sie stiegen alle in Lindas Wagen, den sie im Hof der Universitätsreitschule geparkt hatte, zum Italiener in der Kaulbachstraße war es nur eine Ecke weiter.

Doch dann stellte sich heraus, daß der Padrone keinen Hund in seinem Lokal haben wollte. »No cane«, sagte er.

»Dann bleibt Pedro halt im Auto«, schlug Linda vor.

»O nein«, sagte Georgia, sehr erleichtert. »Wir gehen. Ihr eßt allein.«

»Kommt nicht in Frage, wir werden...« begann Linda, doch ehe sie weiterreden konnte, hatte der Mann aus Venedig den Wirt des Lokals mit einem Redeschwall eingedeckt, und dann saßen sie alle vier an einem guten Tisch in der Ecke.

Pedro war es gewöhnt, in Restaurants zu gehen, Karen nahm ihn öfter mit. Nicht, daß er es besonders liebte, doch er saß artig unter dem Tisch und muckste nicht.

Linda bestritt die Unterhaltung fast allein, Georgia schwieg, aß nur ein paar Gabeln von der Pasta. Auch der Italiener sagte kaum ein Wort, immerhin sprach er perfekt deutsch. Er saß Georgia gegenüber und sah sie an; wenn sie aufsah, begegnete sie dem Blick seiner schönen dunklen Augen. Sie wunderte sich über diese seltsame Eroberung Lindas, der Mann entsprach überhaupt nicht ihrem Geschmack. Er war sicher schon über sechzig, sein schmales Gesicht von tiefen Falten gefurcht, das Haar grauschwarz meliert. Ein wenig verlebt sah er aus, fand Georgia, aber er hatte ein interessantes Gesicht und die Augen waren wirklich schön. Ein Malerauge nahm das gewohnheitsmäßig auf.

Dann begann Linda, nachdem sie mit Karen und ihrer Meinung über Südafrika fertig war, von einem jungen Mann zu schwärmen, dem Sohn von Signor Giorgio.

»Du solltest Aldo sehen. Du würdest dich sofort hinsetzen und ihn zeichnen. Ein Bild von einem hübschen Jungen... Ich war restlos begeistert, als Giorgio ihn mir im vorigen Jahr präsentierte. Ein alter Palazzo in Ehren, aber wenn da so ein schlanker, dunkelhaariger Boy davorsteht, oder wenn er über die Rialtobrücke kommt oder einfach aus einer Gasse heraus, das gibt einen Effekt, sage ich dir. Mein Kamerateam war ganz weg von ihm. Er ist Schauspieler, weißt du, und er tritt demnächst im italienischen Fernsehen auf. Und ich werde ihn auf jeden Fall Maxi empfehlen, der springt garantiert auf ihn an.« Maxi, soviel wußte Georgia, war ein bekannter Fernsehregisseur und mit Linda gut befreundet.

»Und die Szene, wie er über den Markusplatz kommt, nicht, Giorgio, mitten aus dem Nebel heraus, es hat mir direkt leid getan, daß wir bloß Fotos gemacht haben, und keinen Film.«

Linda verspeiste den Rest ihrer Ravioli.

»Excellent, nicht, Giorgio? Sie könnten in Venedig nicht besser sein. Sie können das doch beurteilen.«

»Sehr gut«, erwiderte der Italiener mit einem leichten Kopfneigen. Er sah an Linda vorbei, wirkte unsicher, zerfahren. Das Essen auf seinem Teller war kaum berührt, Linda übersah es, so eifrig war sie bei ihrem Thema. Sie nahm den letzten Ravioli von ihrem Teller und reichte ihn Pedro unter den Tisch.

»Bitte nicht«, sagte Georgia energisch.

»Oh, entschuldige. Ich dachte nur, wenn er zusehen muß, wenn wir essen...«

»Er bekommt sein Essen nachher von mir.«

Sie mußte unbedingt bei einem Metzger vorbeigehen und Fleisch für Pedro kaufen, nahm sich Georgia vor. Soviel sie wußte, war in der Kaulbachstraße einer, gar nicht weit entfernt.

»Ja, also, paß auf, wie es weitergeht. Venedig und Aldo, Aldo und Venedig, alles großartig. Doch nicht ganz perfekt. Was braucht ein so attraktiver Junge an seiner Seite. Na? Ein ebenso attraktives Mädchen. Das dachte ich letzten Winter schon, als die Bilder vorlagen. Nun, ich hatte ja Zeit, nicht? Den Text mußte ich schließlich auch irgendwann schreiben.«

»Ein ganzes Jahr lang«, sagte Georgia spöttisch. »Das wäre keine Arbeit für Karen.«

»Nein, sicher nicht. Aber wir arbeiten nun einmal anders. Und in diesem Fall war es so eine lange Kiste, weil es ja in die Novembernummer sollte, und die Aufnahmen daher auch nur in einem November gemacht werden konnten.«

»Dein Glück, daß Venedig inzwischen nicht versunken ist.«

»Versunken? Na, du bist gut. Was sagen Sie dazu, Giorgio? Diese Dame läßt Venedig einfach versinken, nur um mir meine Nummer zu verderben. Salute, du einmaliges Schätzchen.«

Linda trank Georgia zu, also hob auch Georgia ihr Glas, dabei sah sie den Mann an, der ihr gegenüber saß. Er lächelte, nahm sein Weinglas und hob es ihr entgegen; ohne Linda zu beachten, sagte er: »Auf Ihr Wohl und Ihre Gesundheit, Signorina Georgia.« Sein Blick machte Georgia ein wenig verlegen.

»Sie sprechen sehr gut deutsch«, murmelte sie. »Danke.»

»Na, wie sollte er auch nicht«, rief Linda emphatisch. »Doch darüber reden wir später. Jetzt hör dir erst mal an, auf was für einen göttlichen Einfall ich kam.«

»Mhm«, machte Georgia. Es interessierte sie überhaupt nicht. Sie fühlte sich unbehaglich, der Italiener sah sie unentwegt an. »Und was wolltest du noch, wenn die Story doch fertig war?«

»Ich habe doch gerade gesagt, zu einem hübschen Jungen gehört ein hübsches Mädchen. Ich erwischte Aldo gerade noch, ehe er zu seinen Fernsehaufnahmen nach Rom abdüste. Dann haben wir Bilder von ihm mit dem Mädchen gemacht, die sind nun in dem Feature drin.«

Pedro hatte den Kopf auf Georgias Füße gelegt, sie empfand dankbar seine Nähe und seine Zuneigung. Wenn Karen nicht da war, suchte er ständig Berührung, wohl aus Angst daß auch sie verschwinden könnte.

Der Fisch wurde serviert, sie aß lustlos ein paar Bissen, immer des Blickes bewußt, der sie nicht losließ.

»Dann ist Aldo Ihr Sohn, Signore«, sagte sie, nur um etwas zu sagen.

»Ja, ja, mein Sohn. Das einzige, was mir geblieben ist. Meine Frau ist vor ein paar Jahren gestorben.«

Georgia konnte nichts von dem Gespräch ahnen, das Karen in der vergangenen Nacht im Flugzeug geführt hatte, in dem ein Mann ihr mitteilte, daß seine Frau tot war.

»Es tut mir leid«, murmelte sie.

Sie fühlte sich belästigt und irgendwie bedrängt. Was ging

sie dieser Mann an, der sie unverwandt anstarrte. Und Linda ging ihr sowieso auf die Nerven. Ihr fiel ein, wie entzückt Karen gewesen war, als sie entdeckte, daß Linda auf den Namen Sieglinde getauft war.

»Stell dir vor«, hatte sie gesagt, »Sieglinde. Da kann man sich denken, was für ein begeisterter Nazi ihr Vater gewesen sein muß.«

Linda war reichlich zehn Jahre älter als die Schwestern, also noch im Krieg geboren.

»Das kannst du doch nicht wissen«, hatte Georgia damals darauf erwidert. »Vielleicht schwärmte er nur für Wagner-Opern.«

»Dann hätte es Elisabeth auch getan.«

Daran mußte Georgia jetzt denken, fast fühlte sie sich versucht, zu lachen. Warum ließ sie sich bloß so nervös machen von diesen beiden? Sie würde noch einen Espresso trinken, und dann ihrer Wege gehen. Pedros Kopf lag jetzt auf ihren Knien, sie ließ die Gabel sinken und berührte ihn sacht.

Linda schnippelte achtlos an ihrer Piccata herum, ließ den Blick zwischen den beiden Menschen am Tisch hin und her gehen. Ihre Augen glitzerten.

»Haben Sie keinen Appetit, Giorgio?« fragte sie liebenswürdig. »Oder sind es wieder Ihre Magenschmerzen?« Und als sie keine Antwort bekam: »Wollen wir dann mal zur Sache reden?«

»Nein, bitte nicht«, sagte der Mann. »Es ist sinnlos... es ist besser...«

Georgia sah auf einmal, daß der Mann weinte. Tränen rannen über sein zerfurchtes Gesicht.

»Es ist besser, wenn ich gehe.« Er stand auf. »Die Damen entschuldigen mich. Gnädige Frau!« Er machte eine knappe Verbeugung zu Georgia hin, würdigte Linda keines Blickes, wandte sich um und ging steifbeinig durch das Lokal zur Tür. Linda hielt die Gabel mit dem Fleisch vor dem Mund.

»Na, was sagst du?« fragte sie begeistert. »Ein Nervenbündel. Fix und fertig ist er.«

»Ist es... ist es wegen seiner Frau?« fragte Georgia erschrocken.

»Ach, Unsinn. Sie ist nicht gestorben, sie hat ihn verlassen, schon vor Jahren. Und Aldo ist nicht sein Sohn, er ist ihr Sohn.«

»Kannst du mir sagen, was das bedeuten soll?« fragte Georgia verärgert. »Was geht mich denn das alles an? Du bist unmöglich, Linda. Karen hat recht.«

»Ach ja, sagt sie das, dein liebes Schwesterlein? Schmeckt es dir auch nicht, Schätzchen?«

»Du kannst mir mit deinem ewigen Schätzchen auf den Hut steigen«, sagte Georgia erbost.

Linda lachte. »Das klang ganz nach Karen. Nur hätte sie es anders formuliert. Weißt du auch, wie?«

»Ich weiß, was Karen gesagt hätte. Und nun entschuldigst du mich wohl auch.«

»Ihr könnt mich doch nicht alle beide einfach hier sitzen lassen. Du hast mich gefragt, was dich das angeht? Aber, Georgia, liebe Freundin, siehst du, ich sage nicht mehr Schätzchen, hat die Stimme des Blutes nicht gesprochen?«

»Die was?«

»Die Stimme des Blutes. Es war dein Vater, der eben hier so formlos abgehauen ist.«

»Mein...« Georgia starrte entsetzt in das zufrieden lächelnde Gesicht.

»Dein Vater. Das war Georg Wieck. Weit entfernt, ein Italiener zu sein, wenn er auch seit vielen Jahren in Italien lebt.«

Georgia saß regungslos, ihre Hand lag fest auf dem Kopf des Hundes.

Und noch einmal gebrauchte sie Worte von Karen: »Du miese Intrigantin.«

Linda lachte, in keiner Weise beleidigt. »Aber Schätzchen – entschuldige – Georgia, ich habe es doch nicht bös gemeint. Ich dachte mir, so eine unverbindliche Begegnung könnte doch ganz informativ sein. Ich wußte nicht, daß er so emotionell reagiert. Natürlich ist er labil. Ein unglücklicher Mensch. Als ich ihm von euch erzählte, hat er gesagt, er würde euch gern einmal sehen. Nur sehen, verstehst du. Na ja, und nun

– also eigentlich wollte ich es dir gar nicht sagen. Karen ist ja nicht da, und da dachte ich, wir essen mal zusammen, und dann frage ich dich, wie du ihn findest, und dann . . . so in der Art.«

»So in der Art, ja.« Georgia bekämpfte die Wut, die in ihr hochstieg, am liebsten hätte sie in das lächelnde Gesicht geschlagen. Aber sie war ganz beherrscht, ganz kühl. Was hätte Karen getan?

Doch Linda hätte es nie gewagt, Karen einer solchen Situation auszusetzen.

»Diese Unverschämtheit erlaubst du dir nur, weil Karen nicht da ist.«

»Unverschämtheit? Wenn ich einem Vater ermögliche, seine Tochter zu sehen?«

»Und woher willst du wissen, daß er mein . . . Vater ist?«

Das Wort Vater spuckte sie geradezu heraus.

»Sieh mal, es ist so, und nun nimm es mal ganz friedlich: Als ich im vergangenen Jahr in Venedig war, habe ich ihn kennengelernt. Er war sehr liebenswürdig, und sehr hilfsbereit. Er ist Kellner in dem Hotel, in dem wir wohnten. Ein First-class-Hotel, wie du dir denken kannst. Er ist gewissermaßen ein Gegenstück zu dem, was wir hier täglich erleben. Wir haben Tausende von italienischen Kellnern in diesem Land. Daß ein Deutscher in Italien Kellner ist, kann man wohl als Seltenheit bezeichnen. Ich wußte das damals nicht. Er sprach nicht nur perfekt deutsch, sondern auch englisch und französisch. Von Aldo erfuhr ich dann, daß sein Vater nicht sein Vater und daß seine Frau ihm weggelaufen ist. Aldo mag ihn nicht besonders. Traurig, aber wahr. Obwohl er sich rührend um ihn gekümmert hat, was Aldo auch ohne weiteres zugibt. Aldos Mutter hat sich witzigerweise nach Deutschland abgesetzt. Mit einem wohlhabenden Heini aus dem Ruhrgebiet. Wenn sie so gut aussieht wie der Sohn, verständlich.«

»Eine herrliche Geschichte«, sagte Georgia.

»Eben. Das Leben schreibt immer die besten Geschichten. Aldo heißt natürlich anders. Und Giorgio kannte ich nur als Giorgio. Aber als ich im August wieder in Venedig war, fragte ich nach seinem Namen. Na, und der Rest war nur noch Routine, Schätzchen.«

Der Padrone kam an den Tisch, betrachtete bekümmert den unberührten Teller von Giorgio, den kaum geleerten von Georgia.

»War es nicht gut?« fragte er.

Linda lächelte ihn strahlend an. »Doch, sehr gut. Meine Freundin macht gerade eine Diät. Und Signore, sein Magen...« Sie legte mit bekümmertem Gesicht die Hand auf die Stelle, wo sie ihren Magen vermutete, »son stomacco, non bene.«

Der Kellner räumte ab, und Linda fragte freundlich: »Ein Dessert, Schätzchen?«

»Nein, Schätzchen«, erwiderte Georgia genau so freundlich, »einen Espresso und eine Grappa. Und dann verschonst du mich wohl in Zukunft mit deiner Gesellschaft.«

»Aber ich will ein Interview mit dir machen.«

»Nicht mit mir. Nicht in diesem Leben und nicht in deinem Käseblatt.«

»Aber Georgia!«

»Und wenn du das, was du heute hier von dir gegeben hast, in deinem Käseblatt verbrätst, kannst du dir vorstellen, was Karen mit dir macht, wenn sie wiederkommt.«

»Ich bin nicht die Bildzeitung. Das bleibt alles unter uns. Und was machen wir mit deinem Vater?«

»Es ist mir egal, was du mit ihm machst, er ist nicht mein Vater. Du hast ihn ja wohl nach München gebracht, also kümmere dich um ihn.«

»Genau. Ich habe ihn eingeladen. Er wollte seine Töchter sehen. Und eine hat er ja nun gesehen. Und er kann nur begeistert davon sein.«

»Den Eindruck hatte ich nicht.«

Sie tranken schweigend die Espressi und die Grappe.

»Ich habe es gut gemeint«, sagte Linda, und es klang ein wenig kläglich, was man bei ihr aber nicht ernst zu nehmen brauchte.

»Sicher«, sagte Georgia kühl. »Wie immer. Das ist wohl noch deine Vergangenheit als Briefkastentante. Würde Karen sagen. Und nun erlaubst du wohl, daß ich gehe. Vielen Dank für die Einladung zum Essen.«

Die Schultern zurückgezogen, den Kopf erhoben, verließ Georgia das Ristorante, Pedro in ihrem Gefolge.

Als sie auf die Straße trat, geriet sie in Panik. Was, wenn dieser Mann, der angeblich ihr Vater sein sollte, sich noch in der Nähe befand? Er hatte geweint. Und wo war er wohl hingelaufen, kannte er sich in München aus, wo wohnte er? Dieses Miststück, diese Linda. Vermutlich war alles gelogen. Es mußte gelogen sein.

Aber irgendwie, tief in ihrem Innern, wußte Georgia, daß es nicht gelogen war. Der Name ihres Vaters war Georg Wieck, und er war verschwunden, als sie knapp ein Jahr alt war. Ihre Mutter hatte ihn geliebt, sie hatte von ihm geredet, sie hatte auf ihn gewartet.

»Wartet nur, wenn der Papi wiederkommt«, an solche Worte erinnerte sich Georgia auf einmal...

Und etwas anderes fiel ihr auch ein. Sie mußte vier oder fünf gewesen sein, als Panino seiner Tochter hart das Wort abschnitt: »Ich hoffe, er ist dort gelandet, wo der Pfeffer wächst. Ich möchte kein Wort mehr hören von dem Kerl, Anschi.«

Worauf Anschi, seine Tochter, weinte, und Panino so ärgerlich wurde, wie das Kind ihn nie erlebt hatte.

War diese Ehe eigentlich je geschieden worden? Es war ja gleichgültig, denn Angelika Wieck starb, immer tiefer in ihre Depressionen verstrickt, da waren die Kinder sechs und sieben Jahre alt. Daß es Selbstmord gewesen war, erfuhren sie erst viel später, als sie fast erwachsen waren. Panino hatte die Kinder aus München weggebracht, als Angelikas Depressionen in die kritische Phase traten. Sie waren im Schwarzwald, bei einer Cousine Paninos, eine herrliche Zeit in Georgias Erinnerung, Karen besuchte dort die beiden ersten Jahre die Schule, Georgia wurde noch eingeschult, ehe sie beide nach München zurückkehrten. Einen Vater gab es nicht, die Mutter war tot, es beeindruckte die Kinder nicht besonders, Großpapa und Großmama waren viel wichtiger, und sie hatten einander.

»Sonne, Mond und Sternelein, ihr sollt mir das liebste sein. Morgenlicht und Abendwind, wenn wir nur beisammen sind«, so lautete der Vers, den Amelia, ihre Großmama, ihnen beibrachte.

... wenn wir nur beisammen sind ... Warum war Karen nicht da? Sie wäre sicher mit dieser Situation fertig geworden. »Ich auch. Pedro, du wirst sehen, ich auch«, sagte sie laut. »Diese alberne Linda mit dem sogenannten Vater im Schlepptau kann mir gestohlen bleiben.«

Doch ehe sie weiterging, wandte sie sich um. Und da sah sie doch wirklich, ein Stück entfernt, auf dieser Straße, die hagere Gestalt des Italieners. Er stand da, und er sah zu ihr her.

Genau, was sie vermutet hatte. Er war in der Nähe, hatte gewartet, bis sie aus dem Lokal kamen, sie oder Linda, oder beide.

Ihr erster Impuls war, einfach davon zu rennen. Aber sie stand wie gelähmt. Und wenn er wirklich ihr Vater war? Georg Wieck, der sie verlassen hatte, als sie kaum geboren waren, sie und Karen. Der schuld war am Tod ihrer Mutter. »Geh dahin, wo der Pfeffer wächst«, murmelte sie zwischen den Zähnen und setzte sich in Bewegung, fort von ihm. Und sie hatte Glück. Vor dem Institut Français fuhr ein Taxi vor, ein Mann stieg aus.

Georgia winkte, lief über die Straße, der Taxifahrer wartete, blickte etwas zweifelnd auf den Hund, doch Georgia zog ihre grüne Lederjacke aus, breitete sie über den Sitz, und Pedro setzte sich folgsam darauf.

»Nach Bogenhausen, bitte«, sagte sie.

Es war eine Einbahnstraße, und sie mußten an ihm vorbeifahren. Georgia saß gerade, rührte sich nicht, aber aus dem Augenwinkel sah sie seine verloren wirkende, dünne Gestalt. »Zum Teufel mit dir«, sagte sie laut. »Geh zu Linda zurück. Oder dorthin, wo der Pfeffer wächst.«

»Hom S' was gesagt?« fragte der Taxifahrer.

»Nein, nichts. Wir müssen zum Herzogpark, ganz ans Ende.«

Doch dann fiel ihr noch ein: »Aber wir müssen vorher bei

einer Metzgerei vorbei, ich muß was einkaufen. Ich glaube in der Montgelasstraße ist eine. Aber da können Sie sicher nicht halten.«

»Das kriegen wir schon«, beruhigte sie der Taxifahrer. »Wann's net zu lange dauert.«

»Nein, nein, es geht ganz schnell.«

Aber dann kaufte sie viel. Vier Steaks, eins für Pedro, eins für sich, denn sie hatte ja kaum etwas gegessen, die anderen konnte sie einfrieren. Und ein Pfund Suppenfleisch, da konnte Frau Moser am nächsten Tag für Pedro ein gutes Essen kochen. Und Wurst und Schinken.

»Ach, und geben Sie mir bitte noch zwei Kalbsschnitzel... ja, und eine Scheibe Leberkäs. Und dieses da, dieses...«

»Schweinslendchen«, half der Metzger freundlich.

»Ja, bitte auch das.«

Sie würde die ganze Woche zu essen haben, brauchte das Haus nicht zu verlassen. Kartoffeln und Nudeln und Reis waren vorhanden, Gemüse und Salat würde Frau Moser besorgen. Niemand, niemand sollte sie stören. Keinen wollte sie sehen, bevor Karen wieder da war.

Im Haus fand sie einen Zettel von Frau Moser. »Miss Karen hat angerufen aus Johannisburg. Es geht ihr gut. In Johannisburg hat sie das schönste Frühlingswetter. Will's uns pflanzen? Schöne Grüß', ich komm' morgen in der Früh.«

Das Telefon klingelte einige Male, Georgia nahm den Hörer nicht ab, Karen würde sicher nicht am gleichen Tag noch einmal anrufen. Und sonst wollte sie mit keinem sprechen.

Von dem Fenster im Gang des oberen Stockwerks hatte sie das Gartentor gut im Blick. Sie ging immer wieder hinauf, um zu sehen, ob da einer stand. Bis zum Abend war sie im düsteren Gefängnis ihrer Depressionen gefangen, so schlimm wie nie zuvor.

# Panino

Er holte jeden Tag in aller Herrgottsfrühe die Brötchen zum Frühstück. Mit dem Hund oder den Hunden, es gab zeitweise zwei im Haus, ging er den ganzen Weg die Isar entlang und wieder zurück.

»Es ist derselbe Weg, den Thomas Mann mit seinem Hund ging, er hat eine Geschichte darüber geschrieben«, erzählte er den Kindern, und er las sie ihnen vor, ehe sie selber lesen konnten.

Er brachte die Brötchen in einem Leinensäckchen, in dem die Tüte des Bäckers steckte, denn, so sagte er, man dürfe frische Brötchen niemals in eine Plastiktüte stecken, dann würden sie lätschert. Er sprach immer noch von Brötchen, obwohl man in München Semmeln sagte; das unter anderem war von Berlin geblieben.

Da es zeitlich genau zu berechnen war, wann er zurückkommen würde, brachte Kathi die Kanne mit dem Tee und die Kanne mit dem Kaffee auf den Tisch, sobald er das Haus betrat. Amelia trank Tee, er Kaffee, Karen bekam Kaffee mit Milch, Georgia Tee mit Milch.

Als er einmal erzählte, daß Brötchen auf italienisch panino heiße, pane sei das Brot, panini mehrere Brötchen, hatte er seinen Namen weg. Den Kindern gefiel er, ihm auch. Italien kannte er gut, am meisten liebte er die Toscana und die Lombardei. Amelia reiste nicht gern, und da er im Frühling gen Süden fuhr, konnte er, wegen der Schule, auch keines der Mädchen mitnehmen, es sei denn während der Oster- und Pfingstferien.

Im Laufe der Jahre jedoch, als der Tourismus immer mehr zunahm, und die Straßen um die Feiertage verstopft waren, vermied er es, während dieser Zeit zu fahren. Im Sommer dann war es ihm zu heiß und im Herbst störte es ihn, daß die Italiener mit ihrer Jagdleidenschaft hemmungslos in der Gegend herumknallten.

So kam es, daß die Frühlingsreisen für die Mädchen erst stattfanden, als sie die Schule beendet hatten, und genau wie bei den Bergtouren war es meist Georgia, die ihn begleitete. Sie besichtigten Kirchen und die Uffizien, doch die alten Meister beeindruckten Georgia nicht besonders. Er liebte vor allem die Landschaft, die strengen Hügel der Toscana, das sanfte Licht im Frühjahr über den dunklen Bäumen, und besonders gern saß er auf einer Piazza, trank Wein und beobachtete das Leben und Treiben in abendlicher Stunde. In Venedig waren sie mehrmals, auch mit Karen, doch durch die Menschenmassen, die sich durch die Gassen wälzten, fühlte er sich belästigt. Sicher hätte er Lindas Idee, Venedig im November zu besuchen, gut gefunden. Zu dritt saßen sie in der Arena von Verona und lauschten der Aida. Auf der Rückfahrt sang er den Mädchen große Teile der Oper vor, er hatte einen hübschen Bariton und war musikalisch. Daß er gern Sänger geworden wäre, wußten sie, während ihrer gemeinsamen Fahrten sang er oft, meist Schubertlieder oder seinen geliebten Mozart.

»Sehr schade, daß du nicht Sänger geworden bist«, sagte Karen zwischen Riva und Trento, »ich könnte dir stundenlang zuhören.«

»Der Sänger dankt, Signorina«, erwiderte er. »Dafür wirst du heute unter der Obhut von Walter von der Vogelweide zu Abend speisen. Ich habe im *Greifen* in Bozen für uns Zimmer bestellt. Aber wenn schon, dann wäre ich halt lieber Tenor geworden, die haben nun einmal die schöneren Partien. Allerdings den Don Giovanni, den hätt' ich gern mal gesungen, diesen erfolglosen Verführer. Ich hab mich immer gefragt, warum er eigentlich in die Hölle fahren muß, wo er doch bei keiner der Damen gelandet ist. Wer beweist, daß die Liste von Leporello nicht schiere Angabe ist?«

Panino spielte auch sehr gut Klavier, und Amelia gab den beiden Mädchen Klavierstunden. Bei Georgia hatte sie Erfolg, doch Karen war viel zu lebhaft und ungeduldig, um Zeit mit Üben zu verbringen und entschied schon bald: »Spielt ihr, ich höre zu.«

Mit Panino gingen sie oft in die Oper oder ins Konzert, er

zeigte sich gern mit den jungen Mädchen in ihren langen Abendkleidern.

»Ganz München beneidet mich um euch«, erklärte er stolz, was übertrieben war, aber ganz unrecht hatte er nicht, wenn sie in den Pausen Bekannte trafen, machte man ihm Komplimente über die schönen Töchter.

Er stellte sie nie als Enkeltöchter vor, er sagte: »Meine Tochter Karen« oder »meine Tochter Georgia«, und wer es nicht besser wußte, glaubte ihm sogar, so vital und jugendlich wirkte er bis ins Alter.

Jung, vital, voller Lebensfreude, dazu weise und gütig, immer bereit, zu sehen und zu hören, aufzunehmen, dazuzulernen. »Ein Mensch, der nichts mehr lernen kann, ist schon so gut wie tot«, das war einer seiner Aussprüche.

Dabei war das Leben nicht sanft mit ihm umgegangen, er hatte Schlimmes erlebt, vornehmlich in seiner engsten Familie. Beruflich war er immer erfolgreich gewesen.

Harmonisch und friedlich verlief seine Jugend; geboren 1894 im badischen Freiburg, der Vater Professor an der Universität, die Mutter ein Mädchen aus dem Schwarzwald, die auch sang, wo sie ging und stand.

Mit dem Frieden war es dann vorbei, Franz Klingenthal hatte gerade fünf Semester Jura studiert, da landete er in einem Schützengraben in Frankreich und blieb dort bis zum bitteren Ende. Dabei hatte er noch Glück, außer einem harmlosen Streifschuß, der nicht einmal zu einem Heimaturlaub reichte, überstand er den Krieg körperlich unbeschadet.

»Damals hab' ich mir gedacht, viel wert kann ich nicht sein. Denn alle wertvollen Menschen, die ich kannte, sind in diesem Krieg gefallen.«

Sein ältester Bruder, sein bester Freund, ein Cousin aus dem Schwarzwald, waren tot, und ein junger Dozent, der bei seinem Vater studiert und promoviert hatte, ein überragend begabter Mann, den Franz Klingenthal schon als kleiner Junge bewundert hatte.

»Ich habe diesen Mann geliebt, im echten Sinne des Wortes«, erklärte er einmal den Mädchen. »Ich darf das so nennen, denn ich hatte ja niemals homosexuelle Neigungen.«

Auch über solche Fragen sprach er ganz offen und unverkrampft. »Er war älter als meine Schulfreunde und ich, aber irgendwie gehörte er doch noch zu uns jungen Leuten. Er kam aus einfachen Verhältnissen, hatte Studium und Promotion mit Bravour und in der denkbar kürzesten Zeit hinter sich gebracht. Dazu noch ein Jahr gedient. Dann bekam er die Dozentur, viel Geld bedeutete das nicht, aber er war gelassen und gut gelaunt, und er nahm sich immer die Zeit, mit einem heranwachsenden Knaben, also mit mir, ein ausführliches Gespräch zu führen. Mein Vater liebte ihn auch. Charlemagne ist ein Genie, sagte er, er wird es weit bringen. Er hieß Karl, aber sie nannten ihn Charlemagne. Na ja, er war auch tot, als der Krieg zu Ende war, Genie oder nicht Genie.«

Um der Tristesse in der Familie und im Freundeskreis zu entrinnen, ging Franz nach Berlin und setzte sein Studium an der Friedrich-Wilhelm-Universität fort. Aber auch das Berlin der ersten Nachkriegszeit mit politischen Unruhen, mit der beginnenden Inflation war für ihn eine freudlose Stadt, und so tat er etwas ganz Ungewöhnliches für die damalige Zeit: Er reiste nach Amerika, direkt nach New York. Da er sich die Überfahrt auf einem Passagierdampfer nicht leisten konnte, fuhr er mit einem Frachter, das dauerte zwar etwas länger, war aber genau der richtige Weg, um den Schatten der jüngsten Vergangenheit zu entfliehen.

Es waren nur wenige Passagiere auf dem Frachter, ein Italiener, ein Franzose, zwei Engländer, ein Ungar und außer ihm noch zwei Deutsche.

»Ihr müßt euch das einmal vorstellen. Vor kurzer Zeit mußten wir Feinde sein und versuchen, uns gegenseitig zu töten. Nun saßen wir gemeinsam mit dem Kapitän an einem Tisch beim Essen. Der war ein großartiger Bursche, im Krieg hatte er einen Zerstörer befehligt, und nun mußte er auf einem alten, rumpligen Frachter umsteigen, wie er es nannte, und über seine armen toten Kameraden hinwegdampfen, die auf dem Meeresgrund lagen. Aber das sagte er nur ein einziges Mal, und er sagte es zu mir. Sonst sprach er nicht vom Krieg und davon, was er erlebt hatte. Die Engländer kamen in Southampton an Bord und waren anfangs etwas steif, doch das legte sich nach wenigen Tagen. Das Meer ist ein autoritärer Herrscher und duldet keine Kleinlichkeit. Dann unterhielten wir uns ganz gut, soweit es die verschiedenen Sprachen zuließen, und waren uns darüber einig, daß es so etwas Schreckliches und Sinnloses wie einen Krieg in unserem moderen zwanzigsten Jahrhundert nie mehr geben dürfe.«

Der Franzose war in deutscher Kriegsgefangenschaft gewesen und sprach ein wenig deutsch, Franz recht gut französisch. Sie waren die ersten, die sich anfreundeten. Sie beschlossen in der Mitte des Atlantiks, daß es ein vereinigtes Europa geben müsse.

Die beiden Deutschen waren Handwerker, ein Schreiner und ein Zimmermann, sie wollten auswandern, von Deutschland hätten sie die Nase voll. Der Ungar war auch ein Auswanderer, er schimpfte auf deutsch und ungarisch auf die Habsburger Monarchie und pries die neugewonnene Autarkie Ungarns, und als Franz ihn fragte, warum er denn auswandern wolle, da er ja nun ein freies Ungarn habe, erwiderte der Ungar, daß er dem Frieden nicht traue, der Kaiser in Wien käme bestimmt zurück. Der Kaiser sei tot, berichtigte ihn Franz, aber der Ungar meinte, Söhne seien immer da.

Mit dem Italiener zu sprechen war am schwierigsten, keiner von ihnen sprach italienisch, und er keine Fremdsprache.

Da Franz zwar lateinisch, altgriechisch und französisch gelernt hatte, aber nur wenige Brocken englisch verstand, suchte er so oft wie möglich die Gesellschaft der Engländer. Er bat sie ganz unverfroren, ihm zu helfen, sich auf englisch zu verständigen. Ein Wörterbuch hatte er natürlich dabei, in dem er eifrig studierte. Die Engländer waren Brüder, der eine hieß John, der andere Roger, sie sprachen weder deutsch noch französisch, doch sie begriffen, was Franz von ihnen wollte, wenn er ihnen mit dem Wörterbuch vor der Nase herumfuchtelte. Der Kapitän, der einmal solch einer Szene beiwohnte, grinste und sagte zu Franz: »Das Englisch, das Sie hier lernen wollen, wird Ihnen in Amerika wenig nützen, die sprechen ganz anders.«

Der Italiener, soviel bekam man heraus, hatte einen zio in

Amerika, und einer der Deutschen, der am Isonzo gekämpft hatte, wußte immerhin, daß ein zio ein Onkel ist. Wie wichtig dieser zio für Franz werden sollte, wußte er allerdings zu diesem Zeitpunkt noch nicht.

Alles in allem verlief die Reise sehr unterhaltsam, Franz lernte einiges über die christliche Seefahrt und ging voll gespannter Erwartung in Long Island an Land, obwohl er keine Ahnung hatte, was aus ihm werden und wovon er eigentlich leben sollte. Doch diese Amerikareise erwies sich als Top-Idee, wie es Karen viele Jahre später ausdrückte, denn hier entdeckte Franz Klingenthal, worin seine wirkliche Begabung lag: im Umgang mit Geld.

Es war die Zeit der Prohibition, und Geld wurde reichlich auf dem Schwarzen Markt verdient, und der brave Franz aus Freiburg geriet sofort in diese Szene dank des Italieners, der nicht vergessen hatte, wie freundlich der Deutsche sich seiner angenommen hatte, als keiner mit ihm reden konnte oder wollte. Der zio nämlich verdiente sein Geld, und nicht zu knapp, auf dem Gebiet des Alkoholschmuggels.

»Möglicherweise«, erzählte Panino seinen Töchtern, »hätte ich eine Karriere bei der Mafia machen können, denn die hatte damals, dank der amerikanischen Frauenvereine, die den Leuten das Trinken verbieten wollten, ihren großen Auftritt. Da sind viel Dollarmillionäre geboren worden.«

Die ersten Dollars also machte Franz am Rande der Mafia, traurig aber wahr, wie er mit scheinheiliger Miene bekannte.

Dann passierten zwei entscheidende Dinge, er verliebte sich in seinem Leben zum ersten Mal richtig und lernte die Wallstreet kennen.

Die Dame trat in einem Musical am Broadway auf und fand den jungen Deutschen, gutaussehend und vivid, höchst anziehend.

Bisher hatte Franz eine Studentenliebe absolviert, ein paar flüchtige Erlebnisse während des Krieges gehabt und in der Berliner Zeit bei einer Madame verkehrt, die in einer der Nebenstraßen des Kurfürstendamms ein kleines, vornehmes Bordell betrieb.

Jetzt war da eine Frau, die ihn voll und ganz beanspruchte.

Er lernte in Windeseile englisch, oder besser gesagt amerikanisch, und da die Lady auch gern Whisky trank, wurden seine Aktivitäten auf diesem Gebiet von ihr und ihren Freunden gern gesehen. Panino zog aus seinem bescheidenen Pensionszimmer aus und bei ihr ein, lernte eine Menge brauchbarer Leute kennen, darunter auch einen Börsenmakler, ein verflossener Liebhaber, inzwischen lukrativ verheiratet, aber nach wie vor ein väterlicher Freund.

Die Börse! Was hatte der Professorensohn aus Freiburg davon gewußt? Null. Aber binnen eines Jahres spekulierte er geschickt und verfiel voll und ganz der Faszination des Geldes. Als er 1926 nach Deutschland zurückkehrte, konnte er sich eine Überfahrt Erster Klasse leisten, trug gut geschnittene Anzüge, das Haar etwas länger und hatte jede Menge Chancen bei den mitreisenden Damen auf dem Schiff, denn er tanzte hervorragend und sprach perfekt amerikanisch. Er mixte ihnen Martinis und Manhattans, das hatte er trotz Prohibition gelernt, aber insgeheim freute er sich ungeheuer auf badischen Wein.

Vielleicht wäre er nie zurückgekehrt, das Leben in Amerika hatte ihm gefallen, aber sein Vater, längst emeritiert, schrieb immer drängendere Briefe, seine Mutter war krank, und er war nun der einzige Sohn.

Der Gedanke lag nicht fern, den Atlantik noch einmal zu überqueren und dann für immer drüben zu bleiben, wo er so erfolgreich gewesen war. Aber die Freude seiner Eltern, ihn wiederzuhaben, war so herzanrührend, daß er diesen Plan erst einmal für sich behielt.

Es war Mai, als er kam, Frühling im badischen Land, und dann der Sommer war um vieles angenehmer als die Hitze in New York. Und das Essen! Im Elternhaus, in den Freiburger Lokalen, im Schwarzwald. Und der Wein!

Ein paar alte Freunde waren natürlich übriggeblieben, aus der Schulzeit, von der Universität, inzwischen in Amt und Würden, und Franz kam in echte Verlegenheit, wenn man ihm die Frage stellte, was er denn eigentlich in Amerika gemacht habe, beruflich selbstverständlich, das interessierte die Altersgenossen, das interessierte vor allem seinen Vater.

Denn daß er eine gutgefüllte Brieftasche besaß, war offensichtlich, und irgendwoher mußte das Geld ja schließlich kommen.

Beruf? Was denn also? Börsenspekulationen, Alkoholschmuggel, konnte er das dem Professor bekennen, den Jugendfreunden, die Lehrer, Anwälte, Richter, ehrbare Kaufleute und einer sogar Pfarrer geworden waren? Er redete so drumherum, die Wallstreet kam vor, die Bootleggers, wie die Alkoholschmuggler drüben hießen, nicht. Dabei hatte er wirklich, wie er später seinen Töchtern gestand, bis zuletzt auf diesem Gebiet mitgemischt, das Geld war mühelos zu verdienen, und Angst hatte er nicht. Er war beliebt in den illegalen Kreisen, sie nannten ihn Frank, this german guy Frank, und er hatte damit eine unvermutet abenteuerlustige Seite seiner Persönlichkeit zufriedengestellt. Übrigens für alle Zukunft gleich mit.

»Vielleicht«, so beschrieb er es viele Jahre später, »hab' ich den richtigen Dampfer verpaßt. Aus mir hätte ein echter Dollarmillionär werden können, was so vielen anderen gelungen ist. Das haben die allmächtigen Frauenvereine, die so eifrig für das Alkoholverbot eingetreten sind, nicht vorausgesehen, und das haben sie auch später nicht kapiert. Sie haben der Mafia und anderen gut organisierten Gangsterorganisationen das Bett bereitet.«

Karen erwiderte darauf: »Na, so schlecht geht es dir ja hierzulande auch nicht.«

Sein Vater erwartete, daß er das Studium wieder aufnehmen würde, Franz dachte nicht im Traum daran. Nur hütete er sich, es dem Professor so deutlich ins Gesicht zu sagen, statt dessen nickte er und gab sich einsichtig. Daß er nach Berlin wollte, enttäuschte seine Eltern.

Amerika oder Deutschland, das war die Frage, als er nach Berlin fuhr, im eigenen Auto, das er sich gekauft hatte, denn Fahren hatte er in den Staaten gelernt. Einiges sprach für Amerika, einiges dagegen. Mit kriminellen Geschäften mußte Schluß sein, das sah er ein. Immer nur an der Börse spekulieren, war kein Beruf. Und klar war ihm, daß beides nicht immer so leicht zu handhaben war, manches konnte sich ändern.

Ohne zu wissen, was er eigentlich wollte, kam er nach Berlin. Und da änderte sich alles schlagartig. Die goldenen, die dröhnenden zwanziger Jahre waren in vollem Gang, hier wurde auf einmal auch Geld verdient. Verdient und ausgegeben auf eine Art, wie es der tugendsame badische Bürger bisher nicht gekannt hatte. Aber es war nicht nur das Geld, die florierende Wirtschaft, die das Berlin jener Jahre so atemberaubend machte, da waren Musik, Theater, Oper, Malerei, Literatur. Mit allem, was man Kunst nennt, wurde er hier mit Vehemenz überschüttet, und das war nun anders als in Amerika. Von wirklicher Kunst bis zum schieren Wahnsinn reichte die Palette. Von der Kneipe an der Ecke bis zum teuersten Restaurant war alles überfüllt, die Frauen trugen kurze Haare und kurze Röcke und waren leicht ansprechbar, und das Publikum auf dem Kurfürstendamm international, denn diese Stadt in ihrer Betriebsamkeit, in ihrem neu erstandenen Glanz zog alle an. Vergessen der Krieg, die bittere Nachkriegszeit, die Inflation, sogar über den Versailler Vertrag machte man Witze.

Aber es gab auch, das erkannte Franz sehr schnell, Armut und Not, Hunger und Elend, und es gab die Kämpfe der vielen Parteien in der kranken Weimarer Republik. Trotzdem konnte er sich von Berlin nicht wieder trennen, es ging eine Faszination von dieser Stadt aus, wie er sie seinerzeit in New York empfunden hatte.

In die Universität setzte er keinen Fuß mehr. Die Börse, die Banken, die Industrie, der Handel – wohin gehörte er? Er entschied sich für die Bank. Sein Talent, mit Geld umzugehen, war vorhanden, nun mußte er nur noch lernen, wie er es in einer Bank gebrauchen könnte.

Er bewarb sich systematisch bei mehreren Bankhäusern, traf auf Mißtrauen, Ablehnung, aber auch auf Interesse und Zustimmung.

Das Bankhaus Litten und Levy dann, ein alteingesessenes, solides Unternehmen, engagierte ihn als Volontär. Litten, ein distinguierter älterer Herr, elegant, kunstverständig, war von dem Sohn aus Professorenhaus angetan, immerhin Jurastudium von sechs Semestern, Amerikaerfahrung, englische und französische Sprachkenntnisse, Erfahrung an der Börse. Er wartete noch die Rückkehr von Hermann Levy ab, der sich gerade in Amerika befand, es folgte eine zweite Vorstellung, und Levy, jünger als Litten, hartgesotten und ein Menschenkenner, stimmte zu.

Drei Jahre später bekam Franz Klingenthal Prokura, fünf Jahre später wurde er Juniorteilhaber, das war nach dem Schwarzen Freitag von 1929, und Levy hielt sich jetzt meist in den Staaten auf. Die goldenen Zwanziger waren vorbei, Not und Elend standen im Vordergrund, die Arbeitslosenzahlen stiegen in atemberaubende Höhe, und die Kämpfe der Parteien wurden zunehmend bösartiger.

Drei Jahre später residierte Hitler in der Reichskanzlei, Levy kam aus Amerika nicht mehr zurück, doch Litten wehrte sich zunächst dagegen, Deutschland zu verlassen. Nur in Berlin könne er leben, so seine Worte, und so lange werde der Spuk mit den Braunen ja nicht dauern.

Der Irrtum, dem so viele damals erlagen, und der sie zumeist das Leben kostete.

Franz drängte den alten Herrn, Deutschland zu verlassen. Was mit der Bank geschehen sollte, wußte er schon. Ein jüdisches Bankhaus würde auf die Dauer nicht existieren können. »Wir werden mit Gontard und Söhne fusionieren«, erklärte er ohne Umschweife. »Ich habe schon Verhandlungen aufgenommen. Ein altes Berliner Unternehmen mit bestem Ruf.«

»Ich weiß«, erwiderte Leonhard Litten bitter, »ich kenne die Gontards. Gute Leute. Und das, was man heute arisch nennt.«

»So ist es«, antwortete Franz Klingenthal sachlich.

»Der Alte ist ein Original. Und soviel ich weiß, gibt es einen Schwiegersohn, der in der Nazipartei ist.«

»Genau das, und das ist zur Zeit brauchbar.«

Leonhard Litten seufzte. »Das kommt alles durch den Krieg und diesen widerlichen Versailler Vertrag. Der hat Hitler in den Sattel gehoben. Dieser geradezu sinnlose Haß der Franzosen. Wenn ein Krieg zu Ende ist, muß er auch zu Ende sein, und nicht das Unglück auf andere Weise fortsetzen. Das hat eben Bismarck verstanden.«

»Wie man's nimmt«, sagte Franz. »Der siebziger Krieg hat uns den Haß der Franzosen gebracht und bis heute bewahrt.«

Er war immer noch ein Badener, auch wenn er nun schon so lange in Berlin lebte, mit den Preußen hatte er nicht viel im Sinn, selbst mit Bismarck nicht.

Mit Adolf Hitler schon gar nicht, aber der war ja nun mal da, und irgendwie mußte man sehen, wie man diese Zeit überstand.

»Na ja«, sagte Litten, »dann werde ich eben nach Wien übersiedeln. Dort gibt's ja auch ein gute Oper und schöne Konzerte.«

»Davon würde ich abraten, Herr Litten«, sagte Franz. »Vergessen Sie nicht, daß Hitler Österreicher ist. Ich würde an Ihrer Stelle die Schweiz wählen.«

»So«, sagte er, nichts weiter.

Verheiratet war Franz schon seit einiger Zeit, er hatte einen Sohn und eine Tochter.

# Amelia

Amelia von Fink war auf einem Gut im Baltikum aufgewachsen. Ihre Vorfahren waren im dreizehnten Jahrhundert, bald nach den Ordensrittern, eingewandert, hatten das Land besiedelt und kultiviert, erlebten und überlebten, zum Teil, die Pest und den Schwedischen Krieg und gehörten seit Peter dem Großen dem Russischen Reich an, lebten friedlich und sicher unter dem hohen hellen Himmel des Nordens. Erst seit dem Ende des vorigen Jahrhunderts störten revolutionäre Umtriebe die Ruhe im Land.

Amelias Vater hatte in Dorpat studiert, wurde dann Offizier des Zaren, diente später am Hof. Ihre Mutter stammte aus einer Hanseatenfamilie in Reval, dort besaß die Familie ein Stadthaus. Die Eltern hielten sich meist in St. Petersburg auf, Amelia wurde manchmal mitgenommen, aber die Kaiserstadt mit ihren Palästen, Flüssen und Brücken, mit dem lebhaften Verkehr, machte ihr angst. Das Gut und das Land waren ihre Heimat, Pferde und Hunde ihre Gefährten, die beiden älteren Brüder ihre Freunde. Am meisten liebte sie die Wochen des frühen Sommers, mit den Nächten, in denen es nicht dunkel wurde, wenn die Eltern da waren, Gäste kamen, wundervolle Feste gefeiert wurden.

Das Gut wurde seit vielen Jahren von einem Verwalter geführt, der aus der Mark Brandenburg stammte, für Amelia war er so etwas wie ein zweiter Vater. Die Dienstleute im Schloß und im Gutsbetrieb waren Esten. Amelia hatte nie eine Schule besucht, sie wurde von einem russischen Hauslehrer und einer französischen Gouvernante unterrichtet, genau wie ihre Brüder, sie sprach deutsch, russisch, französisch und estnisch.

Als Lenin 1917 aus der Schweiz zurückkehrte, und die Revolution wirklich begann, war sie elf Jahre alt, ein zartes, schmalgliedriges Kind, dem noch nie etwas Böses begegnet war. Der Verwalter versuchte, die Kinder in seinem Haus zu verstecken, doch die Revolutionäre drangen dort ein, und Amelia mußte mitansehen, wie man den alten Mann erschoß, wie man ihre Brüder erschlug. Das Gutshaus und die Stallungen wurden in Brand gesteckt, sie hörte die Todesschreie der Pferde, das Winseln ihres Hundes, den man angeschossen hatte. Alles ging so schnell, daß sie es nicht fassen, nicht begreifen konnte. Die Französin rettete sie, riß sie mit sich fort und verkroch sich mit dem Kind in einer Mauernische im Turm der Kapelle. Ihre Mutter und ihren Vater sah Amelia niemals wieder.

Die französische Gouvernante war die Geliebte eines russischen Lehrers, den man fünf Jahre lang wegen Aufruhrs und revolutionärer Umtriebe nach Sibirien verbannt hatte; seit seiner Rückkehr agitierte er in Estland und hatte die Französin als Spionin benutzt. Sie war eine kleine, nicht sehr attraktive Frau, dem Mann hörig und begeistert von dem Gedanken, an einer Revolution teilzunehmen, eingedenk der französischen Vergangenheit, die sie nur aus den Geschichtsbüchern kannte. Sie brachte Amelia zu einem estnischen Bauern, dessen Frau früher als Kindermädchen auf dem Gut angestellt gewesen war.

Danach kehrte sie zu ihrem Revolutionär zurück.

Auch der estnische Bauernhof wurde eines Tages überfallen, Amelia sah es vom Stall aus, sie verkroch sich, verstört wie sie war, am liebsten bei den Tieren. Diesmal wurden die Marodeure von deutschen Soldaten vertrieben, sie fanden das zitternde Kind im Stall.

Offiziell war der Krieg zu Ende, aber noch kämpften deutsche Truppen gegen die Revolutionäre, sie verteidigten ihr eigenes Leben, aber sie versuchten auch, die Flüchtlinge zu schützen, von denen die Straßen voll waren. Der deutsche Offizier vertraute das Kind einer Gruppe Flüchtender an, es waren Russen, Deutsche, Balten, Polen, alle auf dem Weg nach Westen, egal wohin, nur fort von der Revolution. Sie kamen nur bis Riga, viele starben unterwegs, verhungerten, erfroren, als es Winter wurde. Eine junge Polin, von Haß erfüllt gegen die Russen, versteckte sich am Rande der Stadt mit Amelia im Keller eines verlassenen Hauses; die nächste, der Amelia ihr Leben verdankte, denn sie wurde krank, bekam Fieber, phantasierte, schrie wirr und gepeinigt vom Schrecken des Erlebten. Die Polin blieb bei ihr, pflegte sie, stahl Lebensmittel, wenn sie welche finden konnte, und später, als Amelia wieder auf den Beinen war, ging die Flucht weiter. Gemeinsam kamen sie bis nach Danzig, hier trennten sich ihre Wege, Amelia fand in einem Waisenhaus für eine Weile Ruhe und Schutz.

Im Frühjahr 1922 kam sie nach Berlin, sie war sechzehn, dünn, blaß, reif für ihr Alter, von einer eigentümlich glühenden Schönheit. Trotz allem, was sie erlebt hatte, konnte sie ihre Herkunft nicht verleugnen, die schmalen Gelenke, die feine Form des Gesichts, die Grazie ihrer Bewegungen. Aber ihr Gemüt war verstört.

Noch Jahre später, als sie längst mit Franz Klingenthal verheiratet war und ein sicheres, behütetes Leben führte, geborgen in seiner Liebe, wachte sie mitten in der Nacht auf und schrie. Oder sie weinte, jammernd, hilflos wie ein verlorenes Kind. Er kämpfte mit aller Kraft gegen ihre Depression, sie war ständig in ärztlicher Behandlung, seine Gesundheit, seine Lebenskraft halfen ihr, es wurde besser, als sie die Kinder geboren hatte. Doch sie gab die Krankheit, die wohl schon immer in ihr geschlummert hatte, an ihre Tochter weiter.

Franz trat in einem höchst kritischen Moment in ihr Leben.

Es war immer sehr schwierig für sie gewesen, eine Arbeit zu finden, sie hatte ja nichts gelernt, das Mädchen aus reichem baltischen Haus, jedenfalls nichts, was sich für einen Beruf verwerten ließ.

Über ein Jahr lang war sie in einem Reitstall im Grunewald angestellt, wo man ihr schwierige Pferde anvertraute, die sie mit leichter Hand und sanfter Stimme beruhigte, und da sie niemals Angst vor Pferden hatte, kam sie mit den Tieren besser zurecht als mit den Menschen. Den Schutz eines Mannes hätte sie gebraucht, aber die Männer, die hier nach ihr greifen wollten, erschreckten sie. Da war der Besitzer des Reitstalls selbst, der glaubte, sie müßte dankbar sein, was ihr seine

Frau zur Feindin machte, da war ein Reitlehrer, ein ehemaliger Kavallerist, ein Liebling der Frauen, der ihre Abwehr nicht verzieh und sie verspottete, es waren einige der Reiter, großspurige Neureiche zum Teil, keiner durfte sie anrühren, sie reagierte wie ein gefangenes wildes Tier. Sie gab Reitstunden für Kinder, aber es fiel ihr schwer, sich durchzusetzen, ihre Stimme war schwach, laute Kommandos konnte sie nicht geben, es ging manchmal drunter und drüber in diesen Stunden.

So kam es auch zu dem Unfall. Die Kinder machten Lärm, waren undiszipliniert, ein Pferd scheute, stieg, die kleine Reiterin fiel hinab, Amelia griff dem durchgehenden Rappen in die Zügel, sie stürzte, und der Huf des Pferdes traf sie am Kopf.

Ein junger Assistenzarzt aus dem St. Franziskus-Krankenhaus war zufällig anwesend, er kam manchmal in den Reitstall, um seine Freundin zu treffen, wenn er gerade eine Stunde frei hatte. Dem Kind war nichts passiert, doch Amelia hatte ein blutende Wunde an der Schläfe und eine Gehirnerschütterung. Der Arzt trug die leichte Gestalt in die armselige Kammer oben neben dem Heuboden, in der nicht einmal ein Bett stand, nur eine dünne Matte lag auf dem Boden, er betrachtete die Wunde, ging wieder hinunter und erklärte dem Besitzer des Stalls, das verletzte Mädchen müsse in ein Krankenhaus.

Die Freundin des Arztes übergab ihr Pferd dem Stallburschen, ließ es absatteln und erklärte sich bereit, Amelia in ihrem Wagen ins Krankenhaus zu fahren. Also trug sie der Doktor wieder herunter und bettete sie vorsichtig hinten in den Horch.

Amelia war wieder bei Bewußtsein, doch sie redete wirres Zeug.

»Schieß nicht!« flüsterte sie. »Schieß nicht!«, und dann schrie sie. »Der Stall brennt. Die Pferde verbrennen. Nein! Nein!«

»Es ist offenbar schlimmer, als ich dachte«, sagte der Doktor. »Was hat sie denn? Wieso brennt es?«

»Das arme Kind«, sagte seine Freundin. »Ich kenne sie nun

schon seit einem Jahr, aber man kann kaum mit ihr reden, sie ist so scheu und so ängstlich. Ich weiß nur, daß sie vor der Revolution geflohen ist, sie kommt aus Rußland.«

»Ach so.« Der Arzt wandte sich um und sah in das blasse kleine Gesicht, auch ihre Lippen waren blaß, ohne Farbe, sie schrie nicht mehr, sie flüsterte unverständliche Worte in einer anderen Sprache. »Eine Russin ist sie?«

»Nein, keine Russin. Sie ist nur dort geboren und aufgewachsen. In St. Petersburg, glaube ich. Was heute Leningrad heißt.«

»Sie ist total unterernährt. Und hast du gesehen, wie sie da haust?«

»Nein, wie sollte ich. Was wird man ihr schon bezahlen, ein paar Kröten. Und Trinkgelder nimmt sie nicht.«

»Fahr ganz langsam, ganz vorsichtig. Ich werde froh sein, wenn wir sie in der Klinik haben.«

Die Freundin des Arztes, die Frau eines reichen jüdischen Kunsthändlers, erklärte in der Klinik, daß sie für die Kosten aufkommen werde, und Amelia kam in ein hübsches helles Zimmer, seit Jahren lag sie wieder einmal in einem richtigen Bett.

Ihre Verletzung war nicht so schlimm, auch die Gehirnerschütterung nicht, schon nach einigen Tagen ging es ihr besser, aber wie stets plagten sie wilde Träume, sie weinte im Schlaf, sie stand auf und irrte durch die Gänge des Krankenhauses.

»Mama!« flüsterte sie. »Mama!« Oder sie stammelte die Namen ihrer Brüder.

Im Reitstall wollte man sie nicht mehr haben, und als man sie aus dem Krankenhaus entließ, wußte sie nicht, wohin sie gehen sollte. Da der junge Arzt sich verantwortlich für das Mädchen fühlte, sagte er zu seiner Freundin: »Ich habe mir überlegt, ich bringe sie erst mal zu meiner Mutter.«

Die schöne Frau lachte. »Das ist eine gute Idee, Schatz. Zu irgendeiner Arbeit taugt sie sowieso nicht, und deine Mutter ist dann nicht mehr so allein und macht dir weiter keine Vorwürfe, weil du so selten kommst.«

Die Mutter des Arztes, die Witwe eines Oberst, der im

Krieg gefallen war, verfügte nur über eine schmale Pension; ihr Sohn hätte nie zu Ende studieren können, wenn nicht sein Patenonkel ein kleines Erbe hinterlassen hätte. Nun war sie allein, seit der Sohn ausgezogen war, und so willigte sie ein, daß die Russin bei ihr einzog. Die Russin, so nannten Amelia jetzt alle, sie akzeptierte es schweigend.

Amelia zog also in die hübsch eingerichtete Vierzimmerwohnung in einem Hinterhaus in der Uhlandstraße, hatte ein Zimmer für sich, ein richtiges Bett und bekam nun auch regelmäßig zu essen. Die Frau Oberst war nicht besonders freundlich, aber immerhin war es das erstemal seit Jahren, daß Amelia in einigermaßen geordneten Verhältnissen lebte. Sie bemühte sich, alles recht zu machen, schloß am Abend ihr Zimmer ab, damit sie nicht wieder schlafwandelte, und wenn sie aus ihren Träumen auffuhr, erstickte sie das Weinen.

Im übrigen hatte sie viel zu tun, sie mußte putzen, waschen, einkaufen, beim Kochen helfen, denn die Frau Oberst war der Meinung, wenn das Mädchen schon gratis bei ihr wohnte, könne es dafür auch etwas tun. Amelia sah das ein und arbeitete so gut sie es vermochte, sie mußte erst lernen, Staub zu wischen, einen Fußboden zu bohnern, Kartoffeln zu schälen und in einer Waschküche zu stehen.

Das Schloß, die Wälder, Wiesen und Felder, die Tiere im Stall, ihr Hund, alles versank in einer fernen Vergangenheit, die Eltern, die Brüder – hatte es sie je gegeben? Amelia vergaß nichts, in ihren Träumen kehrte alles wieder. Immer und immer wieder. Sprechen konnte sie darüber nicht. Der Arzt kam manchmal zu Besuch, sagte: »Na, du siehst ja schon viel besser aus. Und du wirst jeden Tag hübscher.« Dann blickte die Frau Oberst streng, solche Worte hörte sie nicht gern von ihrem Sohn.

Amelia lebte jetzt nicht mehr planlos in den Tag hinein, sie dachte darüber nach, was eigentlich aus ihr werden sollte, wie sie, um Gottes willen, endlich etwas Geld verdienen konnte.

Dann fand sie auf einmal, und es war das erstemal in ihrem Leben, so etwas wie eine Freundin. Jenny war eine hübsche, fröhliche Brünette, immer schick angezogen, dezent geschminkt, eine flotte Berlinerin mit einem schnellen Mundwerk.

Sie trafen vor einem Laden aufeinander, Amelia hatte eingekauft, was die Frau Oberst auf einen Zettel geschrieben hatte, der Korb war schwer und rutschte ihr vom Arm, Gemüse und Kartoffeln, die Tüten mit Zucker und Mehl kullerten auf die Straße, und Jenny, die gerade vorbeikam, half ihr, alles aufzusammeln und wieder im Korb zu verstauen.

»Ist 'n bißchen schwer für Sie, Frollein. Sie sind ja nur so 'ne halbe Portion.« Das war Amelia tatsächlich noch immer, schmal, zart, mit dem hellen Teint und den großen dunklen Augen. »Warten Sie, ich helfe Ihnen.« Jenny packte den Henkel des Korbes und begleitete Amelia bis zu dem Haus, in dem sie nun wohnte.

Einige Tage später begegneten sie sich zufällig wieder, Jenny blieb stehen, fragte: »Na, wie geht's denn so?« und Amelia lächelte sie scheu an, erfreut über das Wiedersehen.

»Wissen Sie wat?« fragte Jenny, »geh'n wir um die Ecke zum Kudamm und trinken eine Tasse Kaffee zusammen.«

»O nein«, erwiderte Amelia. »Danke. Aber ich habe keine Zeit.«

»Wieso nicht? Wo brennt's denn?«

»Und kein Geld«, flüsterte Amelia.

»Aber ich«, sagte Jenny vergnügt.

So saß Amelia zum erstenmal auf dem Kurfürstendamm in einem Café, Jenny spendierte auch ein Stück Kuchen und sah mit stillem Staunen und nicht ohne Rührung, wie das scheue Mädchen aufblühte, wie seine Wangen sich röteten und die Augen zu glänzen begannen.

Jenny hatte eine andere Art von Lebenserfahrung als Amelia, sie war Prostituierte und besaß die Gutmütigkeit und die Herzlichkeit der meisten von ihnen. Von nun an trafen sie sich öfter, verabredeten sich, Amelia wehrte jedesmal verlegen ab, wenn Jenny sie einlud, aber sie freute sich immer wieder, diese neue Freundin zu sehen, die kaum älter war als sie. Und zum erstenmal brachte sie es fertig, ein wenig über ihr Leben zu erzählen.

»Na, sowat aber ooch«, meinte Jenny nachdenklich. Und dann: »So geht et nicht weiter mit dir, du mußt endlich deine eigenen Piepen verdienen.« Auf welche Weise man eigenes Geld verdiente, war für Jenny eindeutig.

An einem Abend erzählte sie ihrer Madame: »Also ick hab' da eine Kleine kennengelernt, die is wirklich niedlich. Solche Augen! Fast schwarz. Und dazu hellblondes Haar. Echt blond. Bißchen mickrig noch, man müßte sie erst mal rausfüttern. Das ist nämlich so mit der ...«, und sie berichtete, was sie inzwischen über Amelia wußte.

»Bring sie doch mal mit«, sagte die Madame.

Die Madame residierte in einer Zehnzimmerwohnung in der Meineckestraße. In einem Zimmer saß man und unterhielt sich, im nächsten war die Bar, im übernächsten wurde gespielt, in den anderen Zimmern standen die Betten.

Aber davon hatte Amelia keine Ahnung. Sie sah nur den feudalen, auf den ersten Blick ganz respektablen Rahmen, die Gäste, gutsituierte Herren der besseren Gesellschaft, die Damen elegant aber solide gekleidet und dezent geschminkt, ganz so, wie es Amelia von Jenny kannte.

Die Madame betrachtete Amelia mit Wohlwollen, unterhielt sich ein wenig mit ihr, bot ihr ein Glas Wein an und fragte ein bißchen nach ihrem Leben.

Amelia saß schüchtern auf der Kante des Sessels, sie fand alles sehr vornehm, aber sie begriff nicht, wer diese Frau eigentlich war, und das Lächeln, das ein Mann aus einem anderen Sessel zu ihr schickte, machte sie verlegen.

Jenny war eine Weile nicht zu sehen, dann kam sie wieder, sagte fröhlich: »Na, wie gefällt es dir denn bei uns?«

»Oh, sehr gut«, sagte Amelia artig.

Als sie dann gegangen war, sagte die Madame zu Jenny: »Sie ist wirklich ganz niedlich. Aber für uns hier? Sie ist ein kleines Schaf.«

»Aber das waren wir doch alle mal«, sagte Jenny. »Und sie muß doch nun endlich mal was verdienen.«

»Ich werde dir mal was sagen, Jenny, du bist doof. Die paßt nicht hierher.«

»Warten wir erst mal ab.«

Jenny gab nicht so schnell auf. Eine Woche später brachte sie Amelia wieder mit, und nun geschah das Wunder. An diesem Abend war Franz Klingenthal da, soeben über Freiburg aus Amerika zurückgekehrt. Die Madame und ihren Laden kannte er noch von seiner Studentenzeit her. Da saß er ganz friedlich, trank ein Glas Champagner, rauchte eine Zigarette, erzählte der Madame, die ihn freudig begrüßt hatte, wie das in Amerika war, wo die Leute nichts trinken durften und darum gerade um so mehr und um so schlechteres Zeug soffen und sagte gerade: »Es ist das Dümmste, den Menschen ihre Laster zu verbieten, dann verfallen sie ihnen noch mehr«, da sah er das blonde Mädchen mit Jenny hereinkommen. »Wer ist die denn?« fragte er.

»Eventuell eine Neue. Jenny hat sie aufgegabelt. Sie meint, die wäre was für uns. Ich bezweifle das allerdings.«

»Ich auch«, sagte Franz Klingenthal.

Vier Monate später war Amelia mit ihm verheiratet. Zehn Monate nach der Hochzeit, die sehr feierlich in Freiburg stattgefunden hatte, bekam sie einen Sohn. Der fiel mit achtzehn kurz vor Ende des nächsten Krieges.

Einige Jahre später hatte sie eine Tochter geboren, die ihr sehr ähnlich sah, sie hieß Angelika und heiratete gegen den Willen der Eltern einen Mann namens Georg Wieck, der sie nach knapp dreijähriger Ehe verließ. Einige Jahre später nahm sich Angelika das Leben.

Man konnte nicht sagen, daß Amelia von Fink unter einem glücklichen Stern geboren wurde. Zwei Trumpfkarten jedoch hielt das Leben für sie bereit: ihre Ehe mit Franz Klingenthal und ihre Enkeltöchter Karen und Georgia. Sie starb mit neunundsechzig Jahren an Herzversagen.

Karen war siebzehn, Georgia fünfzehneinhalb. Sie hatten weder Vater noch Mutter, nun auch die Großmama Amili nicht mehr. Doch sie hatten Panino.

# Ein Trauerhaus

Karen war enttäuscht. Fünf Tage hatte sie nun in Johannesburg verbracht, Tage erfüllt von Eindrücken, Gesprächen, Erlebnissen. Der Korrespondent ihrer Zeitschrift, die Kollegen aller Blätter, hatten sie freundlich und herzlich empfangen, man hatte ihr berichtet, erklärt und gezeigt, sie kannte die moderne, amerikanisch wirkende Stadt schon recht gut, sie war in Pretoria gewesen, in Soweto, beim Vortrekker Monument, sie mußte viele Stunden im Auto verbringen, und in ihrem Kopf und ihrem Notizbuch war festgehalten, was sie ihr in den Redaktionen und auf den Fahrten erzählt hatten. Doch seltsam, der Schwung, die Begeisterung, mit der sie sonst an neue Aufgaben heranging, sie fehlten diesmal.

Sie wußte auch warum, so ehrlich war sie sich selbst gegenüber, sie war ganz einfach enttäuscht darüber, daß sie nichts von August Heinze hörte.

Seit der fast unwirklichen Nacht im Flugzeug, in der sie einander so nahegekommen waren, konnte sie diesen Mann nicht vergessen. Sie hatte so viel von seinem Leben erfahren, und schließlich, im Laufe der Nacht, auch er von ihrem Leben, sie hatte von ihrer Arbeit erzählt, von Georgia, von Panino, von dem Pferd und dem Hund, von dem Haus und dem Garten in München, eigentlich wußte er nun alles über sie. Es war nur Zeit geblieben für einen kurzen Dämmerschlaf, nach der Landung war sie benommen, ein kurzer formeller Abschied, und seitdem nichts, keine Nachricht, kein Anruf, erst später kam sie darauf, daß er nicht einmal danach gefragt hatte, in welchem Hotel sie wohnte. Normalerweise hätte sie sich in ihre Arbeit gestürzt, und keinen weiteren Gedanken an den nächtlichen Flirt verschwendet. Aber es war eben mehr gewesen als ein Flirt. Sie dachte ständig an diesen Mann, erwartete immer, ihn zu treffen, dieses Gesicht wieder zu sehen, diesem Blick wieder zu begegnen, der sie so intensiv festgehalten hatte, daß sie wie verzaubert ihr Leben vor ihm ausgebreitet hatte. Alles, was sie in diesen letzten Tagen gesehen und gezeigt bekommen hatte, sollte er ihr zeigen, wollte sie mit seinen Augen sehen.

Du hast dich verliebt, wie eine kleine ahnungslose Gans, verspottete sie sich selber, als wäre er der erste Mann in deinem Leben.

Am Abend des sechsten Tages saßen sie abends noch in der Bar des Hotels, sie, Erwin Raabe und Dirk Merzahn, der deutsche Korrespondent, Karen war müde und unaufmerksam, sie trank mehr als sonst.

»Morgen«, sagte Dirk, »fahren wir nach Bloemfontein, das wird ein langer Tag. Da sind wir am Rande des Oranje Freistaates. Bloemfontein, die Quelle zwischen den Blumen. Und die ständige Quelle des Grams und der Wut in burischen Herzen. Da hatten sie ihr Parlament, nachdem die Engländer sie vom Kap vertrieben hatten, und dann eroberten die Engländer auch diesen Ort im Burenkrieg. Dort steht das *National Women's Memorial*, errichtet zum Andenken an die Frauen, die in den englischen Konzentrationslagern umgekommen sind.«

»Man könnte meinen, dieser Krieg hätte vorgestern stattgefunden und nicht vor fast einem Jahrhundert«, sagte Karen mißmutig. »Wir hatten seitdem zwei Kriege in Europa, aber es wird nicht halb so viel davon geredet.«

Karens Glas war leer. Sie blickte an den beiden Männern vorbei, ihre Augen waren umschattet. »Man kommt hierher«, sagte sie langsam, »und denkt, man weiß, worum es sich handelt. Die Apartheid, die Weißen und die Schwarzen. Die vielen Schwarzen, die wenigen Weißen, die sie beherrschen. Den Weißen gehört alles, den Schwarzen gehört nichts, sie werden unterdrückt und ausgebeutet, so liest sich das bei uns. Es gibt Gesetze, die eine Art Gerechtigkeit herstellen sollen, aber im Grunde ist da nur Haß. Darauf war ich vorbereitet. Aber daß da immer noch Haß zwischen Buren und Engländern existiert, das habe ich nicht gewußt.«

»Was heißt Haß?« widersprach Dirk. »Das ist nun wieder zu viel gesagt. Sie gehören beide in diesen Staat, und sie regieren ihn gemeinsam.«

»Ja, und das von zwei verschiedenen Regierungssitzen aus. Wo gibt es denn so was noch? Das vor allem hätte man doch abschaffen müssen.«

»Wer?«

»Na, das Volk.«

»Sie sind kein Volk. Das ist ein Ausdruck, der paßt hier nicht.«

»Nein, kann ja auch nicht passen. Das Volk waren die Schwarzen.«

»Auch nicht. Sie sind eingewandert wie die Buren und die Engländer.«

»Himmel, ja, ich weiß«, sagte Karen ungeduldig. »Sie sind alle eingewandert. Aus Holland, aus Portugal, aus England, aus Deutschland, aus Frankreich, aus Indien, aus Malaysia und von sonst noch woher. Und die Schwarzen vom Norden. Obwohl ja zweifellos in grauer Vorzeit hier schon Menschen gelebt haben, und die waren eben nicht weiß.«

»Noch einen Whisky?« fragte Raabe sanft.

»Ja, bitte. Du siehst ja, daß ich ein leeres Glas habe.«

Raabe betrachtete sie mit leisem Kummer. So kannte er sie nicht, etwas bedrückte sie, ärgerte sie, und es waren gewiß nicht die Sorgen der weißen und schwarzen Südafrikaner. Er glaubte zu wissen, was mit ihr los war. Und er wunderte sich darüber.

»Ist es denn nicht überall so auf der Welt?« fuhr Karen fort. »Nehmen wir bloß Europa. Wo sind wir denn alle hergekommen? Die Kelten, die Slawen, die Germanen, die Griechen, die Römer und siebenundachtzig andere Stämme und Rassen. Wir sind doch auch eine Mischung. Als die Normannen England eroberten, war das doch ein höchst gewalttätiges Unternehmen, wen kümmert das denn heute noch? Und die Provenzalen und die Burgunder und die Bretonen waren himmelweit voneinander entfernt. Und was ist heute? Frankreich. Warum können sie denn hier nicht endlich zusammengehören.«

»Aber sie gehören ja zusammen«, sagte Dirk geduldig. »Sie bilden einen Staat.«

»Einen Staat und kein Volk. Die Schwarzen gehören sowieso mal nicht dazu, und die Engländer und die Buren ertragen sich zähneknirschend und sind auf den fabelhaften Kompromiß gekommen, ein halbes Jahr in Pretoria und das andere halbe Jahr in Kapstadt zu regieren. Das ist doch irre.«

»Es ist geschickte Politik.«

»Findest du. Man sieht ja, wie geschickt sie ist, sie bringt nur Unfrieden.«

»Ich weiß nicht, wie du zu diesem Eindruck kommst, Karen. Wir leben doch sehr freundlich und friedlich hier miteinander, und höchst komfortabel.«

»Ach, hör auf! Ich frage mich nur, was ich hier eigentlich soll.«

Schweigen bei den Männern. Die Gläser wurden geleert, und Raabe sage begütigend: »Wir haben doch schon eine Menge Stoff, Karen, und das in vier Tagen. Und ich habe großartige Bilder.«

»Wir haben, was alle haben. Das kannst du hundertmal lesen und in zig Blättern betrachten. Und die Feindseligkeit, die böse Kritik, mit der der Rest der Welt dieses Land betrachtet, und wie darüber geschrieben wird, ist ebenfalls rundherum bekannt. Kannst du mir sagen, was man Neues darüber schreiben soll?«

Dirk lachte. »Um unseren alten Globus herum ist eben so ziemlich alles entdeckt, erkannt und beschrieben. Wo willst du wirklich etwas Neues, ganz und gar Unerforschtes finden? Da mußt du schon warten, bis wir auf dem Mars landen. Vielleicht bist du auch zwei oder drei Jahre zu früh gekommen, Karen. Kann sein, daß sich hier wirklich in den nächsten Jahren einiges ändert, was die sogenannte Rassenpolitik betrifft. Darüber zum Beispiel könntest du schreiben. Daß du dieses Gefühl hast.«

»Du brauchst mir nicht zu sagen, was ich schreiben soll«, erwiderte Karen ruppig.

Die Männer tauschten einen Blick.

»Noch einen Drink?« fragte Dirk freundlich und winkte dem schwarzen Barkeeper.

Sie bekamen drei neue Whiskys.

»Please, Madam«, sagte der Schwarze strahlend. »Please, Mister Dirk. Please, Mister.«

»Er kennt dich«, sagte Karen müde.

»Er kennt uns alle von der Presse. Er ist ein echter Sonnyboy.«

»Und was denkt er? Was fühlt er? Haßt er uns?«

Dirk grinste. »Frag ihn doch mal. Er ist ein Privilegierter. Er darf die Nacht in der Stadt verbringen. Seine Frau nicht. Sie arbeitet als Verkäuferin bei Woolworth und muß am Abend hinausfahren nach Soweto, weil sie in der Stadt nicht schlafen darf.«

»Na, bitte.«

»So ist das nun mal. Sie haben sogar ein ganz hübsches Häuschen. Seine Eltern wohnen dort auch und kümmern sich um die Kinder.«

»Kinder hat er auch.«

»Zwei, soviel ich weiß.«

»Und wann sieht er Weib und Kinder?«

»Wenn er seinen freien Tag hat. Sonntags ist die Bar geschlossen.«

»Und du denkst, er ist mit seinem Leben zufrieden?«

»Aber ja. Jonny gefällt sein Leben. Vielleicht erinnerst du dich mal daran, daß es auch in Deutschland sogenannte Pendler gibt. Nimm nur mal München. Da arbeiten eine ganze Menge Männer die Woche über in der Stadt, sie kommen aus Niederbayern oder aus dem Bayerischen Wald, und am Wochenende fahren sie heim zu ihren Familien.«

»Ja, weil sie wollen, nicht weil sie müssen.«

»Sie müssen, weil sie Arbeit haben wollen.«

»Aber sie dürfen in München schlafen.«

»Eines Tages werden sie das hier auch dürfen, daran zweifle ich nicht. Besteht immer noch die Möglichkeit, daß sie die Weißen dann vertreiben, sie sind in der Überzahl.«

»Und dann?«

»Weiß ich auch nicht. Ich bin kein Afrikaner, und meine Sorge soll das nicht sein. Eins allerdings steht fest: Wenn sie Revolution machen wollen, müssen sie sich erst einmal einigen, und bis dahin ist noch ein weiter Weg. Solange die verschiedenen Stämme und die daraus entstandenen verschiedenen politischen Parteien das nicht fertigbringen, und sie bringen es nicht fertig, bleibt alles so, wie es ist. Denn wenn sich die Buren und die Engländer auch nicht besonders lieben, so können sie doch wie zivilisierte Menschen zusammen leben und arbeiten. Die Konfrontation zwischen den Stämmen der Schwarzen ist viel direkter. Sie wären stark, wenn sie sich vertragen würden. Aber sie tun es nicht. Und du kannst ganz sicher sein, daß es Jonny nie mehr so gutgehen wird wie hier hinter der Bar dieses Hotels.«

»Heißt er wirklich Jonny?«

»Weiß ich nicht. Wir nennen ihn so.«

»Ich geh' jetzt schlafen«, sagte Karen.

Als sie in ihr Zimmer gekommen war, schmiß Karen die Handtasche auf ihr Bett.

»Warum bist du so sauer?« fragte Raabe, der ihr gefolgt war.

»Ach, laß mich in Ruhe.«

»Du kannst mir doch nicht weismachen, daß dich die Zustände in Südafrika so in Rage bringen.«

»Mich bringt nichts und niemand in Rage. Und die Zustände in Südafrika sind mir scheißegal. Du hörst doch, daß sie alle ganz zufrieden damit sind. Ich weiß bloß nicht, was ich darüber schreiben soll.«

»Du wirst noch viel sehen und erfahren. Und etwas Neues, also ich fürchte, Karen, etwas wirklich Neues wird dir zu dem ganzen Dilemma auch nicht einfallen.«

»Und auf welche Seite soll ich mich stellen? Auf die Seite der Schwarzen und den Rassismus verurteilen? Oder auf die Seite der Weißen, die alles ganz prima machen und in einem reichen, prachtvollen Land leben?«

»Weder das eine noch das andere. Du schreibst über Land und Leute, über Städte und Landschaft, über die Hochhäuser und die Farmen, und eines Tages kommen wir dann ans Meer, und dann...«

»Fabelhaft, dann schreibe ich über das Meer. Dir schwebt offenbar so eine Art Reisebericht vor. Ich bin eine politische Journalistin, und muß eine Meinung haben.«

»Vielleicht kriegst du sie noch.«

»Ich will gar keine«, widersprach sich Karen. »Ich habe einfach keine Lust, verstehst du.«

»Kommt schon noch«, tröstete er geduldig.

»Ach, blabla«, machte Karen ungezogen. »Und nun hau ab. Ich will Georgia noch anrufen.«

Er wußte sehr gut, warum sie so unzufrieden war, und sie wußte es auch.

Am nächsten Abend, als sie aus Bloemfontein zurückkehrten, wurde alles anders.

Da lagen zwei Briefe an der Rezeption, einer für Karen Wieck, einer für Erwin Raabe. Es waren gleichlautende Einladungen zu einem kleinen Dinner, wie es hieß, am übernächsten Abend, im Haus von August Heinze. Ein Wagen würde sie um halb acht abholen.

Alles mögliche hatte Karen erwartet, das nicht.

»Eine ganz formelle Einladung«, sagte sie. »Kein persönliches Wort. Wie findest du das?«

»Warum auch?« fragte Raabe mit harmloser Miene. »Ihr kennt euch doch kaum.«

»Und woher kennt er deinen Namen? Ich habe euch nicht bekannt gemacht. Und wieso weiß er, in welchem Hotel wir wohnen?«

»Na, beides ist ja wohl nicht so schwer herauszubekommen für einen Mann, der hier beheimatet ist.«

»Das ist ein ganz hinterfotziger Bursche«, sagte Karen erbost. Sie war geneigt, die Einladung zusammenzuknüllen und in den nächsten Papierkorb zu schmeißen. Was bildete sich dieser Fatzke ein? Tagelang ließ er nichts von sich hören, und dann so von oben herab eine Einladung zu einem kleinen Dinner.

»Wir werden wohl übermorgen keine Zeit haben«, sagte sie giftig. »Am besten sagst du gleich ab. Wir fliegen nach Kapstadt.«

»Also, ich werde hingehen«, sagte Raabe gemütlich. »Dinner in einem südafrikanischen Privathaushalt, das ist doch interessant. Du hast den Herrn doch ganz charmant gefunden.«

»Ich? Wie kommst du darauf? Habe ich so etwas Ähnliches gesagt?«

»Nö, hast du nicht. Es schien mir bloß so.«

Karen betrachtete das Blatt in ihrer Hand.

»Privathaushalt! Er hat ja nicht mal eine Frau.«

»Hat er nicht? Vielleicht hat er eine Freundin. Und sicher doch jede Menge Personal, wie das hier üblich ist. Einer wird uns schon was servieren. Was muß man denn da anziehen? Dunklen Anzug habe ich nicht mit.«

»Du bist richtig albern«, sagte Karen erbost.

In ihrem Zimmer studierte sie die Einladung noch einmal genau, obwohl sie wußte, was darin stand. Adresse und Telefonnummer waren angegeben.

Sie konnte jetzt anrufen, jetzt gleich, und sagen, tut mir leid, wir fliegen morgen nach Kapstadt. Mal sehen, was dann passierte. Ob er ihr nachkam.

Sie blickte in den Spiegel. Sie sah müde aus, mitgenommen. Es war ein langer Tag gewesen. Eine Dusche und dann ins Bett. Ein Schluck Champagner wäre nicht schlecht, und eine Kleinigkeit zu essen auch. Aber sie mochte nicht mehr hinuntergehen. Schnell ließ sie sich mit Raabes Zimmer verbinden. »Ich komme nicht mehr runter«, sagte sie, »ich esse hier was.«

»Gute Idee«, antwortete er. »Und dann schlaf schön.«

Karen stand wieder vor dem Spiegel. Ob sie sich noch die Haare wusch? Dazu war sie viel zu müde. Morgen. Oder vielleicht könnte sie übermorgen zum Friseur gehen. Und anziehen würde sie das roséfarbene Sommerkleid mit dem tiefen Rückenausschnitt. Nein. Das schmale kleine Schwarze mit dem bescheidenen runden Ausschnitt. Plötzlich fielen ihr Amilis Diamanten ein, die Georgia so gern trug. Das Collier würde gut zu dem kleinen Schwarzen passen. Aber sie hatte nichts als falsche Klunkern. Sie schnitt ihrem Spiegelbild eine Grimasse. Idiotisch. Diamanten hatten sie selber hier genug. Und sie mochte keine Diamanten.

Sie zog dann weder das Roséfarbene noch das Schwarze an, sondern ein ganz einfaches Sommerkleid, lavendelfarben, mit einem weiten Rock. Mehr als diese drei Kleider hatte sie sowieso nicht dabei, meist hatte sie Hosen an. Der Wagen kam pünktlich. Der schwarze Fahrer trug einen grauen Anzug und eine graue Mütze, die er höflich abnahm, als er Karen die Tür öffnete. Sie fuhren durch die abendliche Stadt, von deren Straßen die Schwarzen verschwunden waren. Zum Schlafen nach Soweto. Ihr Fahrer jedenfalls war so ein Privilegierter wie Jonny in der Bar, er durfte im Haus von August Heinze schlafen, oder möglicherweise in einem anderen Haus in der Nähe, und vielleicht war seine Frau die Köchin oder das Dienstmädchen, und dann mußte sie nicht anderswo schlafen.

In gewisser Weise, stellte Karen fest, gewöhnte man sich an die Spielregeln in diesem Land. Und dennoch war es seltsam, wie sehr die Menschen ihre Hautfarbe trennte. Es war ein Verbrechen, wenn ein schwarzer Mann mit einer weißen Frau schlief. Andersherum allerdings... Seit reichlich hundert Jahren waren die Neger in den Vereinigten Staaten gleichberechtigt, und sie waren es nach wie vor zumeist nur theoretisch. Sie war in Harlem gewesen und hatte das Elend der schwarzen Bevölkerung mit eigenen Augen gesehen. Daß sie im Krieg für die Staaten kämpfen durften, und daß in jedem Film ein Alibi-Schwarzer vorkam, änderte nichts daran.

Sie betrachtete den straffen, schmalen Nacken des schwarzen Mannes vor sich, der mit lässiger Sicherheit den großen amerikanischen Wagen lenkte.

»Gerade mal hundert Jahre und ein paar Zerquetschte ist das her«, murmelte sie.

»Wie? Was sagst du?« fragte Raabe, der wie immer die Augen draußen hatte, rechts und links der Straße, alles sah und aufnahm, auch ohne Kamera.

»Nichts weiter«, sagte Karen.

Erwin Raabe trug einen hellgrauen Anzug und eine hellrote Krawatte, und das war eindrucksvoll genug, Karen hatte ihn noch nie mit einem Schlips gesehen.

Sie streckte die Hand aus und tupfte auf das Wertstück. »Ich wußte gar nicht, daß du so was hast?«

»Ich habe noch viel mehr«, berichtete er stolz. »Mindestens zehn Stück. Almut schenkt sie mir immer zu Weihnachten.«

»Sehr geschmackvoll. Reine Seide.« Und dann: »Wie geht es Almut? Hast du sie angerufen?«

»Klar. Sie war restlos begeistert von deiner Schwester.«

»So? Wie das?«

»Als wir abgeflogen waren, hat Georgia sie zu Kaffee und Cognac eingeladen, ins Flughafenrestaurant. Und sie haben sich ganz großartig unterhalten.«

»Ach nein! Erzähl mal! Worüber haben sie denn gesprochen?«

»So genau kann ich das nicht wiedergeben, denn solange haben wir schließlich nicht telefoniert. Aber jedenfalls hat Georgia versprochen, sie kommt mal zu Kollander und läßt sich von Almut behandeln.«

»Na, das möchte ich erleben.«

»Almut sagt, das wäre ihr die größte Freude überhaupt. Denn so eine schöne Frau hätte noch nie vor ihr auf dem Stuhl gelegen.«

Karen lachte kurz auf. »Da kann sie recht haben. Ich wüßte auch nicht, wozu Georgia eine kosmetische Behandlung braucht. Sie hat eine Haut wie Samt und Seide. Und gestreßt ist sie wirklich nicht. Arbeitet denn deine Frau wieder?«

»Ich habe es ihr verboten, aber vermutlich...«

»Du hast es ihr verboten?« fragte Karen spöttisch.

»Ich hab' gesagt, sie soll nicht. Sie ist unglücklich, weißt du. Und noch sehr angeschlagen.«

»Wenn sie unglücklich ist, dann ist Arbeit die beste Therapie. Wenn du mich fragst...«, sie redete weiter. Nur über irgend etwas zu reden, nur nicht an das denken, was vor ihr lag, nicht an den Mann, den sie gleich wiedersehen würde. Und auf einmal dachte sie: es wäre besser, ich würde ihn nie wiedersehen. Die nächste Maschine, auf und davon, zurück nach Deutschland, was geht mich Südafrika an, was dieser Mann August Heinze.

Ich will ihn nie wiedersehen.

Nein. Ich will nicht. Ich laufe da in eine Falle.

Sie erschrak über ihre Gedanken. Sie, Karen Wieck, konnte

gar nicht in eine Falle laufen. Sie unterbrach sich mitten im Satz, bemerkte ihre verkrampfte Haltung, lockerte sich, lehnte sich zurück. »Na, wollen mal sehen, was dieser komische Knabe, dieser August, uns zu bieten hat«, sagte sie heiter.

»Heißt er wirklich August?«

»Warum nicht? Gehört zur Familientradition. Man nennt ihn Gus.«

»Du hast gesagt, er hat keine Frau. Woher weißt du das?«

»Weil er mir erzählt hat, daß sie tot ist. Seit drei Monaten.«

Raabe wendete sich zu ihr, blankes Entsetzen im Gesicht, das auf einmal aussah wie das Gesicht eines Buben. »Sag das noch mal!«

»Wozu? Du hast mich doch gut verstanden.«

»Seit drei Monaten? Aber das ist ja fürchterlich. Da kommen wir ja in ein Trauerhaus.«

Jetzt sah Karen ihn erstaunt an. »Trauerhaus! Was für ein Ausdruck! Wo hast du denn das her?«

»Bei uns auf dem Lande sagt man so.«

Sie erinnerte sich, daß er aus einem niederbayerischen Dorf kam. Einmal, auf dem langen Weg nach Südamerika, hatte er davon gesprochen. Sein Vater war Metzger in diesem Dorf gewesen, sie hatte damals auf seine Hände geblickt. Er hatte kräftige, doch sehr sensible Hände. Als Bub hatte er sich nichts so sehr gewünscht wie einen Fotoapparat, und zu seinem zwölften Geburtstag hatte er ihn bekommen.

Mit sechzehn war er dann nach München gegangen, hatte sich eine Weile mühselig durchgeschlagen, wie genau, hatte er nicht erzählt. Dann fand er eine Anstellung in einem Fotolabor und lernte, dann landete er bei einer kleinen Zeitschrift, und lernte weiter. Viel war nicht daraus geworden, bis sie ihn entdeckte.

»Trauerhaus«, wiederholte sie. »Du hast schon recht. Das ist noch nicht lange her. Drei Kinder hat er auch.«

»Mit... mit seiner Frau?«

»Na, ich denke doch.«

Wieder sah sie das Entsetzen in seinem Blick. »Sind die Kinder denn jetzt dort? Ich meine, da, wo wir hinfahren?«

113

»Sie sind in Kapstadt. Bei seiner Schwägerin. Und sie sind noch klein.«

»Ist sie... an einem Kind gestorben?«

»Sie ist mit dem Flugzeug abgestürzt.« Karen sah, daß er nun befangen war. »Na komm, bekrieg dich. Das ist nicht unser Bier. Sehen wir uns den Laden mal an.«

Sie sprach forsch, gab sich Mühe, Distanz zu gewinnen zu ihren albernen Gefühlen.

Drei Monate, das war wirklich keine lange Zeit. Und wenn sie an die Nacht im Flugzeug dachte, wie dieser Mann sie angesehen hatte, wie er ihre Hand geküßt, wie einmal seine Lippen ihre Wange gestreift hatten... nein, Trauer schien er nicht zu empfinden über den Tod seiner Frau.

Wie ein Film lief ihre Begegnung vor ihr ab, wie er die Maschine betrat, verspätet, wie er die Stewardess begrüßte, wie er mit bestem Appetit aß, wie er sie ansprach, wie sie sich aufeinander zu bewegten, wie dieser alberne elektrische Funke übersprang, verdammt nein, drei Jahre, nun gut, aber drei Monate?

Er ist ein eiskalter Hund, Karen. Wie gut, daß dir das noch klargeworden ist.

Das Haus in Sandton war eine feudale Villa im Kolonialstil, zwei Säulen vor dem Portal, englischer Rasen davor, blühende Bäume und Büsche, knicksende schwarze Dienerinnen in schwarzen kurzen Kleidchen mit weißen Schürzen, wie in einem alten Film. August Heinze trug einen dunklen Anzug, und seine Gäste waren allesamt höchst elegant gekleidet. Die Herren dunkel, die Damen in glitzernden Roben. Er küßte Karen die Hand, schüttelte die von Raabe, sagte, wie sehr er sich freue, sie endlich wiederzusehen, seit Tagen habe er sich darauf gefreut.

Zu dem kleinen Dinner hatten sich mindestens dreißig, wenn nicht mehr Personen in der großen Halle, die mit Kerzenlicht beleuchtet war, versammelt. Karen, durchaus gewöhnt an Parties und viele Leute, staunte über das Aufgebot. Sie vermochte im ersten Überblick die Zahl der Gäste nicht zu schätzen, zumal hier und dort noch welche in Sesseln saßen, manche sich in Gruppen unterhielten. Sie hörte Namen, man küßte ihr die Hand, sie sah Frauenlächeln, man sprach afrikaans, englisch, manche auch deutsch.

»Ach, meine Liebe«, sagte eine rundliche kleine Dame mit einem prachtvollen Diamantenkollier um den Hals. »Wie ich mich freue, Sie kennenzulernen. Eine berühmte Schriftstellerin, eine Dichterin aus Deutschland, was glauben Sie, was das für uns hier bedeutet.«

Karen widersprach nicht, ob sie hier nun als Schriftstellerin oder Dichterin auftrat, spielte keine Rolle, sie fragte sich nur, was diesem Heinze einfiel, sie so bei den Leuten einzuführen. Auf jeden Fall, das erkannte sie schnell, war man bereit, sie fabelhaft zu finden, alle sahen sie an, jeder wollte ihr vorgestellt werden, es war kein höfliches Interesse, es war schon Neugier, die man ihr entgegenbrachte. Das Champagnerglas in der Hand stand sie da, lächelte, plauderte auf deutsch, englisch und französisch, nur behaglich fühlte sie sich nicht. Wie immer sie sich eine Wiederbegegnung mit Gus Heinze vorgestellt hatte, so jedenfalls nicht. Ohne daß sie es merkte, bestimmte ein hochmütiger Zug ihr Gesicht, sie vermied es, Heinze anzusehen, die seltsame Vertrautheit der Nacht im Flugzeug war verschwunden, die erste Kluft zwischen ihnen tat sich auf.

Und ein Trauerhaus war dies hier auf keinen Fall. Oder zumindest seit diesem Tag nicht mehr, wie sie bald darauf erfuhr.

Eine hochgewachsene Blonde, etwa in ihrem Alter, unterbrach die Konversation der Gruppe, bei der Karen stand. Sie trat neben Karen, berührte leicht ihren Arm und lächelte.

»Oh, Miss Wieck, haben Sie schon einen Blick in den Garten geworfen? Ist er nicht zauberhaft?« Sie sprach englisch. Ohne sich um die anderen zu kümmern, lenkte sie Karen zu einer der offenen Terrassentüren, von hier aus sah man in die Weite eines Märchengartens, oder genauer gesagt, in einen Park. Die Jacarandabäume blühten in leuchtender Fülle, ein Stück entfernt sah man das glitzernde Wasser des Swimming-pools von beachtlicher Größe.

»Ja«, sagte Karen, »das ist sehr schön.«

Der Garten und seine Blütenpracht waren offensichtlich nur ein Vorwand, die Dame wollte Karen allein sprechen.

»Verzeihen Sie meine Zudringlichkeit, Miss Wieck. Aber einer hier muß Ihnen sagen, was wir alle empfinden. Wir sind Ihnen so dankbar.«

»Dankbar? Mir? Warum?«

»Es scheint, Sie haben Gus gerettet. Wenn es nicht zu pathetisch klingt, würde ich sagen, Sie haben ihn dem Leben wiedergegeben.«

»Ich verstehe Sie nicht«, sagte Karen unsicher.

»Ich will versuchen, es Ihnen zu erklären. Übrigens, ich bin Cornelie Jacobs. Und der große Dicke da«, sie machte eine Kopfbewegung über ihre Schulter, »der sich gerade mit Gus unterhält, ist mein Mann David. Sie müssen wissen, daß wir alle, die heute abend in diesem Haus sind, Gus seit drei Monaten zum erstenmal wiedersehen.«

Karen schwieg. Noch verstand sie nicht, was diese Cornelie ihr mitteilen wollte.

»Sie wissen, was vor drei Monaten passiert ist?«

»Doch ja, ich weiß es«, antwortete Karen zögernd. »Ich weiß nicht viel, nur...«

»Es hätte ja sein können, daß Gus es Ihnen verschwiegen hat. Das sähe ihm ähnlich. Maleens Tod. Das war ein so unbeschreiblicher Schock für uns alle. Ich bin... ich war Maleens beste Freundin. Wir haben zusammen in Stellenbosch studiert, wir waren auch ein paar Semester an der Sorbonne. Wir haben alles gemeinsam getan, reiten und golfen und schwimmen. Nur diese blödsinnige Fliegerei, das habe ich nicht mitgemacht. Maleen war das strahlende Leben selbst. Wie diese Bäume, die da unten blühen. Ich weiß, Sie sind eine berühmte Dichterin, und es kommt Ihnen sicher töricht vor, wie ich mich ausdrücke, aber...«

»Ich bin keine Dichterin, ich bin Journalistin.«

Diesen Einwand überhörte Cornelie, ob Dichterin oder Journalistin war für sie nicht wichtig, wichtig war Gus Heinze und was für eine Rolle Karen Wieck in seinem Leben spielte.

»Daß Maleen tot sein sollte, konnte keiner von uns begreifen. Die verdammte Fliegerei! Sie hat sich ungeheuer dafür begeistert. Es ist das Schönste, was es gibt auf der Welt, hat sie immer gesagt, schöner als die Liebe. Also da konnte ich ihr nicht folgen, ich steige schon ungern in eine große Maschine. Na ja, und dann war es ihr Tod. Wir mußten uns damit abfinden, nicht wahr? Obwohl ich sagen muß, ich kann es bis heute nicht. Maleen fehlt mir so.«

Cornelie schwieg für einen kurzen Moment und blickte mit kummervollen Augen in die Jacarandabäume.

Karen sah sie an. Burische Abstammung zweifellos, eine hübsche Frau, ein großflächiges Gesicht, der Körper kräftig und etwas derbknochig.

»Hat sie denn... ich meine, seit wann flog Maleen denn? Hat sie das schon lange getan?«

»Nein, eben nicht. Sie hat vor sechs Jahren damit angefangen. Ihr Bruder hatte schon längst ein eigenes Flugzeug, er hat sie angesteckt mit seiner Begeisterung. Und dann hat sie es gelernt, sehr schnell, sie war sehr begabt dafür, wie es hieß. Sie hatte gerade ihr erstes Kind geboren, Sie müssen sich das vorstellen. Man sollte meinen, eine Frau habe an anderes zu denken. Und nun ist sie tot. Ihr Jüngster ist acht Monate alt. Aber das wissen Sie ja sicher alles.«

Jäher Ärger stieg in Karen hoch. Einen Dreck wußte sie. Und was ging es sie auch an. Was hatte August Heinze nur mit diesen Leuten über sie geredet? Das wissen Sie ja alles! Dichterin! Er war ein Lügner. Ein Hochstapler.

Ehe sie etwas sagen konnte, sprach Cornelie weiter: »In den vergangenen Wochen und Monaten allerdings haben wir uns vor allem Sorgen um Gus gemacht. Er war verschwunden. Einfach weg. Wir sind alles Freunde hier, wir sind im gleichen Golfclub, wir sind oft zusammen wie heute abend. Aber Gus war nicht mehr da.«

»Wie soll ich das verstehen?« fragte Karen.

»Sie können es nicht verstehen, denn für Sie war er ja da.«

»Für mich war er da?« wiederholte Karen, und langsam begann sie zu begreifen, welche Rolle sie hier spielte.

»Er verschwand gleich, nachdem es passiert war. Er hat seitdem dieses Haus hier nicht betreten, er hat keinem von uns Nachricht gegeben. Ich habe mit seiner Schwägerin in Kapstadt telefoniert, dort sind die Kinder... Aber das wissen Sie ja sicher alles.«

Karen nickte stumm. Nun war sie ihrerseits neugierig auf das, was noch kommen würde.

»Mit Maleens Eltern kann man nicht reden, sie sind wie versteinert. Maleen und Johan, ihre einzigen Kinder, man muß sich das bloß mal vorstellen.« Pause. »Außerdem mochten sie Gus ja sowieso nie leiden.«

Aha. Eine neue Information.

»Und diese Schwägerin in Kapstadt, bei der die Kinder sind, das ist also dann Johans Frau.«

»Ja, natürlich, Lizzy ist Johans Frau. Witwe nun. Sie hat selber zwei Kinder.«

Fünf also nun, registrierte Karen. War ja wohl ein Trost für die Schwiegereltern, die Gus Heinze nicht leiden konnten. »Und Gus war verschwunden«, kurbelte sie das Thema wieder an, das sie interessierte. Denn sie wollte endlich wissen, wann ihr Auftritt kam in diesem Drama.

»Zunächst hatte man ja Verständnis dafür. Man riet so hin und her, wo er sein könnte. Manche meinten, er könne nach Amerika geflogen sein, aber wir wußten auch, daß er sich gerne in Deutschland aufhielt, Matthew behauptete, er hätte ihn mal auf dem Flug nach Deutschland getroffen, aber man weiß ja nie, ob Matthew einen bloß auf den Arm nimmt. Und ein anderer Freund von Gus sagte, er hätte ihn in den Drakensbergen gesehen. Dort ist es passiert. Da ist das Flugzeug abgestürzt. Es war ein ständiges Rätselraten. Wir haben uns wirklich große Sorgen um Gus gemacht.«

»Ja«, sagte Karen langsam, »das verstehe ich.«

»Daß eine Frau im Spiel sein könnte, sicher, das hat man auch vermutet. Es wird natürlich viel geklatscht in unseren Kreisen, das ist hier nun mal so.«

»Das kann man wohl sagen«, erklang plötzlich eine männliche Stimme.

Der Mann trat hinter einer der Säulen hervor, er war mittelgroß, sehr schlank, hatte dünnes blondes Haar, ein schmales, scharf geschnittenes Gesicht, und im Augenblick ein spöttisches Lächeln um den Mund. Cornelie drehte sich um.

»Ach, Matt, du hast uns belauscht. Das gehört sich nicht.«

»Da war nicht viel zu belauschen, du hast laut genug gesprochen. Ich wollte nichts anderes tun als ihr, nämlich den Garten bewundern. Was hast du denn eigentlich mit Miss Wieck vor?«

»Was soll ich denn mit ihr vorhaben? Ich wollte ihr nur sagen, wie dankbar wir ihr sind, daß sie uns Gus zurückgebracht hat. Er war in Deutschland, das hast du doch auch nicht gewußt. Und Miss Wieck hat ihn offenbar...«, sie stockte, und Matt fragte: »Na, was hat sie?« Cornelie lächelte. »Sagen wir, sie hat ihn ein wenig getröstet. Wir kennen Gus doch.«

»Und wir sind Miss Wieck dankbar. Gus zu trösten, ist allemal eine lohnende Aufgabe für eine schöne Frau.«

Das war unverschämt, und Karen war versucht, den Mann zurechtzuweisen. Aber jetzt war sie so verwirrt, daß sie die richtigen Worte nicht fand.

Alle diese Leute hier, Freunde und Bekannte von Gus Heinze, inzwischen waren es noch mehr geworden, wie sie mit einem Blick in die Halle feststellte, waren der Meinung, sie sei seine Freundin und habe ihn über den Verlust seiner Frau getröstet, wie Cornelie es ausgedrückt hatte. Wenn es stimmte, daß sie Gus seit drei Monaten nicht gesehen und nichts über seinen Verbleib gewußt hatten, dann war seine Rückkehr eine Sensation, und sie, Karen, war demnach auch eine.

Obwohl sie sich ärgerte, hätte sie beinahe laut gelacht. Ihr Blick kreuzte sich mit dem des Mannes Matt, er blickte sie ernst, aber prüfend an, kein Spott mehr um den Mund.

»Cornelie«, sagte er, »ich glaube, du wirst gebraucht. Hier fehlt die Hausfrau. Und das Personal war allein.«

»Ach ja, sicher, du hast recht. Entschuldigen Sie, Miss Wieck, ich will mal sehen, ob alles klappt. Wir sehen uns ja später noch.«

Karen blieb mit Matthew allein, er wandte der Halle wieder den Rücken zu und blickte nach draußen, es wurde nun rasch dunkel, die Dämmerung war kurz in diesem Land.

»Ein prächtiger Garten«, sagte er.

»Ich habe ihn schon bewundert«, sagte Karen in entschiedenem Ton. »Ich würde Ihnen nur gern erklären...«

»Nicht nötig. Ich weiß, daß Gus Sie auf dem Flug kennengelernt hat und daß Cornelies wilde Vermutungen nicht zutreffen. Zufällig bin ich nun wirklich sein bester Freund. Wissen Sie, wir sind zwar keine Kolonie mehr, aber der Klatsch blüht wie in alten Kolonialzeiten, da hat sie recht. Diese Einladung kam für alle sehr überraschend, und wie neugierig sie sind, sehen Sie daran, daß sich alle so kurzfristig und so zahlreich hier eingefunden haben. Finden Sie das nicht auch komisch?«

»So kann man es nennen. Und was soll ich nun machen?«

»Am besten gar nichts. Lassen Sie doch den Leuten ihren Spaß. Oder wollen Sie herumgehen und jedem einzelnen erklären, wie und wo Sie Gus kennengelernt haben? Oder wollen Sie lieber eine kleine Ansprache halten?«

»Nun, Sie könnten die Sache ja klarstellen.«

»Ich denke nicht daran. So ist es doch viel amüsanter. Außerdem würde mir sowieso keiner glauben.«

Karen lachte kurz. »Sie haben Sinn für Humor.«

»Das hoffe ich.«

Sie schwiegen eine Weile, es war ein freundliches Schweigen, Karens Ärger verflog, man würde sehen, was weiter geschah.

»Und es hat wirklich kein Mensch gewußt, wo sich Herr Heinze in den letzten Monaten aufgehalten hat?«

»Er sagte mir seinerzeit, er wolle nach Paris, und dann nach Deutschland. Er hat Freunde dort. Aber er ist nicht in diesem Haus gewesen, nicht in Kapstadt und schon gar nicht bei seinen Schwiegereltern. Niemand wußte, was aus ihm geworden ist, und das gab natürlich Anlaß zu wilden Vermutungen.«

»Der plötzliche Tod seiner Frau hat ihn ja doch wohl tief getroffen.«

»Sicher«, sagte Matthew und gab Karen einen kurzen

120

Blick. »Wen nicht? Es war ein Schock, wie Cornelie sagte. Und Gus ist einfach fortgelaufen vor allen Reden, Fragen, Vorwürfen, Beileidskundgebungen, und das kann man ja verstehen.«

»Vorwürfen, sagen Sie?«

»Maleens Eltern. Sie waren immer gegen die Fliegerei, bei ihrem Sohn und erst recht bei Maleen. Sie verlangten von Gus, daß er es seiner Frau verbiete. Aber wer konnte Maleen etwas verbieten. Ich habe es auch mit gutem Zureden versucht. Ich habe sie nämlich geliebt.«

»Ach ja«, murmelte Karen.

»Gus hat sie mir weggeschnappt. Er hatte immer viel Erfolg bei Frauen.«

Wem sagte er das? Und wo immer Gus Heinze die letzten drei Monate verbracht hat, er würde nicht einsam und zurückgezogen gelebt haben, das schien ihr sicher. Viel Erfolg bei Frauen? Na gut, für sie war der Fall erledigt.

»Ich habe immer gehofft, Maleen wird sich scheiden lassen«, sagte Matt in gleichmütigem Ton, »und ich kriege sie doch noch.«

Es war seltsam, wie sie über die tote Frau redeten. Schock, das war das einzige Wort, das Karen bisher gehört hatte. Trauerte denn keiner um sie?

»Warum sollte sie sich scheiden lassen, da sie ja offenbar in einer glücklichen Ehe lebte?«

»Wie kommen Sie darauf?«

»Ich würde sagen, drei Kinder sind Beweis genug.«

»Finden Sie? Darüber könnten wir eine Debatte führen, warum eine Frau Kinder bekommt und warum ein Mann Kinder zeugt. Die Kinder haben Maleens Unabhängigkeit in keiner Weise beeinträchtigt, sie hatte Geld und Personal genug.«

Karen wurde auf einmal von einer lähmenden Müdigkeit überfallen. Maleen Heinze, Gus Heinze und ihre Kinder waren ihr total gleichgültig, und die Leute da drin auch. Geld und Personal genug, das war ihnen die Hauptsache. Sie merkte, daß ihr alles auf die Nerven ging, Schwarze und Weiße und die Familie Heinze sowieso. Könnte sie nicht einfach verschwinden?

Wie kam sie denn aus diesem Haus, ohne daß einer sie aufhielte? Und wo war eigentlich Erwin Raabe? Sie würde ihn herausfischen aus dieser redenden, lachenden Gästeschar da drin, und wenn nicht, dann blieb er eben hier, ein Taxi würde wohl zu bekommen sein, und dann adieu, Gus Heinze, sie hatte nicht mehr das geringste Interesse an ihm. Unabhängig war sie auch.

Plötzlich verspürte sie heftige Sehnsucht nach Georgia. Sie würde sie anrufen, gleich nachher, wenn sie im Hotel war, würde sich genau erzählen lassen, was sie tat und erlebte, was sie fühlte und empfand. Lieber Himmel, hoffentlich hatte sie nicht wieder diese gräßlichen Depressionen.

Wenn sie mir sagt, es geht ihr nicht gut, dann fliege ich sofort zurück. Und verlasse sie nie wieder. Und die Presse und die ganze verdammte Schreiberei kann mir gestohlen bleiben, jetzt und für alle Zeit.

Sie starrte hinaus in den dunklen Garten, das Leuchten der Bäume war erloschen, dies war ein fremder Kontinent unter einem fremden Himmel, das alles ging sie gar nichts an. Ein schwarzer Diener trat zu ihnen.

»Mesdames, messieurs, la table est mise.«

»Na endlich«, sagte Matthew. »Es ist bald neun. Zeit, daß wir was zu essen bekommen. Miss Wieck?«

Sie gingen beide in die Halle zurück.

»Übrigens, mein Name ist Turner. Matthew Turner.«

»Sie sind demnach kein Bure«, sagte Karen, nur um etwas zu sagen.

Er lachte. »Wie kommen Sie auf Buren? Hier leben Afrikaner. Und ich bin nicht mal das, ich bin ein echter Brite. Ich war zwanzig Jahre alt, als ich hierher kam, eigentlich nur aus Neugier und um meiner Familie zu entrinnen. Es ist nicht gesagt, daß ich noch lange hier bleibe.«

Eine riesige ovale Tafel war gedeckt, ein mehrgängiges Menue wurde serviert, die Dienerschaft war so zahlreich wie die Gäste. Wenn Gus Heinze so lange nicht in diesem Haus gewesen war und wenn er den ganzen Aufwand in wenigen Tagen organisiert hatte, dann war es eine beachtliche Leistung. Karen saß zu seiner Rechten, links von ihm Cornelie und neben sie hatte man höflich Erwin Raabe plaziert, dem anzusehen war, daß er sich nicht sehr behaglich fühlte.

Karen erging es ebenso. Das Essen war ihr viel zu schwer, die Speisen waren für ihren Geschmack zu deftig zubereitet, und am liebsten hätte sie nach dem dritten Gang das Mahl beendet. Sie hatte Kopfschmerzen, was selten war bei ihr, aber rundherum waren alle sehr fröhlich, und die Diener füllten immer wieder die Gläser mit dem südafrikanischen Wein.

Nein, ein Trauerhaus war das hier nicht. Und wenn es in den vergangenen Monaten ein leeres Haus gewesen war, so konnte man diesen Zustand nun für beendet halten. Und sie war das Wundergirl aus Germany, das ihnen Gus wiedergeschenkt hatte. Man trank ihr zu, man redete mit ihr, manchmal auch aus einiger Entfernung, alle redeten überhaupt viel und laut, der Lärmpegel stieg, aber es schien keinem etwas auszumachen.

Gus Heinze benahm sich höchst korrekt. Kein vertrauliches Wort, keine vertrauliche Geste, höflich, zurückhaltend, er berührte nicht einmal ihre Hand, und Karen fragte sich, ob er eigentlich wußte, was Cornelie und die anderen dachten. Und dann entdeckte sie, daß sie ihrerseits neugierig war. Wo hatte er sich aufgehalten, was hatte er getan in den drei Monaten, die seit dem Tod seiner Frau vergangen waren? Hatte er mit ihr in diesem Haus gelebt? Und hatte er sich eigentlich schon um seine Kinder gekümmert, seit er zurück war?

Verdammt noch mal, was ging sie das an? Das war vorbei und erledigt, die Nacht im Flugzeug, heute die Einladung und dann aus uns vorbei.

»Es schmeckt Ihnen nicht besonders«, sagte er einmal, und sie erwiderte: »O doch, es ist alles sehr gut. Es ist nur zu viel.«

»Und der Wein? Mundet er Ihnen?«

»Er ist sehr gut.«

Mundet er Ihnen. Wo hatte er das denn her?

Sie blickte auf seine Hände, lauschte auf seine Stimme. Er sprach wenig, er wirkte ruhig, gelassen, um den Ablauf des Abends kümmerte er sich nicht.

Irgend jemand in diesem Haus, bei diesen zahlreichen Gästen, dem ausgedehnten Essen mußte doch das Kommando führen, mußte dies alles vorbereitet haben. Der einzige, der Autorität ausstrahlte, war ein großer, gutaussehender Schwarzer mit weißem Haar, der neben der breiten Flügeltür stand, durch den Diener mit immer neuen Platten, Tellern und Gläsern hereinmarschierten.

In England, dachte Karen, würde man das einen Butler nennen. Der Mann trug einen schwarzen Anzug und weiße Handschuhe, er stand die ganze Zeit und beobachtete alles. Das langwährende Essen lief so perfekt ab, wie es in einem großen Hotel nicht besser klappen konnte.

Sollte dieser Schwarze dort an der Tür dieses Haus in den vergangenen Monaten verwaltet, die Dienerschaft befehligt haben? Aber es hatte ja nichts zu tun gegeben, keiner im Haus, keine Hausfrau, kein Hausherr, keine Kinder, nicht einmal ein Hund. Freilich, der Park und der Pool mußten versorgt werden, doch dafür gab es sicher einen Gärtner, wenn nicht mehrere, Personal jede Menge. Auf jeden Fall mußte Gus Heinze ein sehr reicher Mann sein, wenn er sich das Aufgebot an Dienerschaft leisten konnte, auch wenn es hierzulande weitaus billiger war als in Deutschland. Und er war einfach verschwunden, keiner wußte, wo er war. Sie konnten nicht einmal gewußt haben, ob er noch am Leben war.

Möglicherweise hatte der Schwarze mit dem weißen Haar ab und zu eine Nachricht von seinem Boss bekommen, und keiner hatte es von ihm erfahren. Er sah aus, als ob er schweigen konnte.

Daß Gus sie beobachtete, merkte Karen, als sie mit einem leisen Seufzer die Gabel niederlegte. Das gebratene Lamm mit der Pfefferminzsauce war sehr gut, aber sie konnte einfach nicht mehr.

»Es schmeckt Ihnen doch nicht.«

»Es ist nur einfach zu viel.«

»Wenn wir am Atlantik sind«, sagte er leichthin, »werden wir nur noch Fisch essen.«

Sie schwieg.

»Wie ich sehe«, fuhr er fort, »haben Sie schon entdeckt, welcher Mann hier von größter Bedeutung ist.«

Sie wandte ihm das Gesicht zu, was sie den ganzen Abend vermieden hatte. »Wen meinen Sie?«

»Abraham. Der dort an der Tür steht.«

»Der Butler.«

»So könnte man ihn nennen. Maleen bekam ihn von ihrem Vater zur Hochzeit geschenkt.«

»Wollen Sie damit sagen, daß Abraham ein Sklave ist?«

»Ach wo, weit davon entfernt. Abraham war der gute Geist im Hause Jonckers seit Menschengedenken. Er kam als kleiner Junge dorthin, er war auf dem Weingut, er arbeitete in den Häusern in Kapstadt, und in diesem Haus hier. Mein Schwiegervater war der Meinung, daß Maleen bei ihren vielseitigen Interessen, teils geistiger, teils sportlicher Art, nicht imstande sei, sich um die Belange eines Haushaltes zu kümmern. Womit er zweifellos recht hatte, und so begleitete uns Abraham dahin, wo immer wir uns aufhielten.«

»Das war hier, das war in Kapstadt, auf dem Weingut... wo noch?«

»Auf einer riesigen Farm in der Gegend von Pietersburg, wo die Familie Jonckers herstammt.«

»Eine Menge Besitz«, sagte Karen nachdenklich. »Sie müssen sehr reich sein, Herr Heinze.«

»Ich nicht. Die Familie meiner Frau ist es. Könnten Sie sich entschließen, mich Gus zu nennen?«

»Warum? Damit wir Ihre Gäste nicht enttäuschen?«

Er sah sie überrascht an. »Wie meinen Sie das?«

»Falls Sie es nicht wissen...«, sie stockte, weil sie bemerkte, daß man mehr oder weniger verstohlen zu ihnen hersah, daß es auf einmal sehr viel ruhiger an der Tafel geworden war. Daß sie jetzt mit Gus sprach, schien offenbar alle zu interessieren.

»Lassen wir es«, sagte sie kurz. »Pietersburg, wo liegt das?«

»Im Nordosten, im Transvaal, am Sand-River. Es gibt eine Universität dort und einen Flugplatz, und nördlich sowie südlich davon liegt das Homeland Lebowa. Dort beginnen auch die Drakensberge.«

»Das war dort, wo...«

»Richtig, und darum fahren wir dort auch nicht hin. Ich nicht, die Familie Jonckers nicht. Auf der Farm arbeitet ein Verwalter.«

Nun konnte sie sich die Frage doch nicht verkneifen. »Verstehen Sie sich mit Ihren Schwiegereltern?«

»Ja, sehr gut.«

Der nächste Gang wurde serviert.

Nach dem Essen, es hatte zwei und eine halbe Stunde gedauert, standen alle gern auf, manche gingen in den Garten, es wurde Kaffee gereicht und jedes andere gewünschte Getränk.

Endlich konnte Karen ein paar Worte mit Raabe sprechen.

»Das ist ein Ding«, sagte Erwin. »Ich habe mindestens zwei Kilo zugenommen. Mann, o Mann, zu Hause esse ich meistens am Abend nur ein Wurstbrot. Und vielleicht noch eins mit Käse. Ob die das immer hier so machen?«

»Sicher nicht. Das ist heute eine Welcome-Party.«

»Für uns?«

»Nee, für August Heinze. Er war nämlich für einige Zeit verreist.«

»Ach so. Drum.«

»Was heißt das?«

»Die Dame neben mir, die Blonde, wollte wissen, ob ich denn Gus oft in München getroffen hätte und was wir da so unternommen haben.«

»Und was hast du darauf geantwortet?«

»Nö, hab' ich gesagt, ich hab' ihn nicht in München getroffen. Ich hab' ihn erst im Flugzeug kennengelernt.«

»Und was hat sie von mir gesagt, die blonde Dame?«

»Wie reizend du bist und was für ein hübsches Kleid du anhast.«

»Das falsche Luder.«

»Wieso?«

»Das ist ein ganz einfacher Fummel.«

»Ich find's auch hübsch.«

»Und du hast nicht zufällig durchblicken lassen, daß wir ein Verhältnis miteinander haben?«

»Wer?«

»Du und ich?«

Erwin sah sie fassungslos an. »Daß wir... wieso das denn?«

Karen küßte ihn auf die Schläfe. »Du bist ein Schaf.«

»Na, weißt du! Versteh' ich nicht. Ich habe von Almut erzählt.«

»Auch gut.«

Matthew Turner trat zu ihnen.

»Haben Sie schon Kaffee gehabt, Miss Wieck?«

»Nein, noch nicht. Ich hole mir gleich einen.«

Matt neigte den Kopf vor Erwin Raabe. »Ich glaube, wir kennen uns noch nicht.«

Karen stellte sie einander vor. »Das ist Erwin Raabe. Wir arbeiten zusammen, er macht die Bilder, ich den Text. Matthew Turner.«

Die Männer tauschten ein paar höfliche Worte, meist sprach Matt Turner, Raabe hatte sich noch nicht von Karens Worten erholt.

»Gehen wir Kaffee trinken«, sagte Karen. »Wird gut für meinen Kopf sein.«

»Was ist mit Ihrem Kopf?« fragte Matt.

»Zuviel Wein. Ich habe Kopfschmerzen.«

»Oh! Soll ich Ihnen eine Tablette besorgen?«

»Nicht nötig, danke. Kaffee genügt.«

Die Kaffeemaschine stand in der Halle, dort waren inzwischen kleine Tische gedeckt, ebenso auf der Terrasse, die nun wunderschön beleuchtet war.

Karen saß eine Weile mit Matt und Erwin draußen, dann gesellte sich Cornelie zu ihnen, brachte ihren Mann mit und eine andere beste Freundin, und dann noch eine.

»Wie schön, daß Sie hier bei uns sind, Miss Wieck!« bekam Karen nun in verschiedenen Variationen wieder zu hören. Und »Was für ein entzückender Abend!« und »Findet ihr nicht, daß Gus sich gut erholt hat?« und »Wie froh bin ich, daß er es so gut überstanden hat!« und natürlich »Wie gefällt es Ihnen in unserem Land, Miss Wieck?«

Karen blickte zu Heinze auf und lächelte.

»Es ist ein schöner Abend, Gus«, sagte sie und versuchte,

in ihre Stimme zärtlichen Schmelz zu legen. »Ich bin sehr glücklich, daß ich endlich hier bin in diesem wunderbaren Land.«

Sie sprachen jetzt englisch, das Du oder Sie spielte keine Rolle. Gus lächelte auch, legte eine Hand auf ihre Schulter, dann strich er leicht mit einem Finger über ihre Wange. »Keiner könnte glücklicher darüber sein als ich«, sagte er.

Atemloses Schweigen rundherum. Karen blickte unter halbgesenkten Lidern in die Gesichter, die sie umgaben. Arme Maleen! Wenn es wirklich ihre Freunde wären, müßten sie jetzt aufstehen und gehen.

# Smaragde

Die Tage nach der Begegnung mit dem Mann, der ihr Vater sein sollte, waren für Georgia eine Qual. Sie wagte sich nicht aus dem Haus, stand oben am Fenster und starrte auf die Gartentür. Sie ging nicht ans Telefon, schreckte jedesmal zusammen, wenn es klingelte. War Frau Moser im Haus, rief sie: »Gehen Sie hin! Ich bin nicht da. Nur wenn es meine Schwester ist. Für keinen sonst bin ich zu sprechen.« Wenn Frau Moser gegangen war, rief sie nach Herrn Huber, der im Garten werkelte. »Onkel Huber, kommen Sie schnell, das Telefon läutet.«

Meist war der Weg zu weit, oder er hörte sie nicht, und wenn sie in den Garten gelaufen kam, um ihn zu holen, war das Telefon verstummt, bis sie ins Haus kamen.

»Was hat's denn?« fragte Herr Huber, als er einmal mittags bei Frau Moser in der Küche war, die Fleisch für den Hund kochte und Gemüse für Georgia zubereitete.

»Was sie immer hat, wenn Miss Karen nicht da is. Ganz durcheinand ist sie, sehn's ja.«

Herr Huber schüttelte den Kopf. »Naa, ist anders diesmal. Mit dem Telefon, daß sie da nicht hingeh'n will, das hab' ich noch nie erlebt.«

Frau Moser dachte nach und nickte dann. »Da ham s recht. Telefoniert hat s immer.«

Zweimal rief Karen aus Johannesburg an. Einmal nur sehr kurz, da war Herr Huber rechtzeitig am Apparat. Georgia nahm ihm den Hörer hastig aus der Hand.

»Karen, wann kommst du denn?«

»Aber Georgia! Ich bin doch gerade erst ein paar Tage weg. Geht's dir gut?«

»Nein, nein, mir geht es nicht gut.«

»Bitte, Georgia, spiel nicht verrückt. Onkel Huber ist da, wie ich gehört habe. Du bist nicht allein.«

Georgia schwieg.

»Hörst du mich?« Ungeduldig die Stimme von weither.

»Ja, ja, ich höre dich.«

»Und kommt Frau Moser denn nicht?«

»Doch, sie kommt.«

Das war zwei Tage nach der Begegnung mit dem Mann Giorgio, und Georgia war nahe daran zu erzählen, was geschehen war. Vielleicht käme Karen dann sofort zurück.

»Ich habe Linda getroffen.«

»Na, wie schön. War sicher sehr unterhaltsam. Hör zu, meine Kleine, tu mir den Gefallen, und sei vernünftig. Ich muß Schluß machen, wir fahren gleich los. Tschüs, Georgia, sei vernünftig. Und iß ordentlich.«

»Ja, ja, ich habe viel eingekauft.«

Schon als sie den Hörer auflegte, ärgerte sich Georgia, daß sie nicht doch von dem seltsamen Mann erzählt hatte, der behauptete, ihr Vater zu sein.

Nein, nicht er. Linda hatte es behauptet.

Sie stand da und starrte ein Loch in die Luft.

»Is alles in Ordnung?« fragte Herr Huber.

»Ja. Alles in Ordnung. Es geht ihr gut. Viel Arbeit.«

»Dann geh' ich wieder raus.«

Pedro stand schon an der Tür und wartete. Er hatte es gern, wenn Herr Huber im Garten arbeitete, der sprach manchmal mit ihm und hatte immer einen Leckerbissen einstecken.

»Geh her, du Bazi! Schau, was ich hab'!«

Für Pedro war das Leben sonst langweilig zur Zeit, kein Spaziergang, nichts, nur der Garten blieb ihm.

Beim nächsten Anruf von Karen kam Georgia kaum zu Wort. »Ich bin schon ganz erschlagen. Heute waren wir in Bloemfontain, richtig anstrengend die Fahrt. Dort, weißt du...« Es folgte eine längere Schilderung. Dann, übergangslos: »Übermorgen bin ich zu einer Dinnerparty eingeladen. Das ist vielleicht eine komische Kiste. Ich hab' da nämlich einen tollen Mann kennengelernt. Hab' ich dir doch erzählt, nicht?«

»Hast du nicht. Aber wann lernst du keinen tollen Mann kennen.«

»Auf dem Flug, weißt du. Irgendwie gefällt er mir. Er gibt die Party. Und seine Frau...«, hier stockte das Gespräch. »Na ja, erzähle ich dir später mal. Die Verhältnisse sind für mich nicht so überschaubar.«

»Das gibt's ja gar nicht«, sagte Georgia.

»Nach der Party werde ich dir berichten.«

»Hast du dich wieder mal verliebt?«

»Könnte sein. Aber genau weiß ich es noch nicht.«

»Der Teufel soll ihn holen«, sagte Georgia erbittert.

Karen lachte. »Wie du immer mit meinen Männern umgehst.«

Als das Gespräch beendet war, dachte Georgia: Warum habe ich ihr nicht gesagt, daß ich auch einen Mann kennengelernt habe. Und wie toll der ist, davon machst du dir keine Vorstellung.

Mittlerweile war Georgia ein Nervenbündel, unruhig, gereizt, mit weit aufgerissenen Augen irrte sie durch das Haus, sie aß kaum etwas, an Malen war nicht zu denken.

»Gehn S doch mit dem Hund spazieren. Ist wieder so ein schön's Wetter.«

»Nein«, schrie Georgia unbeherrscht. »Ich will nicht.« Und auf Frau Mosers besorgten Blick hin: »Ich kann nicht.«

»Das Pferd ham S auch lang nimmer besucht.«

»Ich weiß.« Georgia lief aus dem Zimmer, knallte die Tür hinter sich zu. Wie immer in solch desparatem Zustand landete sie in Paninos Zimmer, in der Bibliothek, wie sie den Raum nannten, denn hier standen die Bücher. Und an der Wand, zwischen den Regalen, hing ein Porträt von Panino, das hatte Georgia als Siebzehnjährige gemalt. Es war gut gelungen, ein ganz normales Bild, auf dem man ihn gut erkannte. Vor dem Bild stehend wimmerte sie: »Was soll ich denn machen, Panino? Was soll ich denn bloß machen?« Die ausgesprochene Frage allein brachte sie zur Besinnung. Er würde sie mit strengem Blick ansehen und mit herrischer Stimme sagen: »Nimm dich zusammen! Man kann nie davonlaufen. Man muß sich einer Situation stellen.«

Sie war sechzehn damals, ein Zwischenfall in der Schule hatte sie total aus der Fassung gebracht, sie hatte gelogen, hatte sich immer tiefer in die Lügen verstrickt, weigerte sich schließlich, überhaupt noch in die Schule zu gehen. Was war denn bloß gewesen? Sie wußte es gar nicht mehr. Sie erinnerte sich nur, daß Amili sie in die Arme genommen und ihm Vorwürfe gemacht hatte weil er so barsch mit ihr redete.

»Wie kannst du so hart zu dem Kind sein, Franz!«

Sie war aus dem Zimmer gelaufen, aus dem Haus, in den Garten, dann auch aus dem Garten geflohen, hinunter zur Isar, ganz hinab zum Fluß, hatte sich am Ufer hingekauert, fest entschlossen, sich das Leben zu nehmen.

Der Hund stöberte sie nach einer Weile auf. Stupste sie mit der Nase an, gab freudige kleine Laute von sich. Panino stand oben auf dem Hochufer, stand regungslos, ohne ein Wort zu sagen, bis sie hinaufgekrabbelt war.

»Deine Großmutter sagt, ich hätte es an Verständnis fehlen lassen, und ich hätte dir Unrecht getan. Fühlst du dich ungerecht behandelt?«

»Ich will sterben«, murmelte sie.

»Gib mir erst eine Antwort auf meine Frage. Bin ich zu dickfellig, um deine Schwierigkeiten zu verstehen? Fühlst du dich ungerecht behandelt?«

»Amili hat auch manchmal Depressionen und ist unglücklich. Zu ihr bist du ganz anders.«

»Depressionen!« wiederholte er zornig. »Du bist ein Schulmädchen, das seinen Lehrer belogen hat und erwischt worden ist. Deine Großmutter hat ihre Eltern verloren, ihre Brüder, ihre Heimat. Da war sie jünger als du. Diese Geschichte kennst du, nicht wahr? Die habe ich euch erzählt. Ihr Sohn ist im Krieg gefallen, als er achtzehn war. Und ihre Tochter, deine Mutter, ist ebenfalls tot. Meinst du nicht, daß Amelia einen Grund hat für Depressionen?« Er schwieg, blickte über den Fluß hinweg. »Deine Mutter hat sich das Leben genommen, das kannst du bei dieser Gelegenheit erfahren. Sie sprach auch gern von Depressionen, obwohl ich keinen Grund dafür finden konnte. Sie war behütet und umsorgt, es ging ihr immer gut. Aber sie mußte einen Nichtsnutz heiraten, der sie dann auch prompt verlassen hat. Worüber ich gar nicht böse war.«

Sie stand da neben ihm, am Hochufer der Isar, und blickte entsetzt in sein strenges, verschlossenes Gesicht, unfähig, ein Wort hervorzubringen.

»Und wenn du dir also das Leben nehmen willst, dann warte gefälligst damit, bis Amelia und ich nicht mehr da sind. Dann kannst du es deiner Schwester antun.«

Still und beschämt war sie neben ihm nach Hause gegangen. Am Abend hatte sie es Karen erzählt, und die sagte: »So was habe ich mir schon gedacht.«

»Du hast dir das gedacht? Wieso?«

»Sie sprechen eigentlich nie von Mama. Und uns haben sie damals in den Schwarzwald geschickt, und als wir zurückkommen durften, war sie tot. Wieso und warum hat man uns nicht erklärt. Damals habe ich mir nichts dabei gedacht. Aber später, so in den letzten Jahren, habe ich versucht dahinterzukommen, was los war. Komisch war Mama ja oft, das weißt du vielleicht nicht mehr so. Mit diesen Ausbrüchen und der ewigen Heulerei, und dann ging sie wieder hin und kaufte sich fünf Kleider auf einen Sitz, die sie dann nie anzog. Dann spielte sie stundenlang Klavier, und sie drehte den Plattenspieler auf volle Lautstärke, und wenn wir bloß mal ein bißchen Lärm machten, schrie sie, hört auf, hört auf, ich kann euer Gekreisch nicht ertragen. Amili, nimm die Kinder weg, die Kinder sind widerlich.«

Georgia saß mit angezogenen Beinen auf ihrem Bett, Karen auf der Kante des Schreibtisches.

»Das ist ja schrecklich«, flüsterte Georgia.

»Weißt du nicht mehr so. Es war schon eine gräßliche Stimmung hier im Haus. Und die arme Amili mit ihrem klapprigen Seelenzustand. Denn da hat er ja recht, sie hatte Grund, unglücklich zu sein. Wir waren doch ganz froh, als wir in den Schwarzwald kamen, nicht? War doch eine schöne Zeit dort.«

»Ja. Und als wir dann wieder hier waren...«

»Da wurde es ja dann ganz gemütlich bei uns.«

»Das hört sich an, als seist du froh über den Tod unserer Mutter.«

»Quatsch, froh. Aber ohne sie war das Leben halt leichter, für dich, für mich, für Amili und Panino. Man muß die Dinge mal ganz objektiv sehen. Irgendwie hatte sie einen Hieb weg. Ob das nun wegen unserem Vater war oder vererbt oder so, das weiß man ja nicht. Manchmal entwickelt sich bei Frauen so etwas auch, wenn sie Kinder kriegen. Habe ich gelesen. Wolltest du dir wirklich das Leben nehmen?«

»Ach, Schmarrn.«

»Es dürfte auch schwierig sein, sich in der Isar zu ersäufen, so tief ist die nicht.« Dann tippte Karen auf die Hefte, die durcheinandergeworfen hinter ihr auf dem Schreibtisch lagen.

»Die verdammte Arbeit hast du immer noch nicht geschrieben, und die Schule hast du heute auch geschwänzt. Morgen gehst du zu Doktor Koller und sagst, tut mir leid, Herr Doktor, Sie haben recht, ich habe geschwindelt. Diese Mathematikaufgabe hat Eva geschrieben und nicht ich. Und daß ich Eva auch noch der Lüge bezichtigt habe, war eine Gemeinheit. Ich mache die Arbeit noch mal, allein, und werde vermutlich eine fünf bekommen. Und wenn Sie mich von der Schule schmeißen wollen, werde ich es mit Fassung tragen. So etwa.«

Georgia begann zu weinen.

»Das kann ich nicht.«

»Kannst du doch. Wenn du willst, komme ich mit. Von neun bis zehn hat er Freistunde, da ist er im Lehrerzimmer. Habe ich heute ausbaldowert.«

»Du?«

»Klar. Weil ich mir das so dachte. Ich konnte ja nicht wissen, daß du hier ein Drama aufführst, wenn ich bloß mal mit Harry ins Kino gehe.«

So war das gewesen. Georgia wußte es nun wieder genau. Sie stand vor Paninos Bild, die Hände ineinander verkrampft. Dank Karen war alles in Ordnung gekommen.

Und wenn Karen wieder anrief, würde sie ganz ruhig erzählen, daß der Nichtsnutz von Vater hier aufgetaucht sei, falls er es denn wirklich war, und Karen würde ihr sagen, was zu tun wäre. Sie könnte auch selber in Johannesburg anrufen, sie hatte ja die Nummer vom Hotel.

Vielleicht war er ja auch schon wieder weg, dieser Vater. Vier Tage waren vergangen, seit der Begegnung mit ihm und Linda. Wenn er sie hätte treffen wollen, wäre es ohne weiteres möglich gewesen. Er kannte dieses Haus. Angelika hatte in diesem Haus gelebt, als er sie geheiratet hatte. Und er? Hatte er auch in diesem Haus gewohnt? Georgia flocht die Hände auseinander.

»Idiotisch, das alles«, sagte sie zu Panino.

Sie ging aus dem Zimmer, rief nach dem Hund und dann betrat sie nach langer Zeit wieder Frau Mosers Küche.

»Ich geh' mit Pedro ein Stück spazieren. Morgen werde ich Tassilo besuchen. Was kochen Sie denn Schönes?«

»Eine Rindersuppe mit Griesnockerln. Und dann gibt es ein Kalbsragout mit Reis und dazu einen Feldsalat.«

»Wunderbar«, sagte Georgia fröhlich. »Also, dann geh' ich mal. Und wenn meine Schwester anruft, sagen Sie ihr, sie soll heute nachmittag noch mal anrufen, ich bin da. Ich muß ihr was erzählen.«

Frau Moser blickte ihr kopfschüttelnd nach. Aus der sollte ein Mensch schlau werden. Inzwischen war es kühler geworden, Ende Oktober, der Himmel fahl, von grauen Wolken durchzogen. Trotz aller guten Vorsätze blickte Georgia sich ängstlich um, als sie das Haus verließ. Die Allee war leer, weit und breit kein Mensch zu sehen. Sie ging isarabwärts heute, bis zum Wasserschloß, dann über die Brücke in den Englischen Garten. Auch hier draußen war es leer und still, eigentlich fürchtete sie sich, wenn sie allein herumspazierte, aber sie war ja nicht allein, Pedro war bei ihr. Er war beglückt über den Spaziergang, lief mit großen Sprüngen vor ihr her, rechts und links in die Büsche hinein.

»Entschuldige, daß ich so lange nicht mit dir spazieren war. Morgen gehen wir zu Tassilo. Und ich brauche eine warme Jacke.«

Sie sah den Mann vor sich, wie er ihr gegenübersaß, sie ansah und dann weinte. Oder wie er da verloren auf der Straße stand, eine hagere, geduckte Gestalt, ganz verlassen. Wenn er wirklich mein Vater ist, kann ich ihn doch nicht so im Stich lassen. Aber er hat uns auch im Stich gelassen. Ein Nichtsnutz, der dahin gehen sollte, wo der Pfeffer wächst.

Was hatte er eigentlich für einen Beruf gehabt? Was hatte er gemacht, als die hübsche blutjunge Angelika Klingenthal ihn kennenlernte?

Er konnte auch zu jener Zeit schon Kellner gewesen sein. Sie hatte sich verliebt, er hatte sie verführt, sie war schwanger, Karen war sechs Monate nach der Heirat geboren worden, das immerhin wußte Georgia.

Sie versuchte, sich vorzustellen, wie der junge Georg Wieck ausgesehen hatte. Sicher ganz gut, dunkle Augen, dunkles Haar, ein schmales Gesicht, schmale, sensible Hände.

Sie hob im Gehen ihre eigenen Hände. Sie hatte die Hände von ihm und das Haar und die Augen – er war ihr Vater.

Auf dem Weg nach Hause faßte sie einen Entschluß. Linda hatte inzwischen wie versprochen das Novemberheft ihrer Zeitschrift geschickt, Georgia hatte es nicht einmal in die Hand genommen. Aber nun würde sie Linda anrufen, sich dafür bedanken und ganz nonchalant nach Signor Giorgio fragen. Wenn es etwas zu berichten gäbe, würde Linda das schon besorgen.

»Essen ist fertig«, rief Frau Moser, als Georgia kam.

»Gleich. Ich muß bloß mal eben telefonieren.«

»Die Suppe wird kalt.«

»Es geht ganz schnell.«

Wäre es wohl nicht gegangen, wenn Linda dagewesen wäre. Aber Linda war nicht da.

Georgia bat die Sekretärin, Frau Lossen ihren Dank auszurichten für das gelungene Novemberheft.

»Und viele Grüße, ja? Und sie soll wieder einmal etwas von sich hören lassen.«

Als Georgia den Hörer auflegte, mußte sie über sich selber lachen. Und wie erst hätte Karen gelacht, wenn sie ihr zugehört hätte.

Lachend kam sie ins Eßzimmer.

»No?« fragte Frau Moser zufrieden. »War's ein schöner Spaziergang?«

»Sehr schön. Ui, was für eine herrliche Suppe. Ich hab' richtig Hunger.«

Frau Moser sah ihr zu, bis sie die ersten Löffel gegessen hatte. Dann wandte sie sich Pedro zu, der erwartungsvoll an der Tür stand.

»Na, dann komm mit. Dein Essen ist auch fertig.«

Linda rief nicht an, und so verging wieder ein Tag in Ungewißheit. Doch dann kam ein Anruf von Karen.

»Ich fahre morgen nach Kapstadt. Hotel gebe ich dir durch, sobald ich weiß, wo ich bleibe. Diese Party gestern war vielleicht ein Ding. Riesig. Eine Menge Leute, und ich...«

Georgia unterbrach sie kurzentschlossen. »Ich muß dir was sagen.«

»Schieß los! Falls es wichtig ist.«

»Es ist wichtig. Unser Vater war hier.«

»Bitte wer?«

»Unser Vater. Georg Wieck.« Ihre Stimme flatterte. »Was soll ich denn bloß machen, Karen?«

»Bist du noch ganz dicht? Georg Wieck. Wieso? Wo ist er? Bei dir?«

»Nein, nicht bei mir. Er ist in München. Linda hat ihn mitgebracht. Ich bin ganz durcheinander. Kannst du nicht schnell kommen?«

»Linda? Erzähl das mal der Reihe nach, ja? Und ganz in Ruhe bitte. Du hast gesagt, du hast Linda getroffen. Und sonst hast du nichts gesagt.«

»Ich wollte dich nicht beunruhigen.«

Ein undefinierbarer Laut kam durch das Telefon. »Los!«

»Linda kam in den Stall und...«

Georgia berichtete hastig und sprunghaft, was an dem Tag nach Karens Abreise geschehen war.

»Das ist wieder mal so eine faule Ente von dieser Briefkastentante. Und du fällst darauf herein.«

»Aber sie hat gesagt, er ist es. Und er heißt Georg Wieck.«

»Woher willst du das wissen? Hast du seinen Paß gesehen?

Falls er einen hat. Ein Kellner aus Italien! Georgia, wirklich, manchmal kann man an deinem Verstand zweifeln. Hast du je gehört, daß ein Deutscher Kellner in Italien ist? Die haben selber Kellner genug.«

»Aber...«

»Und wenn er zehnmal Georg Wieck heißt, muß er ja nicht unser Vater sein. Ich werde dieser Linda den Hals umdrehen.«

»Kannst du nicht kommen?«

»Kann ich nicht. Und das ist jetzt Tage her, und was ist daraus geworden? Null. Aber ich kann mir schon denken, wie du die Sache hochstilisierst. Das Ganze ist eine Ente von dem Miststück. Weißt du was? Nimm Pedro und fahr für eine Woche ins Gebirge. Damit du auf andere Gedanken kommst.«

»Karen, bitte!«

»Georgia, benimm dich wie ein erwachsener Mensch. Außerdem war er kein Kellner. Er hat so was Ähnliches gemacht wie du.«

»Er hat gemalt?«

»Nicht so wie du, er war Graphiker. Werbegraphiker oder so was Ähnliches.«

»Woher weißt du das?«

»Amili hat mal so was gesagt. Ist schon ewig her, ich habe vergessen, in welchem Zusammenhang. Ein Kellner in Venedig. Da siehst du doch, wie diese Linda spinnt. Also verschwende keinen Gedanken mehr daran. Okay?«

Nachdem Georgia den Hörer aufgelegt hatte, saß sie noch eine Weile bewegungslos am Telefon.

Und warum hatte der Mann geweint?

Am nächsten Tag regnete es, sie ließ Pedro zu Hause, fuhr mit dem Taxi in den Stall und nahm eine große Tüte mit Rüben und eine große Tüte mit Äpfeln mit, damit es für einige Tage reichte. Sie trug einen Regenmantel und einen Hut mit breiter Krempe, und als sie den Stall verließ, spannte sie den Schirm auf. So gewappnet ging sie um die Ecke in die Kaulbachstraße, die ganze Straße entlang, an dem Ristorante vorbei, bis zum Ende.

Dort blieb sie stehen und blickte zurück, die Straße war leer, zwei oder drei Leute waren ihr begegnet, es war um die Mittagszeit.

Was hatte sie denn erwartet? Daß der Mann immer noch hier auf der Straße stand?

»Karen hat recht. Ich bin nicht ganz normal«, sagte sie laut. Sie klappte den Schirm zusammen, es regnete kaum noch. Wo bekam sie hier ein Taxi? Am Odeonsplatz sicher.

Heute nachmittag würde sie an Tassilos Bild arbeiten. Zum Mittagessen gab es Beuscherl mit Knödel, eine Spezialität von Frau Moser, die Georgia nicht besonders mochte.

»Und überhaupt habe ich es satt, jeden Tag zu essen, was Frau Moser kocht. Ich könnte genausogut essen gehen, wenn ich schon in der Stadt bin.«

Aber wohin? Bestimmt nicht zu dem Italiener, bei dem sie gerade vorbeigekommen war. Vielleicht zum *Boettner*, dort war sie bekannt. Panino war oft mit ihr hingegangen, und manchmal traf sie sich da mit Karen zum Essen, wenn sie in der Stadt war. Aber sie hatte keinen Tisch bestellt, sie bekäme sowieso keinen Platz.

Am Odeonsplatz bestieg sie ein Taxi und fuhr nach Hause.

»Ist recht«, sagte Frau Moser, »dann können Sie gleich essen.«

»Ich möchte erst ein Glas Champagner.«

Wie man eine Flasche Champagner aufmachte, hatte Frau Moser längst gelernt, aber ein Glas zu trinken, lehnte sie ab.

»Ich mag das Zeug net«, wehrte sie ab. »Ich trink' ein Bier zum Beuscherl. Morgen mach' ich dann ein Hühnerfrikassee, das reicht für Samstag und Sonntag, das können Sie aufwärmen.« Samstag und Sonntag kam sie nicht.

»Bitte, Frau Moser, ich bin kein kleines Kind, ich kann mir selber was zum Essen machen. Morgen bin ich sowieso nicht da, ich bin zum Essen verabredet.«

»Is recht«, meinte Frau Moser mit vorwurfsvollem Blick. Und mit demselben Blick räumte sie später den Teller ab, von dem Beuscherl hatte Georgia nur ein paar Gabeln gegessen, den Knödel nur halb.

Georgia lächelte sie freundlich an. »Es war sehr gut.«

»Des siecht ma«, knurrte Frau Moser. Sie ging dann bald, viel war in diesem Haus ja nicht zu tun, wenn keiner Unordnung machte. Auch Herr Huber kam an diesem Nachmittag nicht, im Garten gab es kaum mehr Arbeit, und die Heizung hatte er schon höher gestellt.

Alles in diesem Haus war tiptop; sauber, ordentlich, warm, der Regen hatte zugenommen und hüllte den Garten in einen grauen Schleier, aus dem Radio erklang die Prager Symphonie. Jeder Mensch mußte sich wohl fühlen in diesem Haus. Wenn es nur nicht so leer wäre!

»Wenn nur jemand da wäre, mit dem man reden könnte. Ich weiß, du bist da, Pedro. Und ich rede ja auch mit dir.« Pedro lag auf dem blauen Sofa im Wohnzimmer, den Kopf auf die Pfoten gebettet und hörte ihr zu. Er fand es höchst gemütlich. Zuvor war er kurz im Garten gewesen und schnell wieder hereingekommen, kein Wetter zum Spazierengehen. »Wenn Karen in München ist, dann ist sie ja meist auch nicht da. Aber irgendwann kommt sie. Und meist sind Freunde von ihr da oder Kollegen oder sonst jemand. Warum fragt niemand nach mir, wenn sie fort ist? Ich bin selber schuld, Pedro. Ich laß' die Leute immer merken, daß ich nichts mit ihnen zu tun haben will. Ich habe keine Freunde. Überhaupt keine. Ich habe nie welche gebraucht, solange Amili da war und Panino. Tommy hätte ja wenigstens mal anrufen können. Mit ihm habe ich mich ganz gut unterhalten. Oder ich könnte die Frau von dem Fotografen anrufen und sie zum Tee einladen. Wie hieß sie doch gleich. Ach ja, Almut. Die wäre vielleicht überrascht. Ich habe nicht einmal eine Freundin. Jede Frau hat eine Freundin, Pedro.«

Pedro seufzte und bettete seinen Kopf um.

»Ja, du hast recht. Es ist allein meine Schuld. Panino hat schon gesagt, warum hast du keine Freundin, Kind. Das war, als ich noch zur Schule ging. Eva war die einzige. Und dann hat sie meine Mathematikarbeit gemacht und denselben Fehler reingebracht wie in ihre. Dann habe ich geschworen, daß ich sie selber gemacht habe, und als Eva es zugab, habe ich sie eine Lügnerin genannt. Dann war es aus mit uns. Wenn der Mann wirklich mein Vater wäre, könnte er hier wohnen, dann wäre ich nicht mehr allein. Ich bin verrückt, verrückt, verrückt, Pedro. Er ist ein Lügner und ein Schwindler. Er würde das Haus ausrauben. Den ganzen Schmuck von Anuli stehlen. Vielleicht würde er mich auch umbringen. Das wäre ein Fall für Derrick. Millionenerbin in ihrer Vilia in Bogenhausen gekillt. Wer ist der Täter? Vater oder nicht Vater, das ist hier die Frage.«

Sie lachte laut, legte den Kopf auf die Sessellehne, Tränen stiegen ihr in die Augen.

»Karen würde es recht geschehen, wenn man mich umbringt. Wer ist der Täter? Ein Kellner aus Venedig. Ein Werbegraphiker. Ein Mann namens Georg Wieck. Nein, ein Mann namens Giorgio. Ganz egal, wenn er mich umgebracht hat, bin ich wenigstens tot. Das würde ich Karen gönnen. Und außerdem habe ich Hunger. Ich muß was essen.«

Pedro hob elektrisiert den Kopf bei dem Wort essen.

»Du hast gegessen, mein Lieber. Und ich gehe morgen zum Käfer und werde dort essen und groß einkaufen.«

Morgen war Freitag, wenn sie am frühen Nachmittag zum Käfer führe, könnte sie reichlich für das Wochenende einkaufen und später oben essen, dann wäre es nicht mehr so voll, und sie bekäme einen Tisch. Man kannte sie dort auch, dank Karen.

»Sie ist lieblos, Pedro. Sie läßt mich mit dem Vater allein hier sitzen. Und diese verdammte Linda läßt auch nichts von sich hören.«

Dann fielen ihr die Einladungen ein. In München war die Wintersaison angelaufen, jeden Abend fanden diverse Veranstaltungen statt, jeden Tag kamen Einladungen ins Haus. Georgia sah sie gar nicht an, meist waren sie ja doch für Karen bestimmt. Mal sehen, was es da so gab. Sie ging in Karens Zimmer, wo Frau Moser sorgfältig die ganze Post auf dem Schreibtisch stapelte. Vernissagen, Empfänge, Präsentationen, Jubiläen, Geburtstage, eine Fête einfach so. Georgia öffnete die Couverts und sah alles durch. Und dann fand sie etwas.

Bayerischer Hof, Festsaal, ein bekannter Juwelier aus Paris stellte seine neue Kollektion vor. Abendkleidung. Heute abend.

Bis zum späten Nachmittag ging die Idee in Georgias Kopf hin und her. Ich gehe. Nein, ich gehe nicht. Doch, ich gehe, ist bestimmt sehenswert. Interessiert mich überhaupt nicht. Ich muß ja nicht lange bleiben. Karen würde sich totlachen. Mich kennt ja sowieso kein Mensch, ich gehe nicht. Sehr sorgfältig überlegte sie, was sie anziehen sollte. Das Outfit, wie Karen es nannte. Sie ließ die Finger schmeichelnd an den Kleidern entlanggleiten. Schwarz, am besten ein sogenanntes kleines Schwarzes. Nein, erst der Schmuck. Eine lange Weile saß sie vor der Schmuckschatulle, nahm einzelne Stücke heraus mit liebevollen, zärtlichen Händen. Wie schön das war! Wie vollkommen!

Ihre Wahl traf sie schnell, nur die Smaragde kamen in Frage, ein Collier aus herrlichen Smaragden, nur sparsam mit Brillanten eingefaßt, damit ihr Glanz das tiefe Grün nicht stören konnte. Panino war ein Kenner gewesen. Passende Ohrringe dazu. Und nun das Kleid. Auch keine Frage, ein schmales, glattes Seidenkleid vom gleichen Grün wie die Steine, das Dekolleté groß genug, um den Schmuck zur Wirkung zu bringen.

Karen hatte das Kleid ausgesucht, sie wußte, daß Georgia Grün liebte.

»Das wird mit den Smaragden toll aussehen«, hatte sie gesagt, das war vor etwa einem Jahr gewesen. Georgia hatte das Kleid noch nie getragen. Sie gefiel sich sehr gut im Spiegel, das Haar hatte sie hochgesteckt, nur eine Spur Schminke im Gesicht.

»Ich bleibe nicht lange, Pedro. Vielleicht kehre ich auch um, ehe ich dort bin. Paß gut auf, laß keinen ins Haus.«

Die Lichter brannten in mehreren Zimmern, teils oben, teils unten. Ob sie die Strahler auch anmachte? Nein, lieber nicht, je unauffälliger das Haus aussah, desto besser. Daß sie Angst haben würde, es zu betreten, wenn sie zurückkam, wußte sie jetzt schon.

Am Eingang zum Festsaal stand die Prinzessin, die solche Feste arrangierte, ihr war Georgia Wieck natürlich bekannt, auch wenn sie sich selten, eigentlich fast nie sehen ließ.

»Oh, Georgia Wieck«, sagte sie, »welch freudige Überraschung.«

Neben ihr stand der französische Juwelier, um seine Gäste zu begrüßen. Als er Georgia erblickte, weiteten sich seine Augen in jener unnachahmlichen Weise, wie es nur ein Kenner versteht, der eine schöne Frau sieht.

Die Prinzessin machte sie bekannt, Monsieur beugte sich über Georgias Hand, versuchte es mit einigen deutschen Worten, doch Georgia antwortete in geläufigem Französisch, was ihn zusätzlich entzückte. Mochte sie auch in Mathematik ein Versager gewesen sein, in Sprachen war sie so gut wie Karen, dafür hatte Panino gesorgt, und Amili, die ja mit französisch aufgewachsen war.

Für eine Weile stockte der Einzug der Gäste, die nach Georgia Kommenden mußten warten, denn Monsieur mochte sich nicht so schnell von der faszinierenden Frau trennen. Und nicht weniger als die Frau faszinierten ihn die Smaragde. »Die schönsten Smaragde, die ich je gesehen habe«, sagte er. »Magnifique!«

»Un héritage de ma grand-mère«, sagte Georgia lächelnd. Sie war ganz sicher, ganz gelöst, keine Angst, keine Scheu. Sie wußte, daß sie gut aussah, und sie bemerkte, daß alle, die in der Nähe waren, ihren Auftritt beobachteten. Einige wenige kannten sie, manche würden darüber rätseln, wer sie wäre.

Mit einem leichten Neigen des Kopfes ging sie weiter, sicher, daß der Franzose an ihrer Seite sein würde, wenn er alle seine Gäste begrüßt hätte.

Sie wurde angesprochen, von Karens Bekannten vor allem, die wußten, wer sie war. Sie kam nicht dazu, den Schmuck anzusehen, der, verstreut über den Saal, in Vitrinen ausgestellt war. Und dann stand plötzlich der Mann neben ihr, den sie auf dem Flugplatz in Karens Gesellschaft gesehen hatte.

Lorenzo bello hatte der Fotograf ihn genannt.

»Gnädige Frau«, rief er mit Emphase. »Das ist ja kaum zu glauben, daß man Sie auch einmal sieht Erinnern Sie sich, wir haben uns kürzlich in Kiem getroffen. Bei Karens Abflug. Balke, Lorenz Balke.«

»Ja, ich erinnere mich«, sagte Georgia lächelnd und nahm ein Glas Champagner von dem Tablett, das ein Kellner ihr anbot.

»Wie wundervoll Sie aussehen, Georgia. Nicht wahr, so ist der Name. Und dieser Schmuck, ein Traum.«

Dann wollte er wissen, was sie von Karen gehört hätte, aber viel berichten konnte Georgia nicht, andere traten hinzu, eine Frau küßte sie auf die Wange, von der sie nicht wußte, wer sie war, drei Männer wünschten, ihr vorgestellt zu werden. Lorenzo bello wich nicht von ihrer Seite, bis endlich Linda auftauchte.

»Schätzchen«, rief sie, »sehe ich richtig? Du bei solch einem Auftrieb, das darf doch nicht wahr sein.«

»Ich finde es sehr hübsch hier«, sagte Georgia und nahm die beiden Küsse von Linda in Empfang.

»Du siehst einfach umwerfend aus. Du stiehlst allen Frauen hier die Schau.«

Georgia wandte belästigt den Kopf zur Seite, trank noch einen Schluck von dem Champagner, reichte dann Lorenz Balke das halbvolle Glas, sie wollte es los sein.

»Lieber etwas anderes?« fragte er eifrig.

»Nein, danke. Im Moment nicht. Vielleicht sollte ich jetzt einen Blick in die Vitrinen werfen. Das ist ja wohl der Grund, warum wir hier sind.«

»Du mit deinen Smaragden!« sagte Linda emphatisch. »Was kann dir hier denn noch gefallen.«

»Das ist sehr unfreundlich gegenüber unserem Gastgeber.«

Georgia schlenderte langsam in den Saal hinein, begleitet von Linda und Lorenz Balke. Den wäre sie gern losgeworden, schließlich war sie nur hier, um eine Frage an Linda zu stellen. Aber das mußte so nebenbei geschehen, durfte keine Bedeutung haben.

»Du hast dich doch sicher schon umgesehen«, sagte sie.

»Vielleicht zeigst du mir die schönsten Stücke. Übrigens vielen Dank für das Novemberheft. Es ist wirklich eine gelungene Reportage.«

»Ja, nicht wahr? Ich habe schon viele Komplimente dafür gehört. Und diesen Jungen, diesen Aldo, laß ich jetzt herkommen. Ich habe Maxi schon von ihm erzählt. Der Junge ist eine Wucht. Hallo, wie geht's denn?« Das galt Leuten, die an ihnen vorübergingen, Linda kannte selbstverständlich hier so gut wie jeden in diesem Saal.

»Oh, das ist schön«, sagte Georgia und wies auf eine Vitrine. »Laß uns das mal anschaun.« Und zu Lorenz Balke: »Ich würde nun doch noch gern ein Glas Champagner trinken.«

»Ich bringe es Ihnen sofort.«

Georgia sah Linda an, es war keine Zeit für große Präliminarien, sie würden nicht länger als eine Minute allein bleiben.

»Ist er noch hier?«

Linda verstand sofort. »Du meinst Giorgio? Schätzchen, ich weiß es nicht.«

»Du hast ihn doch hergebracht.«

»Was heißt hergebracht? Als ich wußte, wer er war, habe ich ihm von euch erzählt, und er wollte euch gern sehen. Das ist alles.«

»Sicher mußte er ja wieder zu seinem Job zurück«, sagte Georgia lässig und schien aufmerksam das schimmernde Diadem in der Vitrine zu betrachten.

»O nein, den ist er los. Oh, hallo, Beatrice! Wir haben uns ja ewig nicht gesehen. Ich habe euch neulich bei der Thorwald-Party vermißt. Ganz München war da.«

Eine Antwort, ein kurzes Gespräch, Georgia hörte nicht zu. »Seinen Job ist er los?« fragte sie, als Beatrice und ihr Begleiter weitergegangen waren.

»Er ist zu alt. Und hat ewig Rückenschmerzen.«

Und wovon lebt er? Hat er denn Geld, hätte Georgia fragen mögen, doch sie verkniff sich diese Fragen. Nur nicht zu viel Interesse zeigen.

»Wo hat er denn gewohnt, als er hier war?« fragte sie statt dessen.

»In irgendeiner Pension in Schwabing, meine Sekretärin hat das erledigt. Ich konnte ihn ja nicht gut in den *Vier Jahreszeiten* unterbringen. Soll ich fragen, wo das war?«

»Wie? Ach nein, das ist nicht wichtig.«

»interessiert dich wohl nun doch?«

»Keineswegs. Ich habe es Karen erzählt, und sie sagte… Oh, danke.« Lorenz kam mit dem Champagner.

»Was sagte sie?« fragte Linda lüstern.

Georgia lächelte. »Sie sagte, ich hätte mich wohl wieder mal unmöglich benommen. Mir von dir eine Ente aufschwätzen zu lassen.«

»Bist du deswegen heute abend hier?«

Dumm war Linda nicht.

Georgia trank einen kleinen Schluck. »Vielleicht«, sagte sie. »Nun werde ich mir noch einiges von diesen Schätzen ansehen. Ciao, Linda.«

»Ich werde meine Sekretärin fragen, wo das war. Und dann werden wir feststellen, ob und wann er abgereist ist.«

Und wohin, dachte Georgia, während sie von Lorenz begleitet zur nächsten Vitrine ging. Was soll er in Venedig? Keinen Job mehr, keine Frau, keinen Sohn. Vielleicht eine Wohnung. Oder hatte er in dem Hotel gewohnt, in dem er gearbeitet hatte?

»Oh, sehen Sie nur, Lorenz! Wunderschöne Opale. Ich liebe Opale. Eigentlich viel mehr als diese Smaragde.«

»Hm«, machte der schöne Lorenz verständnisvoll. »Sie passen auch besser zu Ihnen. Werden Sie nachher mit mir essen gehen, Georgia?«

»Aber hier gibt es doch auch was.«

»Nur so Häppchen. Wir könnten hinuntergehen ins Trader Vics, falls Sie das mögen. Dann lasse ich sofort einen Tisch reservieren. Oder lieber woanders hin?«

»Ach, ich weiß nicht«, sagte Georgia. Und dann, mit Koketterie: »Ich kann doch meiner Schwester keinen Verehrer ausspannen.«

»Es wäre mir das größte Vergnügen, wenn Sie das täten.«

»Na ja, Karen ist ja nicht da. Außerdem hat sie sich in Südafrika bereits verliebt.«

»Das war zu erwarten«, sagte er heiter.

»Gut, gehen wir essen. Trader Vics ist mir recht.«

»Ich kümmere mich sofort um einen Tisch.« Er war wirklich ein gutaussehender Junge, und jetzt strahlten seine Augen in ehrlicher Freude.

»In einer halben Stunde«, sagte Georgia. »Ich möchte noch ein wenig mit unserem Gastgeber plaudern.«

Angenehm war es, daß Lorenz Balke sie nach Hause brachte. Er kam mit ins Haus, begrüßte Pedro, einen Drink bot Georgia ihm nicht mehr an.

»Ich bin müde«, sagte sie. »Danke. Es war ein netter Abend.«

»Werden wir uns wiedersehen?«

»Rufen Sie mich an. Gute Nacht, Lorenz.«

Er war höchstens fünfundzwanzig oder sechsundzwanzig, eines reichen Vaters Sohn, wie der Fotograf gesagt hatte. Er studierte ein bißchen, wie Georgia erfahren hatte, fuhr Autorennen und hatte eine Yacht in Cannes liegen.

Georgia löste das Collier von ihrem Hals, wirbelte es um den Finger.

Dann kniete sie neben Pedro nieder.

»Eine Pension in Schwabing, Pedro. Davon gibt es mindestens hundert, wenn nicht tausend und Linda hat das bezahlt, denn er hat kein Geld. Und keinen Job mehr. Aber Linda, das Miststück, hat kapiert, daß ich es wissen will. Und daß Karen gesagt hat, es sei eine Ente. Sie wird funktionieren.«

Sie funktionierte. Am nächsten Tag rief ihre Sekretärin an, nannte den Namen der Pension, und sagte, daß die Redaktion die Miete bezahlt habe. Signor Giorgio sei dann wohl abgereist. Sie sagte Signor Giorgio und nicht Herr Wieck. Ein wenig vorsichtig war also Linda doch gewesen.

Georgia saß neben dem Telefon am Schreibtisch und starrte in die Luft.

Frau Moser kam herein.

»Also, ich geh' dann jetzt. Gekocht hab' ich nix. Sie haben gesagt, Sie sind verabredet zum Essen.«

147

»Ja.«

»Es ist aber schon ein Uhr.«

»Ich bin um drei beim Käfer verabredet. Vorher ist es mir da zu voll.«

»Da kaufen S' auch gleich ein.«

»Ja.«

»Is recht. Dann geh' ich.«

»Bis Montag, Frau Moser«, sagte Georgia abwesend.

Da ließ Linda den Mann nach München kommen, quartierte ihn in einer Pension ein, führte ihm seine Tochter vor und dann überließ sie ihn seinem Schicksal.

»Was geht mich dieser Mensch an?« sagte sie laut. »Hat er in all den Jahren je nach mir gefragt?«

»Ham S' was gesagt?« fragte Frau Moser unter der Tür.

»Nein, nein, nichts. Auf Wiedersehen, Frau Moser.«

Wo mochte Georg Wieck sein?

Mein Vater.

Lächerlich. Er ist nicht mein Vater. Er ist eine faule Ente von der Briefkastentante.

# Warum ausgerechnet Südafrika

Der Abschied war langwierig und wortreich gewesen, Karen hatte das Gefühl, all die Leute, die der Einladung zum Dinner in Heinzes Haus gefolgt waren, hätten keine größere Freude erleben können, als sie zu treffen. Sie machten Vorschläge für gemeinsame Unternehmungen, wollten ihr dies und das zeigen, und mindestens ein halbes Dutzend Einladungen für weitere Dinnerpartys prasselten auf sie und Erwin herab. »Thank you so much«, sagte Karen immer wieder. »Aber unser Terminkalender ist voll. Übermorgen fliegen wir nach Kapstadt.«

»Uff«, machte Erwin Raabe, als sie wieder im Wagen hinter dem schwarzen Chauffeur saßen. »Man könnte meinen, die haben hier bloß auf uns gewartet.«

»So ist es auch«, erwiderte Karen rätselvoll, gab keine weiteren Erklärungen und schwieg, bis sie im Hotel waren. Die letzten Worte von Gus beschäftigten sie. Er schien seinerseits mit einem gewissen Erstaunen den Überschwang seiner Bekannten gesehen zu haben.

»Wir sehen uns morgen abend«, sagte er, als er sie zum Wagen brachte. Es war keine Frage. »Ich kenne ein hübsches kleines Restaurant, wo Sie nach Ihrem Geschmack zu essen bekommen. Um acht Uhr im Hotel.« Er verabschiedete sich von Raabe, behielt Karens Hand eine Weile in seiner, hob sie dann zu seinen Lippen, drehte sie um und küßte die Handfläche. »Stornieren Sie den Flug. Wir fahren zusammen nach Kapstadt. Mit dem Blue Train, ich habe die Plätze schon bestellt. Good night, darling.«

Was bildet sich dieser Mensch eigentlich ein? Kompromittierte sie vor der halben Stadt und bestimmte dann über ihr weiteres Leben.

»Trinkst du noch einen Whisky mit mir?« fragte sie, als sie angekommen waren.

»Eigentlich haben wir ja genug getrunken. Aber so zur Entspannung, du hast schon recht. War ja ein umwerfender Abend. Ob sie hier zu allen Leuten so nett sind, die sie nicht kennen?«

»Es kommt darauf an, was für eine Sensation einer zu bieten hat«, antwortete Karen dunkel.

»Aber wir sind doch keine Sensation.«

»Wie man's nimmt. Wir haben es bloß nicht gewußt.«

»Versteh' ich nicht«, sagte Erwin und gähnte. »Ist schon spät, Almut kann ich nicht mehr anrufen.«

»Machst du morgen.«

Sie überlegte, was sie Erwin erzählen sollte.

»Morgen haben wir ja kein großes Programm«, sagte er.

»Nein. Wir sind jetzt tagelang in der Gegend herumgefahren, morgen machen wir einen Schlendertag. Du wolltest doch dieses Museum besuchen.«

»Ja, das *Bensusan Museum of Photographie*. Dirk sagt, man erfährt dort alles über die Entwicklung der Fotografie in Südafrika.«

»Siehst du. Da brauche ich ja nicht mitzugehen. Die Fotografie wird hier nicht älter sein als bei uns und sich nicht viel anders entwickelt haben. Also gut, das machst du.«

»Und du?«

»Ich werde in der Stadt herumspazieren und vielleicht mal in diesen Joubert Park gehen, der so prachtvoll sein soll. Und vor allem möchte ich meine Notizen sichten und mit Georgia telefonieren und mit der Redaktion. Übermorgen fliegen wir dann nach Kapstadt.«

»Und morgen abend gehst du mit Heinze zum Essen.«

»Das war sein Vorschlag, ja.«

»Da wird mein Typ wohl nicht verlangt.«

»Vermutlich nicht.«

»Der gefällt dir, nicht?«

»Geht so.«

»Und warum sind wir eine Sensation?«

»Wir nicht. Er. Seit drei Monaten, seit dem Tod seiner Frau, hat kein Mensch etwas von ihm gesehen und gehört. Er war einfach verschwunden. Jetzt ist er plötzlich wieder aufgekreuzt, und zwar mit uns. Das ist die Sensation.«

»Drum haben mir manche so dumme Fragen gestellt.«

»Haben Sie das?«

»Ja. Komisch finde ich das schon. Wie ein trauernder Witwer kam er mir eigentlich nicht vor.«

»Was soll er denn machen? Er kann doch nicht den ganzen Abend dasitzen und heulen.« Karens Stimme klang gereizt.

»Na, ich meine ja nur. Was war denn nun mit seiner Frau?«

»Habe ich dir doch gesagt. Sie ist mit ihrer Sportmaschine abgestürzt. Und ihr Bruder auch. Es gibt trauernde Eltern und eine trauernde Witwe, und bei der sind die drei Kinder von Heinze.«

»Drei Kinder«, sagte Erwin respektvoll. »Ist ja beachtlich. Ich hab' nicht mal eins.«

»Was nicht ist, kann ja noch werden. Ach, mir ist mies.«

»Mies? Warum? Ich dachte, du bist verliebt.«

»Red mich nicht so schwachsinnig an. Verliebt! Das ist eine viel zu komplizierte Kiste. Schon allein der ganze Familienanhang, nee, danke.«

»Fliegen wir nach Kapstadt?«

»Klar. Und nun geh' ich schlafen.«

Heinze kam pünktlich am nächsten Abend um acht, und er brachte Matthew Turner mit.

Karen hatte sich an diesem Tag ein Kleid gekauft, weiß, mit einem gelben Revers. Dasselbe wollte sie nicht noch einmal anziehen, und die beiden anderen waren zu aufgemotzt, wie sie fand. Sie war nachdenklich, das Telefongespräch mit Georgia hatte sie abgelenkt von dem Gedanken an Gus Heinze, denn nun hatte sie von ihrer Schwester diese ganze alberne Story von dem sogenannten Vater erfahren. Karen konnte sich ziemlich genau vorstellen, wie es in Georgia aussah, sie war wütend auf Linda, und sie hatte wirklich in den letzten Stunden erwogen, mit der nächsten Maschine zurückzufliegen. Es konnte sich nur um einen Schwindler handeln, und ihre Phantasie lieferte ihr wahre Schreckensbilder von dem, was der mit Georgia anfangen könnte. Vor einer Viertelstunde hatte sie nochmals in München angerufen, aber Georgia hatte sich nicht gemeldet. Sie konnte mit dem Hund spazieren sein. Dann hatte sie versucht, Linda zu erreichen, doch die war auch nicht da. Schließlich überlegte sie, wen sie zu Georgias Schutz abordnen könnte. Tommy fiel ihr ein. Er sollte einen Koffer packen, und zu Georgia ziehen und dort wohnen bleiben, bis sie selbst zurückkäme. Bei ihm meldete sich eine piepsende Frauenstimme, und Karen erkannte sofort die kleine Volontärin mit dem Silberblick aus dem Feuilleton.

»Er ist nicht da, aber er kommt sicher bald. Soll ich was ausrichten?«

»Nicht nötig, danke.«

»Oh, sind Sie nicht Karen Wieck?«

»Nein«, sagte Karen und legte auf. Der hatte sich schnell getröstet.

»Ich habe Matt mitgebracht«, sagte Gus Heinze jetzt. »Von ihm habe ich erst erfahren, was da gestern untergründig gelaufen ist.«

»Untergründig kann man das kaum mehr nennen«, sagte Karen.

»Ich kann nichts dafür, es tut mir leid.«

»O bitte, weiter keine Katastrophe. Die Leute haben ihren Spaß gehabt, und Sie können es ja gelegentlich richtigstellen.«

»Das besorgt Matt schon. Die Wahrheit und die Wirklichkeit, nicht wahr?« Das letzte sagte er auf deutsch. »Die Wirklichkeit ist, daß wir uns auf dem Flug kennengelernt haben. Die Wahrheit, daß wir uns schon immer kennen.«

Karen gab ihm einen Blick von der Seite.

»Ich muß noch mal telefonieren«, sagte sie. »Bis gleich.«

Weder Georgia noch Linda waren zu erreichen.

Matt Turner trank nur einen Cocktail mit ihnen, dann verabschiedete er sich, er hätte noch eine Verabredung.

»Und warum war er nun wirklich hier?« fragte Karen, als sie zum Wagen gingen.

»Um zu bezeugen, daß ich nicht gelogen habe. Als ich ihn zu der Party einlud, habe ich ihm erzählt, wo und wie ich Sie kennengelernt habe, Karen. Von diesen wilden Gerüchten hatte ich keine Ahnung. Aber ich weiß schon, wo es herkommt. Das ist Cornelie. Sie hat mich von eh und je verdächtigt, mit jeder Frau, die in meiner Nähe auftaucht, ein Verhältnis zu haben.«

»Vielleicht ist der Wunsch der Vater des Gedankens.«

»Wie meinen Sie das?«

»Nun, vielleicht hätte sie selbst gern...«

Er lachte. »Das kann sein. Aber im Grunde genommen hat sie den richtigen Instinkt.«

»Und wie soll ich das verstehen?«

Sie saßen im Wagen, er beugte sich zu ihr. »Ich denke, daß wir beide füreinander geschaffen sind.«

»Sie haben manchmal eine poetische Art, sich auszudrükken«, murmelte Karen.

»Kann sein, ich tue es, wenn ich deutsch spreche. Und mit dir kann ich es.« Er strich leicht mit der Hand über ihre Wange. »In dieser Nacht, auf diesem Flug, war es da nicht so, als ob wir uns...«, er stockte.

»Ja?« fragte Karen, wieder ganz in seinem Bann. Sie hatte Georgia und den Vater vergessen.

»Als ob wir uns lieben müßten?«

Er beugte sich noch näher zu ihr, legte den Mund auf ihre Schläfe.

Sie drehte den Kopf zur Seite. Und flüchtig kam ihr der Gedanke, aus dem Wagen zu springen und wegzulaufen. Da fing etwas an, was sie eigentlich nicht wollte. Oder wollte sie es doch?

»Ist es nicht so?« fragte er.

»Man soll nichts übertreiben«, sagte sie knapp.

Er lachte und startete den Wagen.

»Hätte Matt nicht wenigstens mit uns essen können, wenn er schon als Kronzeuge aufgerufen wurde?«

»Aber nein. Wir bleiben heute unter uns. Und in Zukunft auch.«

Karen überhörte diese Bemerkung, oder tat jedenfalls so. »Wenn er aber doch Ihr Freund ist...«, sagte sie lahm.

»Matt ist ein feiner Kerl, und er ist mein Freund. Wird mich freuen, ihn gelegentlich wiederzusehen.«

»Das klingt nicht sehr freundschaftlich. Gestern sagte er, er hätte Ihre Frau geliebt.«

Gus lachte. »Hat er das wirklich gesagt? Erstaunlich. Er ist an sich sehr zurückhaltend. Geliebt, na ja, das ist eine sehr weitgehende Aussage. Er gehörte zu ihren zahlreichen Verehrern. Maleen hatte einen ganzen Schwarm junger Männer um sich. Sie war nicht nur sehr hübsch, sie war auch eine Tochter aus sehr reichem Haus.«

»Ach, so ist das.«

»So ist das, Karen. Und Matt ist der dritte oder vierte Sohn eines armen englischen Landedelmannes. Bei Maleen hatte er nicht die geringste Chance. Eine stolze burische Familie und ein zugewanderter Engländer, der zwar über ausreichende Bildung, einen scharfen Intellekt und gute Manieren verfügt, aber sonst über nichts.«

»Was macht er denn?«

»Nicht viel. Eine Zeitlang hat er im Konsulat herumgesessen, dann hat er Landsleute von sich, die hier herumgereist sind oder auf Safari gehen wollten, begleitet. Und er kennt eine Menge Leute und wird viel eingeladen.«

»Er hat Sie gern, Gus.«

»Sure«, sagte Gus Heinze gleichgültig. »So, da sind wir.«

Es war ein kleines französisches Restaurant, nur sieben Tische, sorgfältig gedeckt, das Licht im Raum gedämpft. »Das gefällt mir«, sagte Karen.

Gus nickte. »Das wußte ich. Ich sagte bereits, wir kennen uns seit einer Ewigkeit. Und darum kenne ich auch deinen Geschmack.«

Hier sprach man französisch, die Frau des Hauses, die sie begrüßte, der Kellner, und der Patron, der kochte und vorher an den Tisch kam, um sich nach ihren Wünschen zu erkundigen. Gus wurde begrüßt wie ein guter und beliebter Gast, man freue sich sehr, ihn endlich einmal wiederzusehen, hieß es.

»Man hat Sie also auch hier vermißt in den letzten drei Monaten«, sagte Karen, als nach einem langen Palaver die Bestellung aufgegeben war. »Wie überall. Demnach waren Sie oft hier.«

»Du willst wissen, ob ich oft mit Maleen hier war, nicht wahr?«

»Es fiele mir nicht ein, so eine Frage zu stellen.«

»Es wäre auch töricht, auf eine tote Frau eifersüchtig zu sein.«

»Spinnst du?« fragte Karen. Sie duzte ihn jetzt auch. »Ich bin niemals eifersüchtig.«

»Das glaube ich dir nicht. Eine Frau mit deinem Temperament!«

»Du kannst gar nicht wissen, ob ich Temperament habe. Ich bin ganz anders, als du vermutlich denkst, ich...«, sie unterbrach sich ärgerlich. Das war das typische Geplänkel Verliebter. Nicht mit mir, dache sie zornig.

Er umfaßte ihre Hand. »Warum machst du eine Faust?« fragte er zärtlich.

Wirklich, sie hatte die Hand zur Faust geballt, ohne es zu merken. Sie schüttelte seine Hand ab. »Sei nicht albern.«

Der Kellner brachte die Aperitifs.

»Ich nehme an, man weiß in diesem Lokal, was passiert ist.«

»Bestimmt wissen Sie es. Aber sie werden nicht davon sprechen. Salut!«

Und dann sagte sie wieder etwas, was sie gar nicht sagen wollte: »Du hast deine Frau nicht geliebt.«

»Wie kommst du darauf?«

»Hast du sie geheiratet, weil sie ein reiches Mädchen war?«

Er senkte die Lider über die hellen Augen, auf diese arrogante Art, die sie im Flugzeug schon bemerkt hatte.

»Auch«, erwiderte er. »Aber sie war eine sehr hübsche Frau, ich sagte es schon. Sehr lebendig, sehr temperamentvoll, und nun möchtest du wissen, wie sie aussah.«

»Keineswegs.«

»Ich sage es dir trotzdem, nur schau mich nicht so drohend an, Darling. Du hast gestern Cornelie Jacobs gesehen, nicht? So ein Typ war Maleen. Groß, blond, kraftvoll. Hübscher als Cornelie und sehr viel klüger. Und sehr eigenwillig. Sie tat immer nur, was sie wollte.«

»Fliegen zum Beispiel.«

»Richtig. Sie war schwer zu beherrschen.«

»Sagtest du beherrschen?« Karens Stimme triefte vor Ironie.

Er lachte und griff wieder nach ihrer Hand. »Ich weiß, so etwas kann eine moderne Frau nicht hören. Aber betrachte es mal ganz cool. Wenn sie mir gehorcht hätte – gehorcht, sage ich – und die dumme Fliegerei gelassen hätte, wäre sie noch am Leben. Ich gebe zu, daß eine Frau genauso gut fliegen kann wie ein Mann. Daß sie es genauso gut lernen kann. Doch ich war immer dagegen. Genau wie meine Schwiegereltern. Die waren der Meinung, wenn schon ihr Sohn ständig in der Luft herumjagt, muß seine Schwester es nicht auch noch tun. Es war einer der wenigen Punkte, in denen ich mich mit Meneer Jonckers gut verstanden habe. Er war nicht so entzückt davon, daß Maleen mich heiraten wollte. Und seine Frau auch nicht.«

»Warum nicht?«

»Eine stolze alte Burenfamilie. Wenn man ihnen glauben wollte, sind ihre Vorfahren schon mit Jan Riebeeck eingewandert. Ich bin ein Deutscher, der gerade in der dritten Generation hier lebt. Und nannte nicht einmal mehr eine Goldmine mein eigen, geschweige denn eine Farm oder ein Weingut.«

»Eine alte Burenfamilie ist dann also eine Art Adel hier.«

»Ja. Du kannst es mit den alten Bostoner Familien vergleichen. Nicht viel später als die Mayflower in Neu-England landete Jan Riebeeck am Kap.«

»Von Europa aus betrachtet ist das neueste Neuzeit.«

»Dafür war es eben hier wie in Amerika eine neue Welt.«

»Ich unterhalte mich gern mit dir«, sagte Karen spontan.

Es war wie in der Nacht im Flugzeug. Ihre Gefühle waren nicht eindeutig, sie wußte nicht, ob sie ihn mochte oder nicht. Aber er faszinierte sie, es war anregend, mit ihm zu sprechen.

»Das ist doch kein schlechter Anfang«, sagte er lächelnd. »Und um das Thema abzuschließen: reiche Eltern sind wohl in der ganzen Welt gleich, wenn es um ihre Töchter geht. Ich habe Maleen gerngehabt, auch wenn es manchen Streit gegeben hat. Als sie ihr drittes Kind erwartete, hat sie mir versprochen, mit dem Fliegen aufzuhören. Na ja! Da kommt unsere Vorspeise.«

Sie sprachen an diesem Abend nicht mehr von Maleen Heinze, geborene Jonckers, deren Körper, oder was davon übrig war, man in den unwegsamen Drakensbergen gesucht hatte. Danach zu fragen, scheute sich Karen. Hatte es eine Beerdigung gegeben, vorher eine langwierige Suche und was war von den Geschwistern gefunden worden? Und wann war Gus verschwunden? Als er von dem Unglück hörte oder hatte er quälende Zeremonien über sich ergehen lassen müssen? Gab es überhaupt ein Grab von Maleen Heinze?

Nach einer Weile sagte Gus: »Morgen fahren wir nach Kapstadt.«

»Ich glaube, du bist verrückt.«

»Ich habe es dir gestern abend gesagt.«

»Ich fliege morgen nach Kapstadt.«

»Du fährst mit mir im Blue Train. Ich habe zwei Apartments gebucht. Und selbstverständlich für Herrn Raabe auch eins.«

»Mit dem Zug! Kommt nicht in Frage.«

»Es ist der schönste Zug der Welt, und du mußt einmal mit ihm gefahren sein.«

»Der schönste Zug der Welt im schönsten Land der Welt in die schönste Stadt der Welt.«

»Genau so ist es.«

»Und wie lange soll das dauern?«

»Der Zug fährt vormittags um elf Uhr hier ab und ist genau am nächsten Tag um elf in Kapstadt. Und er wird keine Verspätung haben, das verspreche ich dir.«

»Ich habe davon gelesen«, sagte Karen nachdenklich.

»Siehst du! Du kannst dir diese einmalige Reise nicht entgehen lassen. Darüber wirst du schreiben.«

»Wie ich eben sagte, habe ich davon gelesen. Also haben schon andere Leute darüber geschrieben.«

»Es wird sich nicht mit dem vergleichen lassen, was du darüber schreibst.«

Sie mußte lachen. »Du bist ein Verführer.«

»Das hoffe ich.«

157

»Ich weiß sowieso nicht, was ich schreiben soll über dieses seltsame Land. Es gibt so viele Vorurteile, so viele Klischees. Man muß irgendwie Stellung beziehen, aber welche?«

»Du bist knapp eine Woche hier. Und bisher hast du nur gesehen, was alle sehen. Alles andere wirst du mit mir zusammen erleben.«

»Hast du denn soviel Zeit?«

»Ich habe alle Zeit der Welt für dich. Und nach Johannesburg kehre ich nicht zurück.«

»Was heißt das?«

»Diese Party gestern in Sandton, die dank dir so ein großer Erfolg war, ist mein letzter Aufenthalt in diesem Haus gewesen. Sie werden sich aufs neue darüber wundern können, wohin Gus Heinze entschwunden ist.«

»Meinst du das im Ernst?«

»In vollem Ernst.«

»Ich verstehe dich nicht.«

»Das kannst du auch nicht. Noch nicht. Ich beende einen Abschnitt meines Lebens, und ich tue das sehr radikal.«

Karen sah ihn an, sie verstand ihn wirklich nicht. Wie sollte sie auch? Sein Blick ging an ihr vorüber, er war finster und sie glaubte, Verzweiflung in seinen Augen zu lesen.

Maleens Tod war eine Tragödie für ihn, begriff sie. Seine Art, darüber zu reden, täuschte.

»Und was soll aus Abraham werden?« fragte sie.

»Um den brauchst du dir keine Sorgen machen. Er bleibt in Sandton und kümmert sich um alles, oder er wird anderswo eingesetzt, wo er gebraucht wird. Die Familie Jonckers wird ihn so wenig verlassen, wie er sie. Und das betrifft auch seine Familie. Zwei seiner Söhne arbeiten auf dem Weingut, ein dritter und seine Tochter sind bei meiner Schwägerin in Kapstadt. Siehst du, das ist auch die Wirklichkeit hierzulande. Eine weiße und eine schwarze Familie gehören in aller Selbstverständlichkeit zusammen, das geht manchmal über Generationen. Meneer Jonckers würde sich von keiner Regierung der Welt und von keinem Apartheitsgesetz vorschreiben lassen, wen er zu seinen Freunden zählt.«

»Zu seinen Dienern, willst du sagen.«

»In gewisser Weise sind sie Freunde. Darüber muß man nicht sprechen, man weiß das. Und das funktioniert so gut, weil jede Seite das richtige feeling hat.«

»Du meinst, weil jeder genau weiß, wohin er gehört?«

»So kann man es nennen. Und einer vom Stamm der Xhosa hat genauso viel Stolz wie ein alter Bure. Es gibt Schulen und sogar Universitäten für Schwarze, wie du weißt, aber sie haben bei weitem nicht die Qualität wie die Schulen der Weißen. Zweifellos steckt System dahinter, das Bildungsniveau der Schwarzen auf einem möglichst niederen Stand zu halten, denn das behindert ihre Fähigkeit, sich zu einem ernsthaften Gegner für die Weißen zu entwickeln. Es ist alles sehr wohl durchdacht, was man tut. Doch Abraham kann lesen und schreiben und vor allem hervorragend rechnen, er spricht afrikaans und englisch. Und das alles können seine Söhne ebenfalls. Soviel zur Haltung meines Schwiegervaters. Es läßt sich fast nichts in diesem Land so vereinfachen, wie man es von außen her immer versucht. Und ich weiß auch, daß Abraham sehr traurig ist, denn er hing sehr an Johan und Maleen. Er kannte die beiden, seit sie auf der Welt waren. Darum könnte ich mir vorstellen, daß mein Schwiegervater ihn kommen läßt, damit er wenigstens in der Nähe der Kinder ist.«

»Und er wäre auch sehr einsam in Sandton, wenn es stimmt, was du gesagt hast.«

»Wir haben nicht immer dort gewohnt, aber doch sehr oft. Johan kam auch, seine Frau dagegen sehr selten. Lizzy mag Johannesburg nicht. Sie ist am Kap geboren und aufgewachsen und will nirgends sonst auf der Welt sein.«

»Wie ist sie? Magst du sie?«

»Ich habe mich immer gut mit ihr verstanden. Ein zierliches, fröhliches Mädchen, immer gut gelaunt. Ja, es ist wirklich so, man sieht in ihr immer noch ein junges Mädchen, auch wenn sie zwei Kinder hat. Ich wage nicht daran zu denken, wie es Lizzy heute geht. Sie haben eine gute Ehe geführt, obwohl Johan sie manchmal betrogen hat. Das weiß ich, das wußte auch Maleen.«

»Und was sagte sie dazu?«

»Sie hat darüber gelacht. Sie fand alles großartig, was ihr Bruder tat.«

»Und was sagte Lizzy dazu, daß ihr Mann sie betrog?«

»Sie hat es nicht gewußt. So etwas war in ihrer Vorstellungswelt gar nicht vorhanden. Sie stammt aus einer Pastorenfamilie, zwar puritanisch, aber so naiv und lebensbejahend, daß keiner von ihnen je zur Kenntnis genommen hat, wie das Leben ist und wie Menschen wirklich sind. Sie wird bei ihren Eltern Trost und Hilfe finden.«

»Und sie hat deine Kinder.«

»Ja, sie könnten nirgendwo besser aufgehoben sein, solange sie klein sind.«

»Später willst du sie ja in Deutschland, England und Frankreich erziehen lassen.«

Er lachte. »Das ist doch keine schlechte Idee.«

»Hat Lizzy auch nicht gewußt, wo du warst in den vergangenen Monaten?«

»Nein.«

»Du hast dich weder um sie noch um die Kinder gekümmert?«

»Das war nicht nötig. Johans Eltern, ihre Eltern, noch eine Menge Tanten, Onkels und Cousinen kümmern sich um sie. Lizzy bewohnt ein wunderschönes Haus in Green Point, das liegt am Meer. Jeder hat sie gern. Auch meine Schwiegereltern. Obwohl sie keine gute Partie war.«

»Geld haben sie ja wohl genug.«

Karen aß eine Weile schweigend und nachdenklich. Dann sagte sie: »Es wäre vielleicht keine schlechte Idee von dir, Lizzy zu heiraten.«

Er antwortete sachlich: »Ich könnte mir vorstellen, daß dem einen oder anderen dieser Gedanke auch schon gekommen ist. Aber das geht leider nicht, weil ich dich heiraten werde.«

Karen ließ die Gabel sinken. »Vielen Dank, daß ich davon erfahre. Und wo werden wir leben? In Johannesburg? Oder in dem tollen Haus in Kapstadt? Oder gibt es sonst noch irgendwo ein Schloß?«

»Es gibt eine Farm am Sandriver, die erwähnte ich schon,

aber da wird es dir zu einsam sein. Ich dachte, wir leben in Deutschland.«

»Du bist ein Irrer.«

»Mach nicht so ein ernstes Gesicht, Karen Wieck. Eine glückliche Braut sollte lächeln.«

»Deine Frau ist seit drei Monaten tot.«

»Das weiß ich, Liebste. Wir müssen ja nicht heute und morgen heiraten. Und wir heiraten sowieso in Deutschland.«

»Und deine Kinder?«

»Was ist mit meinen Kindern? Sie sind fünf, drei und der Kleine ist gerade acht Monate alt. Und wie ich dir mehrmals gesagt habe, bestens versorgt. Es dauert noch eine Weile, bis wir sie nach Europa holen. Dann besuchen wir sie abwechselnd in Paris und London und Salem. Und unsere eigenen Kinder müssen ja auch ein schönes Heim bekommen, wir werden viel zu tun haben.«

Karen legte vorsichtig das Besteck auf den Teller, ganz langsam, am liebsten hätte sie es auf den Boden geworfen. »Ich kann nicht mehr essen«, sagte sie. »Der Appetit ist mir vergangen.«

»Du bekommst noch ein schönes Dessert. Nachspeisen sind hier besonders gut.«

»Du bist ein Irrer«, wiederholte sie.

»Nicht ganz. Ich werde dich nicht langweilen, das verspreche ich dir.«

»Wir sehen uns heute zum drittenmal.«

»Spielt das eine Rolle?«

»Ich habe nicht die Absicht zu heiraten, und schon dreimal nicht, Kinder zu kriegen.«

»Warum nicht? Eine so bemerkenswerte Frau wie du muß Kinder haben.«

Plötzlich, wie in einer Vision, sah sie Georgias Gesicht vor sich. Sich vorzustellen, sie käme aus Südafrika zurück und präsentierte Georgia einen Mann, den sie heiraten wollte – es war nicht vorstellbar.

Was war überhaupt mit Georgia? Wo war sie? Die Schwester war viel wichtiger als dieser Irre mit seinen Heiratsplänen.

»Eine ganz schlechte Partie bin ich auch nicht«, sagte er an ihrem starren Blick vorbei. »Ich erbe allerhand.«

»Wie schön für dich. Ich brauche dein Geld nicht, ich habe selber genug.« Sofort ärgerte sie sich, daß sie das gesagt hatte, es war zu viel von Geld die Rede. »Ich verdiene es«, fügte sie hinzu.

»Dazu wirst du keine Zeit mehr haben, wenn wir verheiratet sind.«

Sie warf den Kopf zurück und lachte ihm ins Gesicht. »Willst du mir das Arbeiten verbieten, wie du deiner Frau das Fliegen verbieten wolltest? Du wirst in diesem Fall so erfolglos sein wie in jenem. Und nun möchte ich gehen.«

»Nein, du wirst noch ein Dessert essen und ein Glas Champagner mit mir trinken. Und dann gehen wir. Morgen im Blue Train können wir weiter über unsere Pläne reden.«

»Unsere Pläne? Deine Pläne.«

»Bis morgen werden es auch deine Pläne sein.«

Karen sah ihm gerade ins Gesicht. »Was bildest du dir eigentlich ein?«

»Daß du mich lieben wirst, so wie ich dich liebe.«

»Liebe!« Sie spuckte das Wort geradezu heraus. »Ich habe noch nie jemanden geliebt.«

»Das dachte ich mir.«

»Außer meine Schwester natürlich. Und meine Großeltern.«

»Das dachte ich mir auch. Und nun wirst du erfahren, wie es ist, einen Mann zu lieben.«

Da waren die Kopfschmerzen wieder. Der Mann, der ihr gegenübersaß, blickte sie an wie ein Hypnotiseur. Am liebsten hätte sie in dieses Gesicht geschlagen.

Aber sie wußte, daß sie ihn schon liebte. Oder wie immer man das bezeichnen sollte, dieses idiotische Gefühl, das ihre Gedanken, ihre Hände, ihre Beine lähmte. Sie würde niemals von diesem Stuhl aufstehen können.

»Ich muß Georgia noch anrufen. Ich mache mir Sorgen um sie«, ihre Stimme klang heiser.

»Was ist mit ihr?«

»Ach, nichts. Gib mir eine Zigarette. Mir ist nicht gut.«

»Dann solltest du nicht rauchen.«

»Gib mir eine Zigarette und hör auf, mir Vorschriften zu machen. Und versuch niemals, mich zu beherrschen. Das wird dir nicht gelingen.«

Er lächelte, reichte ihr sein goldenes Etui, und Karens Finger zitterten, als sie eine Zigarette daraus nahm. Er faßte nach ihrer Hand und küßte sie.

»Wir haben Zeit genug. Ich werde dir keine Vorschriften machen, ich werde nie versuchen, dich zu beherrschen. Ich werde dich nur lieben. Und ich werde dich so lieben, daß meine Gedanken deine Gedanken sind.«

»Zum Teufel mit dir«, sagte Karen Wieck.

Und während sie heftig an der Zigarette zog und den Rauch tief einatmete, was ihre Kopfschmerzen jäh verstärkte, dachte sie: Warum, verdammt noch mal, mußte ich nach Südafrika fahren? Die Welt ist groß genug, warum ausgerechnet Südafrika?

# Danke, Georgia

Die Lust, zum Käfer zu gehen, um dort einzukaufen und zu essen, hatte Georgia schon verloren, nachdem Frau Moser das Haus verlassen hatte. Warum sollte sie dort allein herumsitzen, sie konnte sich genausogut ein Rührei machen. Aber wenigstens sollte sie einkaufen, damit sie über das Wochenende zu essen hatte. War auch überflüssig, in der Tiefkühltruhe lagen noch die Steaks und ein bißchen Gemüse.

»Ich habe gesagt, ich gehe einkaufen, und nun gehe ich einkaufen. Du bleibst hier, Pedro. Aber morgen besuchen wir wieder Tassilo, und da laufen wir das ganze Stück. Du siehst ja, es regnet nicht mehr.«

Sie ging hinauf, stand eine Weile unschlüssig vor den Kleiderschränken. Ein Kostüm am besten; aber sie fuhr ja mit dem Taxi hin und zurück, da genügte auch die Lederjacke, und da es kühl war, würde sie einen Pullover darunter anziehen. In Hosen und Pullover kam sie wieder herunter, die Lederjacke hing noch unten in der Garderobe.

Auf dem Tisch in der Diele lag ein kleiner Stapel Post, den Frau Moser dort sorgfältig aufgeschichtet hatte. Karens Post kam auf Karens Schreibtisch, was hier unten blieb und neben den Zeitungen lag, waren meist Prospekte, Einladungen, Offerten von Geschäften, die ihre Angebote anpriesen.

»Die Post!« hatte Frau Moser an diesem Morgen gesagt und mit dem Finger auf das Häufchen gedeutet.

»Ja, ja«, hatte Georgia geantwortet, »ich schau's mir nachher an.«

Frau Moser hatte die Briefe umgeschichtet. Oder war der Umschlag, der oben lag, heute erst gekommen?

Georgia nahm ihn in die Hand. Ein ziemlich dicker Brief, er war an sie gerichtet, die Adresse mit der Hand geschrieben. Kein Absender.

Sie zögerte, den Brief in der Hand. Die Schrift war schön, das G groß und geschwungen, so machte sie das G auch.

Das Wieck war flüssiger, kleiner, nach dem Ende zu dünner. Georgia griff sich mit der Hand an den Hals. Sie wußte sofort, von wem der Brief kam.

Warum lag kein Brieföffner auf dem Tisch? Sie riß den Umschlag hastig mit dem Finger auf, ein handgeschriebener Brief, ein paar Blätter.

»Georgia, mein liebes Kind, erlaube, daß ich Dich einmal so nenne. Ich wollte aus München verschwinden, ohne daß Du wissen solltest, wer ich bin. Mein Wunsch war nur, Dich und Karen einmal zu sehen, denn ich habe kein Recht darauf, in Euer Leben einzudringen. Das hatte ich Frau Lossen auch erklärt, als sie mich einlud, für einige Tage nach München zu kommen. Sie war sehr freundlich zu mir, sagte, sie sei mit Dir und Deiner Schwester eng befreundet, und ich merkte erst bei unserer Begegnung, daß bei ihr vor allem Neugier und eine gewisse Bosheit im Spiel waren. Ich bin dann einfach weggelaufen, verzeih mir, aber versteh es bitte auch. In den letzten Tagen war ich sehr verwirrt, ich wußte nicht, was ich tun sollte, bin ziellos in München herumgelaufen, und ich war auch einmal da draußen bei dem Haus der Klingenthals, ich bin daran vorbeigegangen, ein Mann arbeitete im Garten, und als ich stehenblieb, blickte er mich sehr streng an.«

Georgia ließ den Brief sinken. Also doch, er war hier gewesen, sie hatte es die ganze Zeit befürchtet.

»Gestern nun war ich in der Redaktion und verlangte, Frau Lossen zu sprechen, das war gar nicht so leicht, aber ihre Sekretärin informierte sie dann doch, sie kam heraus, wir sprachen kurz miteinander, sie bot mir keinen Platz an.«

Verdammte Briefkastentante! Ließ den Mann kommen und behandelte ihn wie den letzten Rotz. (So hätte es Karen ausgedrückt.) »Aber ich erfuhr bei dieser Gelegenheit, daß sie Dir gesagt hat, wer ich bin. Und Du hast ihr nicht geglaubt. Das verstehe ich.

Ehe ich nun abreise und Euch nie wieder behelligen werde, das verspreche ich, möchte ich Dich wissen lassen, daß ich wirklich Georg Wieck bin, Dein Vater. In diesem Brief findest Du eine Kopie meines Passes, meiner Geburtsurkunde, meiner Heiratsurkunde mit Angelika Klingenthal. Das trage ich immer bei mir, und ich habe heute die Kopien anfertigen lassen. Denn wenn ich Dich auch nie wiedersehen werde, sollst Du doch nicht denken, einem Betrüger gegenübergesessen zu haben. Gott schütze Dich, mein Kind!

Georg Wieck.«

Es war ein langer Brief, die Schrift wurde gegen Ende fahrig und zerfloß am Ende der Zeile.

Georgia sah in die Luft. Es mußte mühsam gewesen sein, diesen Brief zu schreiben.

Keine Adresse. Aber sie kannte ja den Namen der Pension.

Sie nahm nacheinander die Kopien in die Hand. 1923 war er geboren, dann war er jetzt vierundsechzig Jahre alt. Und 1955 hatte er Angelika Klingenthal geheiratet, im Mai. Ende September '55 war Karen geboren.

Georgia saß eine Weile, ohne sich zu bewegen, hilflos, ratlos.

Was sollte sie jetzt tun?

Oder besser: Was hätte Karen getan?

Pedro saß erwartungsvoll vor ihr, er hatte mitbekommen, daß sie ausgehen wollte.

»Ich hab' dir doch gesagt, ich nehm' dich nicht mit. Ich geh' nur schnell einkaufen. Was soll ich denn tun, Pedro?«

Sie las den Brief noch einmal. Linda, dieses Miststück, Sie hatte ihn abgefertigt wie einen Bittsteller. Und was würde sie noch tun? Sie konnte darüber reden, hier und dort, am wirkungsvollsten gegenüber Journalisten. Nein, sie würde es nicht tun, sie hat Angst vor Karen.

Also, am besten war es, den Brief zu vergessen. Sie konnte ihn aufheben, und Karen konnte ihn lesen, wenn sie zurückkam. Er war also hier am Haus gewesen, Herr Huber hatte ihn gesehen. Falls sie gerade gegangen oder gekommen wäre, hätte sie ihn getroffen. Aber sie hatte das Haus ja kaum verlassen. Vielleicht war er am Abend noch einmal da gewesen, hatte das Licht hinter den Fenstern gesehen, Georgia zog fröstelnd die Schultern zusammen. Was hätte sie getan, wenn er geklingelt hätte?

Pedro hätte gebellt, und sie hätte nicht aufgemacht. Und wenn er...

In diesem Augenblick läutete das Telefon. Sie fuhr zusammen wie vor einem Donnerschlag.

Das war er. Sie ging nicht hin. Wenn er gestern den Brief geschrieben hatte, rief er heute an. Der Brief konnte noch gar nicht da sein. Es war überhaupt ein Zufall, daß sie ihn gelesen hatte.

Es könnte Karen sein. Sie war in Kapstadt und wollte ihre neue Adresse mitteilen.

Wenn es nicht Karen war, legte sie den Hörer wieder auf. Aber dann wußte er, daß sie da war.

Aber sie mußte Karen sprechen. Karen mußte kommen, sofort. Es läutete immer noch.

Sie stand auf und ging zu dem Apparat in der Diele. Nahm langsam den Hörer auf.

»Ja?«

Es war Lorenz Balke.

»Wie schön, daß ich Sie antreffe, Georgia. Wie geht es Ihnen?«

»Oh, danke, gut.«

»Ich wollte fragen, ob Sie morgen abend mit mir essen gehen.«

»Nein, ich...«

»Sagen Sie nicht gleich nein. Ich würde Sie so gern wiedersehen.«

»Nein, es geht nicht. Ich habe morgen abend schon etwas vor.«

»Dann nächste Woche mal? Bitte, ja. Wir könnten...« Er redete eine Weile, nannte ein paar Lokale, fragte, wo sie am liebsten hingehen wolle. Oder vielleicht lieber...

»Rufen Sie mich nächste Woche noch mal an. Ich bin in Eile. Ciao, Lorenz.«

Sie legte hastig den Hörer auf. Dann griff sie in das Fach unter dem Tisch, suchte nach dem Telefonbuch. Da war es nicht, es war in Karens Zimmer.

Sie könnte in der Pension anrufen und fragen, ob Herr Wieck abgereist sei. Wenn er weg wäre, um so besser. Aus und erledigt.

Herr Wieck sei abgereist, erfuhr sie. Nein, noch nicht ganz

abgereist, er habe nur das Zimmer geräumt, sein Koffer sei noch da, er fahre heute abend mit einem Nachtzug.

»Wohin?« fragte sie.

Die Stimme am anderen Ende klang erstaunt.

»Wohin? Des woaß i net.«

»Aha, danke schön.«

Er war weg und auch wieder nicht weg. Er fuhr mit dem Nachtzug. Vermutlich nach Italien. Irgendwohin mußte er ja fahren.

»Die Rechnung schick' ich dann an die Zeitung.«

»Ja, bitte.«

Georgia saß eine Weile an Karens Schreibtisch, dann ging sie zum Fenster und blickte in den Garten. Dann zum Gangfenster, um auf das Gartentor zu sehen.

War ja möglich, er ging zum Abschied noch mal an diesem Haus vorbei.

Wie mochte das damals gewesen sein? Angelika Klingenthal lebte in diesem Haus, wohlbehütet, geliebt. Wo hatte sie Georg Wieck getroffen, wie und wo war sie seine Geliebte geworden? Panino mußte damals so alt gewesen sein wie Georg Wieck heute. Etwas jünger. Und was hatte Angelika gemacht? Hatte sie einen Beruf gehabt, hatte sie eigentlich jemals etwas gearbeitet? 1955, zehn Jahre nach Kriegsende.

Georgia stand und starrte in den Garten. Während des Krieges, noch von Berlin aus, hatte Panino das Haus gekauft. Einige Leute von der Bank hatten darin gewohnt, das hatte er mal erzählt, seine Frau und Angelika nicht, sie waren in Österreich auf dem Land, weit weg von den Bomben. 1944 war Paninos und Amilis Sohn gefallen. Darüber hatten sie nie gesprochen.

Und wann waren sie in dieses Haus gezogen, wann wurde es so eingerichtet, wie es heute aussah?

Georgia preßte die Stirn an die kühle Fensterscheibe. Sie hatte nie danach gefragt, sie war von sagenhafter Gleichgültigkeit gewesen.

Ihr fiel ein, was Panino einmal gesagt hatte: »Du bist wie eine von meinen Rosen. Schön und sich selbst genug.«

Und nun stand sie hier mit dem Vater als Ballast.

Warum war Karen nicht hier?

Georgia wandte dem Fenster den Rücken zu.

Sie würde jetzt vors Haus gehen und nachsehen, ob er irgendwo in der Gegend war. Auf einmal brannte sie vor Neugierde. Sie wollte wissen, wie er war, wer er war. Ob er Angelika geliebt hatte, was er getan hatte, damals, warum er fortgegangen war.

Im Fortgehen war er wohl ein Meister. Schrieb einen albernen Brief und verschwand einfach. O nein, Georg Wieck, ich möchte wissen, wer du bist.

Sie ging hinunter, zog die Lederjacke an. »Komm, Pedro. Wir gehen ein Stück.«

Es war kühl, windig, dunkle Wolken zogen wieder über die Bäume, es dämmerte schon. Novembertage. Georgia ging zur Isar, ein Stück nach Norden, ein Stück nach Süden, dann rundherum die Straßen auf und ab. Keine einsame, hagere Gestalt stand da. Niemand. Also gut, Vater, dann gute Reise. Auf Nimmerwiedersehen. Wo lebst du, wie lebst du, wovon lebst du? Die Frau hat dich verlassen, der Sohn ist nicht dein Sohn. Du hast Rückenschmerzen und keinen Job mehr.

Was geht mich das an?

Eine Woche München, nicht mehr so hübsch wie damals, sondern laut, von Autos zerstört, die Luft verpestet. Aber das Haus in Bogenhausen ist noch da, hier wohnen deine Töchter, und eine davon hast du gesehen. Und dann hast du geweint und bist fortgelaufen. Fortlaufen kannst du gut.

Georgia kam ins Haus, als die ersten Tropfen fielen. Pedro schüttelte sich, lief zu seiner Wasserschüssel, schlabberte ein paar Schlucke, setzte sich dann erwartungsvoll vor sie hin.

»Es ist noch zu früh zum Abendessen. Na schön, einen Cake. Ich habe überhaupt nichts zu essen bekommen. Ich wollte doch zum Käfer. Einkaufen kann ich immer noch, es ist gerade fünf. Ich bestelle mir ein Taxi und kaufe mir ganz herrliche Sachen. Einen Hummer oder Kaviar. Oder ein...« sie legte den Kopf in den Nacken. »Irgend etwas von der warmen Theke und viel Salat. Und dir bringe ich auch was mit. Dann trinke ich eine Flasche Wein, und vielleicht ist was Schönes im Fernsehen. Und dann...«

Als das Taxi kam, gab sie den Namen der Pension an.

Der Fahrer war ein Ausländer. Er wollte die Straße wissen.

»Die Straße? Es ist in Schwabing.«

Der Mann sah sie mit dunklen Augen geduldig an.

»Warten Sie, ich schau' nach.«

Zurück ins Haus, das Telefonbuch in Karens Zimmer, es lag noch aufgeschlagen auf dem Schreibtisch.

Georgenstraße. Der Abendverkehr war dicht, es dauerte eine Weile, bis sie hinkamen.

Wenn er inzwischen seinen Koffer abgeholt hatte, war er eben weg. Auch gut. Georgia würde erleichtert sein.

Sie kamen gleichzeitig vor dem Haus an. Georgia mit dem Taxi, Georg Wieck zu Fuß.

Es regnete wieder, er hatte den Kragen seines Trenchcoats aufgeschlagen, er trug keinen Hut, sein Haar war naß.

Sie standen und sahen sich an.

»Ich will nur meinen Koffer holen«, sagte der Mann. »Ich fahre heute abend ab.«

»Ja, ich weiß.« Georgia war ganz ruhig, ganz kühl. »Holen Sie den Koffer, ich bringe Sie zum Bahnhof.« Und zum Taxifahrer: »Bitte, warten Sie einen Moment.«

Als sie im Taxi saßen, fragte er: »Sie haben meinen Brief bekommen?«

»Ja, ich habe ihn gerade vorhin erst gelesen.«

»Und woher wußten Sie, daß ich hier gewohnt habe?«

»Linda hat es mir gesagt. Beziehungsweise ihre Sekretärin.« Kühl und ruhig, ihre Stimme ganz normal, sie war in keiner Weise aufgeregt.

Als sie vor dem Bahnhof standen, fragte sie: »Wann geht denn der Zug?«

»Erst später, in zwei oder drei Stunden, ich weiß nicht genau. Irgendeiner wird schon fahren.«

»Wohin?«

Er hob unsicher die Hand, er sah sehr alt aus, sehr kümmerlich, aber seine Hand war schön.

170

»Irgendwohin.«

»Nach Venedig?«

»Ich wohne dort.« Er neigte leicht den Kopf. »Ich will Sie nicht aufhalten. Es war schön, daß ich Sie noch einmal gesehen habe. Und verzeihen Sie die Zudringlichkeit mit dem Brief.«

»Wir können ja noch ein paar Worte miteinander sprechen. Zum Beispiel über den Brief.«

Das Bahnhofsrestaurant war voll, Georgia blickte sich irritiert um.

»Hier nicht«, sagte sie. »Über der Straße ist ein Hotel, da gibt es ein Restaurant. Wir können dort eine kleine Weile sitzen.«

»Dann bringe ich den Koffer in ein Schließfach.«

»Ja, das ist eine gute Idee.«

Der Koffer war nicht groß, viel konnte nicht darin sein. Unter dem Mantel trug er denselben Anzug wie vor einer Woche. Jedenfalls glaubte Georgia, es sei derselbe Anzug, so genau hatte sie ihn nicht angesehen.

Das Lokal war gemütlich, zu dieser Stunde noch wenig besucht.

»Was darf ich Ihnen bestellen?« fragte er höflich.

»Ich werde ein Viertel Wein trinken«, antwortete sie sachlich. »Und wir könnten auch eine Kleinigkeit essen. Wer weiß, ob der Zug einen Speisewagen hat.«

»Diese Nachtzüge haben nie einen Speisewagen. Ich hätte mir noch ein Sandwich gekauft oder irgend so etwas.«

»Nun, dann werden wir hier ordentlich essen.« Sie lehnte sich zurück, entspannt, zufrieden mit sich selbst, mit ihrer Ruhe, ihrer Gelassenheit.

Karen müßte mich sehen. Oder Panino.

»Ich habe heute auch noch nichts Richtiges gegessen. Schaun wir mal in die Speisekarte.« Sie lächelte dem Kellner zu, der an ihren Tisch getreten war.

Nachdem sie gewählt und bestellt hatten, fragte sie: »Haben Sie wirklich als Kellner in Venedig gearbeitet?«

»In den letzten Jahren, ja. Hat Frau Lossen das erzählt?«

»Alles, was ich über Sie weiß, weiß ich von ihr. Man muß

allerdings Linda nicht alles glauben. Sie hat auch gesagt, daß Sie mein Vater sind.«

»Und Sie haben es nicht geglaubt?«

»Nein. Ein bißchen schon.« Sie blickte auf seine Hände. Sie sahen sich an.

Der Mann sah elend aus, das Gesicht tief zerfurcht. »Doch Sie glauben mir nun, nachdem Sie den Brief gelesen haben?«

»Der Brief...«

»Ja, die Dokumente.«

Den Paß und die Papiere kann er gestohlen haben, dachte Georgia. Beispielsweise einem Mann, der in dem Hotel in Venedig gewohnt hat.

Sie war richtig stolz, daß ihr das eingefallen war. Karen hätte auch an so etwas gedacht. Aber sie sprach es nicht aus.

»Erzählen Sie mir bitte, was Sie die vergangene Woche in München gemacht haben. Haben Sie Frau Lossen wirklich in der ganzen Zeit nicht gesehen?«

»Nein, wie ich schrieb, war ich nur kurz bei ihrem Magazin. Ein sehr imponierender Betrieb.« Ein kleines Lächeln. »Sie hat mir nicht einmal das viel gerühmte Novemberheft geschenkt.«

»Ach ja, mit den Bildern von Ihrem Sohn.«

»Aldo ist nicht mein Sohn.«

»Der Sohn Ihrer Frau, ich weiß.«

»Ich war mit Giovanna nicht verheiratet. Wir haben einige Jahre zusammen gelebt. Ich konnte gar nicht heiraten, meine Ehe mit Angelika war nicht geschieden.«

»Aber meine Mutter ist schon lange tot.«

»Das habe ich nicht gewußt.«

»Das haben Sie nicht gewußt?«

»Herr Klingenthal hat sich geweigert, mit mir zu sprechen, er hat keinen meiner Briefe beantwortet, nachdem er mich aus dem Haus geworfen hatte.«

»Wollen Sie sagen, Sie haben mit... mit meiner Mutter und den Kindern in dem Haus in Bogenhausen gewohnt?«

»Ja.«

Georgia nahm einen Schluck von ihrem Wein, ihr war auf einmal schwindelig. Sie hatte nichts gegessen seit dem Frühstück, ihre Ruhe war nur Fassade.

»Mir scheint«, sagte sie langsam, »es gibt eine ganze Menge zu besprechen. Aber nicht heute abend. Wir werden essen, und dann werde ich hier im Hotel fragen, ob ein Zimmer frei ist. Wenn ich richtig verstanden habe, ist Ihre Reise nicht so wichtig. Wir können uns morgen in Ruhe unterhalten.«

Nun weinte der Mann wieder.

»Ja«, sagte er mit erstickter Stimme. »Ja. Danke... Georgia.«

# Georg Wieck

Geboren war er in einer kleinen Stadt in Westfalen in jenem Jahr, als die Inflation ihrem katastrophalen Höhepunkt entgegenging. Sein Vater ging im Sommer des Jahres '23, ehe das Kind zur Welt kam, nach Berlin, ohne zu wissen, was er dort tun und wovon er leben könnte. Er hatte den Krieg hinter sich, zwei Jahre Gefangenschaft im sowjetischen Rußland, er war ziemlich schwer verwundet worden, sein linker Arm blieb nach einem Ellenbogendurchschuß gelähmt, ein Ohr fehlte ihm. Die kümmerliche kleine Gastwirtschaft seiner Eltern mit den trinkenden, unzufriedenen Männern, ihr Gerede über den verlorenen Krieg und die schlechten Zeiten, die mürrische Miene seines Vaters, das Gejammer seiner Mutter konnte er nicht mehr ertragen. Und nun bekam die Frau auch noch ein Kind. Er machte ihr das gewissermaßen zum Vorwurf, es war keine Zeit, um ein Kind in diese irrwitzige Welt zu bringen. Er hatte verlangt, daß sie es abtreiben ließ, aber sie wollte nicht.

Es war wohl das erstemal in ihrem Leben, daß die kleine schüchterne Frau den Gehorsam verweigerte. Er hatte Minni, eigentlich Wilhelmine, im Krieg kennengelernt, sie war der typische Urlaubsflirt, beim nächsten Urlaub hatte er sie geheiratet, eine Kriegsehe, schnell und unbedacht geschlossen. Sie stammte aus ein wenig besseren Verhältnissen als ihr Mann, eine kleinbürgerliche Beamtenfamilie, und schon damals in ihrer Kindheit und Jugend, hatte man ihr immer vorgeschrieben, was sie tun durfte und was nicht. Der recht gutaussehende Unteroffizier Kurt Wieck war ihr erster Mann und würde auch der einzige bleiben. Es war verwunderlich, daß nicht gleich etwas passiert war, aber nun erwartete sie das Kind und sie wollte es. Die Kneipe ihrer Schwiegereltern verabscheute sie, aber sie mußte dort in dem Hinterzimmer wohnen, immer den

Bier- und Schnapsgeruch in der Nase, die gröhlenden Stimmen der betrunkenen Männer in den Ohren.

Kurt Wieck war zwar lädiert aus dem Krieg zurückgekehrt, aber er lebte, was ein kleines Wunder war, und so hatte sie wenigstens einen Mann, wenn er allerdings auch meist schlechter Laune war. In einem Punkt waren sie sich einig, sie wollten fort, wollten anderswo leben.

So kam Kurt Wieck auf die Idee mit Berlin, das sei eine große, herrliche Stadt – er hatte sie im Krieg kennengelernt – dort gäbe es bestimmt eine Möglichkeit, Arbeit zu finden, ein besseres Leben zu führen. Einen Beruf hatte er zwar nicht, aber das bekümmerte ihn wenig, er war sicher, daß es ein großartiges Leben in dieser großartigen Stadt für ihn geben würde. Er ging zuerst, sie sollte in Gottes Namen das Kind bekommen, und wenn er Fuß gefaßt hätte, sollte sie nachkommen. Sie bekam das Kind in dem stinkenden Hinterzimmer, ein wunderschönes Kind wie sie fand, es war ein Knabe, sie ließ ihn auf den Namen Kurt Georg taufen. Georg hieß ihr Vater. Hatte ihr Vater geheißen, er war aus dem Krieg nicht zurückgekehrt, ihre Mutter, kränklich und ewig klagend, lebte nun bei Verwandten im Münsterland.

Als sie wieder auf den Beinen war, mußte sie in der Kneipe helfen, denn wenn sie und das Kind hier schon ernährt wurden, fanden die alten Wiecks, könne sie auch etwas dafür tun. Das sah sie ein.

Aus Berlin kam selten eine Nachricht, und schon gar nicht eine gute.

Das Ende der Inflation, die Zeit der neuen Reichsmark, war schon schwer genug für Menschen in einigermaßen etablierten Verhältnissen, für Kurt Wieck war es eine hoffnungslose Zeit. Er kam sehr schnell auf die schiefe Bahn, zuerst waren es kleine Diebereien, dann geriet er in einen Kreis gewiefter Ganoven, da ging es ihm ein bißchen besser, er ließ Frau und Kind wirklich nach Berlin kommen. Minni hatte keine Ahnung, was er wirklich tat, sie glaubte unbesehen alles, was er ihr vorlog, und als er zwei Jahre später im Knast landete, fiel sie aus allen Wolken. Minni mußte zurückkehren in die Kneipe, in das Hinterzimmer, zu der verabscheuten Arbeit einer unbezahlten Kellnerin.

Die Parallelität zum Leben des Franz Klingenthal war verblüffend. Auch er hatte sich ja zur gleichen Zeit in Amerika am Rande der Kriminalität bewegt, nur fand er den Weg zur Börse und zum Geld.

Kurt Wieck war und blieb ein armer Hund, es ging ihm erst ein wenig besser, als die Nationalsozialisten an die Regierung kamen. Er hatte sich ziemlich bald den Nazis angeschlossen, mit dem Kommunismus hatte er nichts im Sinn, den hatte er während der Gefangenschaft kennengelernt. Er war zwar vorbestraft, aber er war auch Kriegsteilnehmer, verwundet, so bekam er einen Job in einer Speditionsfirma, nachdem er in seine Heimatstadt zurückgekehrt war und avancierte später zum Lageraufseher, das ging auch mit dem lahmen Arm.

Immerhin reichte es dann zu einer kleinen Wohnung, die Minni versorgte, als handele es sich um einen Palast. Mit dem Mann kam sie einigermaßen zurecht, er redete wenig, aber er mißhandelte sie nicht und war eigentlich auch ganz glücklich über den kleinen Sohn. Die Kneipe zu übernehmen, wie seine Eltern es forderten, weigerte er sich. Georg Wieck war zehn Jahre alt, als das Naziregime begann, in der Schule war er recht gut, und seine Mutter kämpfte mit nie gekannter Energie dafür, daß er eine höhere Bildung bekam. So wie sie darauf beharrt hatte, ihn zur Welt zu bringen, wollte sie nun mit allen Mitteln ein besseres Leben für ihn.

Auch in der Realschule kam er mühelos mit, er schrieb gute Aufsätze, lernte englisch, nur in Mathematik war er schwach, ein schlechter Turner, aber ein begabter Zeichner und Bastler. Er war ein Pimpf im Jungvolk der Hitlerjugend, das gefiel ihm ganz gut, sie machten Ausflüge in die Umgebung, sangen markige Lieder, er wurde kräftiger und ein tüchtiger Sprinter, seinen ersten sportlichen Erfolg heimste er im Hundert-Meter-Lauf ein, was ihn sehr stolz machte. Abitur war trotzdem nicht drin, er verließ die Schule mit der Mittleren Reife, aber einen Beruf zu erlernen, war auch ihm nicht vergönnt, denn nun begann der nächste Krieg. Ein halbes Jahr Arbeitsdienst, dann wurde er Soldat, und er blieb es bis zum bitteren Ende. Nur, daß er, im Gegensatz zu seinem Vater, Glück hatte.

Zuvor aber war seine Mutter gestorben, ein Verlust, über den er nie hinwegkam, denn was Liebe war, was Fürsorge, Geborgenheit bedeutete, das hatte er bei ihr erfahren.

Minni Wieck starb an Tuberkulose, die in all den vergangenen Jahren ihr Zerstörungswerk in ihr ausgeübt hatte. Die Nazis hatten zwar mit großer Konsequenz gegen diese Krankheit gekämpft – genau wie gegen die Syphilis, die immer noch weit verbreitet war – es gab eine strenge Meldepflicht und rigorose Kuren, doch für Minni kam jede Hilfe zu spät. Man schickte sie noch in den Harz, doch sie starb im ersten Jahr des Krieges, verbraucht, zermürbt und nun auch noch Tag und Nacht gepeinigt von der Angst, was aus ihrem Sohn werden sollte.

Georg Wieck verlebte den Krieg höchst angenehm. In Polen war er nicht dabei, da war er noch beim Arbeitsdienst, dann kam er ins besetzte Frankreich und landete als Ordonnanz in einem Offizierscasino.

Er war ein gutaussehender Bursche mit dunklem Haar und dunklen Augen, liebenswürdig, heiter und mit einem besonderen Talent, mit Frauen umzugehen. Nicht nur er selbst hatte immer eine hübsche Freundin, er versorgte auch seine Offiziere mit passendem Umgang. Er nahm kein Geld dafür, er war kein Zuhälter, aber er kannte immer fesche Mädchen, die er an den Mann brachte, was natürlich seine Beliebtheit bei den Vorgesetzten steigerte und ihm seine Position sicherte.

Er sprach perfekt französisch, und als er auf dem Rückzug in englische Gefangenschaft geriet, frischte er seine Englischkenntnisse auf, er mußte dolmetschen, und sein angeborener Charme half ihm auch hier, er war kein Parteigenosse gewesen, kein Offizier, ein hübscher junger Mensch nur, freundlich, hilfsbereit, und er war niemals in die Lage gekommen, auf einen anderen Menschen zu schießen zu müssen. Dann landete er bei seinen Großeltern in der Kneipe, wo auch sein Vater wieder lebte. Die kleine Stadt hatte zwar viele

Bombenangriffe über sich ergehen lassen müssen, aber die Kneipe hatte alles überstanden, das Bier war dünn, der Schnaps wurde schwarz unter der Theke gehandelt, aber sonst war es wie früher auch.

Nur daß jetzt mit schwungvoller Schrift auf einer Tafel, später auch auf einem Plakat angepriesen wurde, was es zu essen und zu trinken gab an dem jeweiligen Tag. Nach der Währungsreform, als wirklich wieder eine ausreichende Auswahl vorhanden war, wurden die Angebote immer farbiger und ausdrucksvoller angepriesen.

Dann kam der eine oder andere Ladenbesitzer aus der Nachbarschaft und fragte, ob der Georg nicht auch ihm einmal so ein Plakat malen könne.

Er konnte, und er kassierte dafür, und von da an nannte er sich Werbegraphiker. Er hatte das nie gelernt, aber er hatte Talent.

Wenn ihm jetzt vielleicht einer zu einer Ausbildung geraten hätte, seine Mutter zum Beispiel, so hätte er zu einem lukrativen Beruf kommen können. Denn die Zeiten wurden immer besser, und Werbung immer wichtiger.

Sein Großvater starb, nicht viel später sein Vater, das war Anfang der fünfziger Jahre, die Großmutter, auch schon alt, konnte die Kneipe nicht allen führen. Und Georg Wieck wollte nicht.

Es wurde also verkauft, die Großmutter kam in ein Altersheim, und er begann, mit dem geringen Erlös aus dem Verkauf, der für ihn geblieben war, ein neues Leben.

Weg aus der Kleinstadt, aber nicht nach Berlin wie sein Vater, nach München, das war die Stadt, von der man wahre Wunderdinge hörte.

1952 kam er dort an. Nannte sich Werbegraphiker, suchte Arbeit, hier und da hatte er eine, bekam einen Auftrag, lebte von der Hand in den Mund, lebte aber voll Vergnügen, fand Freunde, besonders im Schwabinger Milieu, denn er war schließlich ein Künstler, und solche wie ihn gab es viele dort, er hatte immer eine attraktive Freundin, leistete sich auf Raten ein kleines Auto, lebte manchmal auf Pump, große Pläne hatte er nicht, und Ehrgeiz plagte ihn schon gar nicht.

Im frühen Sommer des Jahres 1954 begegnete er Angelika Klingenthal, und es war Liebe auf den ersten Blick.

Das war ein anderes Mädchen als jene, die er bisher gekannt hatte. Sie war zart, scheu, blond, große Augen im feingeschnittenen Gesicht, und sie erinnerte ihn an seine Mutter, die er nie vergessen konnte, um die er immer noch trauerte.

Angelika hatte gerade das Abitur bestanden, kein glanzvoller Abschluß, aber die Lehrer wußten, wie empfindsam dieses junge Mädchen war, wie leicht es aus der Fassung geriet, sie hatten es ihm nicht schwer gemacht.

Es war ein schöner Sommertag, und die Abiturklasse feierte das große Ereignis bei einem ausführlichen Eisessen auf der Leopoldstraße, sie waren vergnügt, kicherten und gakkerten, ein paar Jungs waren auch dabei, und sie berieten lautstark, was man alles an diesem Tag und Abend noch beginnen könnte.

Georg Wieck saß am Nebentisch, er hörte und sah alles, amüsierte sich genauso wie auch andere Gäste, die an den Tischen vor der Eisdiele saßen. Doch er sah vor allem dieses blonde, liebliche Mädchen im himmelblauen Kleid.

Lieblich, das war der richtige Ausdruck, um Angelika Klingenthal zu beschreiben.

Eines der Mädchen stieß Angelika an und sagte: »Anschi, ich glaube, du hast nebenan einen Verehrer gefunden.«

Georg stand auf, trat an den Tisch, lachend. »Sie haben es erkannt, mein Fräulein. Und ich habe gehört, was Sie hier feiern. Herzlichen Glückwunsch Ihnen allen. Ich kann mich noch gut daran erinnern, wie glücklich ich war nach bestandenem Abi.«

Die Mädchen lachten mit, redeten ungeniert mit ihm, nur Angelika schwieg und errötete unter seinem eindringlichen Blick. Er zog sich seinen Stuhl heran, setzte sich ungeniert, was ihm indignierte Blicke der Jünglinge eintrug, doch das störte ihn nicht.

»Falls Sie nicht wissen, wie Sie den Abend weiterfeiern sollen«, sagte er, »schlage ich vor, wir gehen in die *Seerose*. Dort verkehren Künstler wie ich, dort wird es Ihnen bestimmt gefallen.«

Das fand allgemeine Zustimmung, nur Angelika sagte: »Aber ich muß um neun zu Hause sein.«

»Da haben wir noch viel Zeit, Anschi«, sagte er, »es ist gerade erst sechs Uhr.«

Die anderen lachten, um neun zu Hause sein, die Zeiten seien ja wohl jetzt vorbei, und Anschi werde sich auch daran gewöhnen müssen, erwachsen zu sein.

Sie landeten wirklich in der *Seerose,* dort trafen sie auf Bekannte von Georg, Künstler oder solche, die sich dafür hielten, sie tranken Wein, es gab auch was zu essen, es wurde lustig, und es war rundherum ganz harmlos, nur nicht für Angelika. Der dunkelhaarige Mann saß dicht neben ihr, er berührte ihre Schulter, ihre Hand, aber vor allem waren es seine Augen, die sie nicht losließen. Sie bestand trotzdem darauf, um neun nach Hause zu gehen, zuvor hatte sie dort angerufen, ihr Vater war nicht da, er war damals noch aktiv in seinem Bankhaus tätig, doch ihre Mutter, wie immer voll Angst, bat das Kind doch zu kommen, am besten mit einem Taxi.

Ein Kind, das war Angelika tatsächlich noch, und auch als Georg sie auf dem Heimweg küßte, empfand sie wie ein erstauntes, doch zugleich zutrauliches Kind.

Sie liefen den ganzen Weg bis zum Haus in Bogenhausen, es war ein weiter Weg, und es war viel später als neun, als sie dort ankamen.

Franz Klingenthal stand vor dem Gartentor, besorgt um seine Tochter, und Amelia drinnen im Haus war wieder einmal einem Nervenzusammenbruch nahe. Nachdem ihr Sohn gefallen war, hatte sich ihr Zustand verschlechtert, sie war so labil, so ständig von Angst geplagt, daß man oft kein vernünftiges Wort mit ihr reden konnte. Das beeinflußte auch Angelikas Entwicklung, unter diesem ständigen Druck konnte sie eigentlich nicht zu einer normalen jungen Frau heranwachsen.

Georg Wieck machte eine artige Verbeugung, nannte seinen Namen, Franz Klingenthal musterte ihn kurz und genau, ließ ihn dann stehen, ging mit Angelika ins Haus.

Und damit hätte die Geschichte ein Ende haben können. Amelia reiste zur Kur nach Badenweiler, Angelika durfte sie begleiten, Franz kam später nach, so vergingen ein paar Wochen, und auch Georg Wieck hätte das Mädchen vergessen können. Aber er vergaß sie nicht, er wußte, wie sie hieß, wußte, wo sie wohnte.

Er tat genau das, was seine Tochter so viele Jahre später befürchtete: er kam öfter in die Gegend, strich um das Haus herum. Sie trafen sich wieder im August, und Angelika hatte ihn genauso wenig vergessen wie er sie, seine Blicke, seine Küsse, seine zärtlichen Hände.

So fing es an, und es entwickelte sich rasch. Angelika, so wohl behütet, so ahnungslos, lernte schnell, was alle verliebten Mädchen können: lügen.

Sie traf eine Freundin, sie ging zum Schwimmen, und vor allem waren da die Gesangstunden. Da sie eine hübsche Stimme hatte, das Haus Klingenthal Musik liebte, bekam sie bereits seit einem Jahr Gesangstunden, und nun erklärte sie, daß sie sich eine ernsthafte Ausbildung wünschte. Ihr Vater hatte nichts dagegen, ein Studium stand nicht zur Debatte, für einen Beruf interessierte sie sich nicht, also sollte sie in Gottes Namen Gesangstunden nehmen, da war sie wenigstens beschäftigt.

Georg Wieck bewohnte ein bescheidenes möbliertes Zimmer in Schwabing, dort hatte er schon früher Besuch von jungen Damen empfangen, hier störte sich keiner daran. Manchmal blieb er die Miete schuldig, dann wieder verdiente er ein paar Kröten, aber seine Wirtsleute mochten ihn, dem älteren Ehepaar war der Sohn im Krieg gefallen, und ein junger, fröhlicher Mann im Haus, tat ihnen gut.

Franz Klingenthal, so lebenserfahren, Amelia, so lebensfremd, sie merkten beide nicht, was sich da entwickelte. Im Frühling des folgenden Jahres gestand ihnen Angelika, daß sie ein Kind erwartete.

Ihr Vater, ausgeglichen und von harmonischem Naturell, hatte Mordgedanken. Für Georg Wieck führte kein Weg zum Herzen dieses Mannes, und so stand die Ehe, die notgedrungen geschlossen wurde, unter einem unglücklichen Stern.

Viel später erkannte Franz Klingenthal, daß er sich falsch

verhalten hatte, daß er nicht unschuldig war, an dem was geschah. Aber er betrachtete den Mann, den seine Tochter geheiratet hatte, als Eindringling, als Schmarotzer, er ließ ihn merken, was er von ihm hielt, auch Amelia, die vermitteln wollte, konnte daran nichts ändern.

Angelika bekam ihr Kind, gleich danach setzten die ersten postnatalen Depressionen ein, sie mochte das Kind nicht, lehnte es ab, sich mit ihm abzugeben, ja, sie war eifersüchtig auf das Baby, denn Georg liebte es sehr, er trug die kleine Karen durch das Haus und durch den Garten, entzückte sich an jedem Laut, an jeder Bewegung des Kindes. Ansonsten tat er weniger denn je, an Arbeit dachte er nicht mehr, er lebte bequem und sorglos im Klingenthal-Haus, schob den Kinderwagen an der Isar entlang, war freundlich und liebevoll zu seiner Frau, höflich zu Amelia, und um Franz machte er, soweit möglich, einen Bogen.

Eines allerdings hätte nie geschehen dürfen: daß Angelika noch ein Kind bekam, und das nach so kurzer Zeit.

Sie lehnte es von vornherein ab, die zweite Tochter auch nur anzusehen, sie schrie, wenn man das Kind in ihre Nähe brachte, sie wollte es nicht stillen, nicht im Arm halten, sie haßte es.

Was das alles für Amelia, für Franz bedeutete, war verständlich, es war die Hölle im Haus. Und für Franz war nur dieser Mensch daran schuld, dieser hergelaufene Fremde, dieser Nichtstuer, der in ihr Leben eingedrungen war und seiner Tochter unsagbaren Schaden zugefügt hatte.

Als Angelika sich dann auch weigerte, mit Georg zu sprechen, als sie keine Berührung mehr von ihm duldete, warf Franz ihn hinaus.

»Und lassen Sie sich nie wieder hier blicken. Wenn meine Tochter je wieder gesund werden kann, dann nur, wenn sie vergißt, daß es Sie gegeben hat.«

Er hatte ihn nie geduzt, er gab ihm auch zum Abschied nicht die Hand, keinen freundlichen Blick.

Georg Wieck ging ganz gern. Denn auch für ihn war das Leben in diesem Haus zur Hölle geworden. Allerdings trennte er sich ungern von den Kindern, die er liebte, besonders die zuerst Geborene, die nun laufen konnte und lebhaft plapperte. Die Kleine war ihm nicht so nahe, sie war ein schwächliches, blasses Kind, auch wenn sie sein dunkles Haar und seine dunklen Augen hatte.

Erst als er nicht mehr da war, begann Angelika um ihn zu weinen. Jetzt wollte sie ihn wiederhaben.

Aber er kehrte nicht zurück. Anfangs kamen Briefe, erst aus Frankfurt, später aus Paris. Franz zerriß sie ungelesen.

Er hatte Schuld auf sich geladen, das erkannte er, als er den rapiden Verfall seiner einzigen Tochter miterlebte. Es war eine qualvolle Zeit, bis zu ihrem Tod. Doch dann begann für Amelia und für Franz Klingenthal ein neues Leben, in dem die beiden Kinder die Hauptrolle spielten, schöne, gesunde Kinder, intelligent und fröhlich, die Kleine hatte vielleicht ein wenig vom Schatten der Mutter geerbt, ihr galt die besondere Sorgfalt.

Nach Angelikas Tod kam noch einmal ein Brief von Georg Wieck, diesmal aus Rom. Er entschuldigte sich mit vielen Worten, daß er ihn belästige, dieser Brief war an Franz gerichtet, nicht wie die früheren an Angelika, er bitte bloß um eine Auskunft, wie es seiner Frau, wie es den Kindern gehe. Seien Sie barmherzig, schrieb er.

Franz antwortete, daß es Angelika gut gehe, daß sie sich vollständig erholt habe, die Kinder seien gesund und entwikkelten sich gut. Und im übrigen bitte er darum, für jetzt und alle Zukunft von Anfragen verschont zu bleiben.

Seien Sie barmherzig, hatte Georg Wieck geschrieben, Sie sind hier nicht erwünscht, schrieb Franz Klingenthal.

# Das blaue Wunder

Erwin Raabe konnte es kaum fassen, daß sie mit dem Zug reisen würden.

»Du tust offenbar alles, was dieser Mann von dir verlangt«, sagte er am nächsten Morgen beim Frühstück.

»Es sieht so aus«, erwiderte sie resigniert. »Aber dieser Zug soll ja wirklich eine Reise wert sein.

Und das war er auch. Blau von außen und blau die Polster, ein Luxusgefährt sondergleichen. Karen hatte ein Apartment; einen Salon, einen Schlafraum, ein Bad. An der Tür stand ihr Name.

»Das ist umwerfend«, sagte sie und blickte mit kindlichem Staunen um sich.

»Siehst du«, sagte Gus befriedigt.

»Das kostet doppelt soviel wie der Flug«, Erwin war beeindruckt.

»Das dürfte nicht reichen«, sagte Gus. »Dafür haben wir beide jeder nur ein einfaches Abteil. Aber Sie werden auch gut darin schlafen. Und Sie werden hervorragend zu essen bekommen.«

»Einmal rund um die Uhr in einem Zug«, sagte Karen, »das habe ich noch nie erlebt. Eigentlich wollte ich immer mal mit dem Trans-Sibirien-Expreß fahren, das dauert noch länger. Aber ich hab' mir erzählen lassen, daß es darin nicht so komfortabel ist, jedenfalls heute nicht mehr. Im alten russischen Reich muß das auch ein beachtlicher Zug gewesen sein.«

»Wenn sie erst einmal mit dem Kommunismus fertig sind, wird die Trans-Sib auch wieder bequemer werden«, sagte Gus.

»Oder früher, quer durch Amerika, das wäre auch etwas gewesen, aber wer macht das heute noch? Man fliegt halt schneller.«

»Die Hetze ist etwas, was dem modernen Menschen viel von seiner Lebensqualität stiehlt«, sagte Gus. »Das ist doch ein Wort, das ihr in Deutschland gern gebraucht: Lebensqualität.«

»Und weißt du, was mir an diesem Zug am meisten gefällt, und warum ich in Deutschland nicht mehr mit dem Zug reisen mag?«

»Das wäre?«

»Es gibt bei uns keine Gepäckträger. Aber hier«, sie blickte auf ihre Koffer und Taschen, die ordentlich aufgereiht vor ihr standen, und die sie keine einzige Minute hatte tragen müssen, »hier ist es wie in der guten alten Zeit.«

»Ich hoffe, du wirst das in deinem Bericht erwähnen.«

»Das werde ich bestimmt.«

»Dann pack jetzt aus, Herr Raabe und ich erwarten dich später zu einem Drink im Salonwagen, und dann werden wir mit Genuß zu Mittag speisen. Bis später, Darling.« Er beugte sich zu ihr und küßte sie auf die Wange. Raabe, der hinter ihm stand, schnitt eine Grimasse.

Karen ließ sich auf das blaue Polster sinken, als sie allein war. Erwin mußte denken, daß sie übergeschnappt war. Du tust alles, was dieser Mann von dir verlangt.

War es so? Es war so. Denn nun, das gab sie zu, wartete sie auf die Fortsetzung. Gus Heinze in ihrem Bett, sie in seinen Armen, daran führte wohl kein Weg vorbei. Und sie wollte es. Auch wenn da eine Spur von Angst in ihr war. Tommy und die anderen, die vor ihm waren, und der schöne Lorenz, der der nächste gewesen wäre, das war alles Kinderkram.

»Kinderkram«, sagte sie laut. Und dann: »Ich bin zweiunddreißig Jahre alt. Lieber Himmel, Panino, was soll ich denn tun? Er hat gesagt, er will mich heiraten.«

Sie verstummte, legte die Hand auf den Mund. War sie das noch, war das noch Karen Wieck, die coole Reporterin, klug und selbstbewußt, Herrin ihrer selbst.

Dann dachte sie an ihre Schwester.

»Georgia, ich bin verrückt. Nein, ich bin verhext. Aber ich kriege mich wieder ein. Und ich denke nicht daran, ihn zu heiraten. Ich will es wissen, ja. Aber ich heirate nicht.«

Ein Klopfen an der Tür. Der Schaffner, oder wie man das hierzulande nannte, begrüßte sie zuerst auf afrikaans, dann auf englisch. Und dann fragte er, als sie nichts erwiderte, ihn nur mit großen Augen ansah, ob sie Hilfe beim Auspacken brauche.

Und dann auf deutsch: »Sie sind zufrieden, Madame?«

»Es ist alles okay«, sagte sie. »Thank you.«

Der Zug rollte langsam durch die Vororte von Johannesburg, hinaus in dieses seltsame fremde Land, in dieses riesige, so schwer zu begreifende Land. Aber was war das Land gegen diesen Mann?

Zum erstenmal empfand Karen etwas, was sie auf keiner ihrer vielen Reisen vorher empfunden hatte: Heimweh.

Ich möchte zu Hause sein, bei Georgia, bei Pedro, bei Frau Moser und Onkel Huber und bei Tassilo und an der Isar spazierengehen. Und ich möchte überhaupt nie mehr irgendwo hin.

Ich möchte ein anderes Leben haben.

Verdammt, verdammt! Sie stand auf, fuhr sich mit der Hand durchs Haar, ließ beide Hände an ihrem Kopf liegen. Es gab für sie durchaus die Möglichkeit, an ihrem Schreibtisch in Bogenhausen zu sitzen, ein Buch zu schreiben und noch eins, Stoff hatte sie genug. Georgia würde ihr eine Tasse Kaffee bringen, und abends ein Glas Wein, sie würde gute Bücher schreiben, es war alles gut, was sie tat, sie könnte mit Tommy schlafen, oder wenn der jetzt lieber die mit der Piepsstimme hatte, dann mit dem schönen Lorenz oder mit sonst wem, das war unwichtig. Aber sie würde sich nie und niemals von August Heinze befehlen lassen, wie ihr Leben auszusehen habe.

»No, no, no«, sagte sie laut. Die Dinnerparty in seinem Haus, das er nie wieder betreten würde, das Abendessen gestern in dem französischen Restaurant, der Blue Train, alles gut und schön, aber dann war Schluß mit Südafrika, sollte darüber schreiben, wer wollte.

Sie stand auf, ging in den Schlafraum. Zwei Betten standen darin. Das hatte er wohl für die Hochzeitsnacht vorgesehen.

Und dann sah sie noch etwas, ein Blitzen, auf dem Tischchen neben einem der Betten. Sie trat näher, nahm das blitzende Ding in die Hand. Ein Diamant, ein gar nicht so kleiner, ungefaßter Diamant.

Wut stieg in ihr hoch. Sie nahm ihn auf, legte ihn in die flache Hand, schloß die Hand, öffnete sie wieder, dann schleuderte sie das Traumstück in irgendeine Ecke. Mochte ihn da finden, wer wollte. Der Schaffner, das Zimmermädchen, oder was für Personal es sonst gab in diesem Zug. Ein Diamant. Zu kaufen war sie schon gar nicht, von dem Zeug hatte sie zu Hause genug.

Eine Weile später erschien sie, nicht umgezogen, in ihrem Hosenanzug im Salonwagen.

Erwin Raabe hing mit sämtlichen Augen zum Fenster hinaus, die Kamera in der Hand.

»Es ist phantastisch«, sagte er, »einfach phantastisch.«

»So ist es«, sagte Karen, »einfach phantastisch.«

Sie setzte sich, lächelte Gus Heinze an. »Dieser Zug ist wirklich eine Reise wert. Fährt er immer so langsam?«

»Meistens. Er ist ja nicht nur zur Fortbewegung gedacht, sondern in erster Linie dafür, daß man das Land betrachtet. Du kannst auch aus diesem Zug nicht aussteigen, Karen.«

»Ich bin also eine Gefangene?«

»Das ist kein hübscher Ausdruck. Er fährt von Johannesburg, oder besser gesagt von Pretoria nach Kapstadt, und so lange wir fahren, gehören wir zu dem Zug, und der Zug gehört uns.«

»Aber er hält doch manchmal.«

»Ja, sicher. Das eine oder andere wird an Bord genommen, morgen früh die Zeitungen zum Beispiel.«

»Und wenn ich einfach aussteige?«

»Dann bist du in der Wildnis.«

»Wildnis? Gibt es das noch in diesem Land?«

»Das Land ist groß.«

Sie schwieg. Aber sie bedauerte, daß sie den Diamanten nicht mitgenommen hatte, um ihn in dieses lächelnde Gesicht zu schmeißen.

Doch dann begab sie sich ganz zivilisiert mit den Herren zum Essen in den Speisewagen, sie zog sich auch artig zu einer Siesta in ihr Apartment zurück, packte ein wenig aus, las Zeitung und schlief eine Stunde.

Sie konnte sonst nie am Tag schlafen, aber heute schlief sie ein, träumte wild, von Panino, von Amili, stand am Ende bis zu den Hüften in der kalten Isar. Von Georgia träumte sie nicht.

Sofort von Kapstadt aus würde sie anrufen. Diese blödsinnige Geschichte von dem sogenannten Vater mußte geklärt werden.

Zum Abendessen entschloß sich Karen dann doch zu dem kleinen Schwarzen, nachdem sie gesehen hatte, daß alle Frauen sich hier in Schale werfen.

»Entschuldigt mich einen Moment«, sagte sie zu den Männern, als sie bei einem Aperitif zusammensaßen, »ich bin gleich wieder da.«

Die Betten in ihrem Schlafraum waren aufgeschlagen, und dann sah sie es auch schon blitzen. Der Diamant lag wieder auf dem Platz, wo sie ihn am Vormittag zuerst gesehen hatte. Jemand hatte ihn gefunden, aufgehoben, nicht eingesteckt, sondern ordentlich auf den Nachttisch gelegt.

Ehrliche Leute!

Da Gus Heinze sie ja heute abend in diesen Raum begleiten würde, könnte sie ihn fragen, was er sich dabei gedacht hatte.

Das Dinner bestand genau wie der Lunch aus sieben Gängen, nicht gerechnet Käse und Dessert. Die Speisekarte war zweisprachig, der Dining Car Manager und die Kellner selbstverständlich auch. Sie tranken ziemlich viel Wein, und Gus sagte: »Morgen früh, wenn du aufwachst, fahren wir durch die Weinfelder der Kap-Provinz. Wir werden herrlichen Wein in Kapstadt trinken, und am Meer den besten Hummer der Welt essen.«

Karen schob ihr Dessert beiseite. »Ich wünschte, ich brauchte drei Tage lang überhaupt nichts mehr zu essen. Zwei solche Riesenmahlzeiten an einem Tag, wer soll das denn verkraften?«

»Mir hat's prima geschmeckt«, sagte Raabe, der wirklich alles verdrückt hatte.

Karen, die von jedem Gang nur einige Bissen gegessen hatte, sagte: »Du wirst vor Magendrücken nicht schlafen können.«

»Mein Magen wird mich nicht drücken, höchstens mein Gewissen.«

»Und warum das?« fragte Gus.

»Wenn man immer hört, wie die Menschen in vielen Teilen Afrikas hungern und verhungern, und wenn man dann bedenkt, was wir hier an einem Tag gegessen haben, was die Leute in diesem Zug immer essen, wenn sie diese Strecke fahren, dann muß einen doch das Gewissen drücken.«

»Ja, da haben Sie recht, Herr Raabe. Nur wenn wir aus Solidarität zu den Hungernden der Welt auf diese Mahlzeiten verzichten würden, hätten sie nicht das geringste davon. Stellen wir uns vor, in den reichen Nationen der Welt würde jeder seinen Konsum auf die Hälfte einschränken, so wäre damit keinem hungernden Kind geholfen. Das würde nur die Wirtschaft schädigen und damit die Möglichkeit, den hungernden Menschen doch ein wenig zu helfen.«

»Mit Geld«, sagte Karen.

»Womit sonst? Mit Rat und Belehrung vielleicht noch, da wo sie angenommen werden. Und dann sollten Sie, Herr Raabe, noch bedenken, daß in jedem Land der Welt, in dem Menschen hungern, in jedem Land, betone ich noch einmal, eine Gruppe von Menschen lebt, die reich und mächtig ist, Menschen, die keinen Hunger, keine Not, keine Sorgen kennen. Denen der Gedanke an verhungerte Kinder nicht den Schlaf raubt, denn sie wissen, Kinder werden genug geboren, mehr als man brauchen kann, und auf jeden Fall mehr, als man ernähren kann. Das war schon immer so. Nur früher wurde es nicht so publik gemacht wie heute.«

»Dank der Medien sind wir gut informiert über das Elend der Welt«, sagte Karen. »Und langsam sind wir auch schon ein wenig abgebrüht. Denn in Beziehung dazu setzt man immer das rapide Wachstum der Weltbevölkerung. Die sogenannte Bevölkerungsexplosion, Zahlen, die einen schwindlig machen können.«

»Das ist eben auch der Fortschritt der Medizin und Hygiene. Früher sind von zehn Kindern, die geboren wurden, sieben oder acht im Kindesalter gestorben, das war ganz normal. Übrigens in Europa auch. Heute bleiben sie in den zivilisierten Ländern am Leben, und in den unterentwickelten Ländern leben sie, um dann zu verhungern.«

»Das ist schrecklich«, sagte Erwin.

»Gewiß. Aber es ist ein Regulativ der Natur. Es ist in der Tierwelt nicht anders. Wenn alles, was gezeugt und geboren wird, am Leben bleibt, wird es bald kein Leben auf der Erde mehr geben.«

»Da sind wir beim wichtigsten Thema unserer Zeit«, sagte Karen. »Man muß die Zeugung verhindern und wo das nicht gelingt, müssen andere Wege gefunden werden.«

»Ja, die Frage ist nur, wer entscheidet darüber, wo gezeugt und geboren werden darf und wo nicht. Wer darf wo wie viele Kinder zur Welt bringen? Das kommunistische Regime in China hat es versucht und versucht es noch zu regeln. Ein Kind darf eine Frau bekommen, für das zweite wird sie bestraft, es bekommt keine Ernährung. Und was ist das Ergebnis? Die Bevölkerung Chinas wächst und wächst.«

»Haben die verschiedenen kommunistischen Regierungen in Afrika auch derartige Gesetze erlassen?« fragte Karen.

»Soviel ich weiß, nicht. Sie setzen immer noch auf die Masse Mensch wie jede Diktatur, denn der Massenmensch, besonders wenn er arm und hungrig ist, läßt sich am besten manipulieren und am leichtesten unterdrücken.«

»Ist es da nicht seltsam, daß ausgerechnet die Chinesen, die am meisten Raum haben in ihrem Riesenreich, diese Geburtenbeschränkung verordnet haben?« fragte Raabe.

»Das Reich ist riesig, und die Zahl der Menschen auch. Doch die Chinesen sind Pragmatiker, auch als Kommunisten. Und sie sind tüchtig. Und jetzt wollen sie auch den Fortschritt, das heißt den Reichtum. Und den werden sie bekommen, wenn sie eines Tages mit dem Kommunismus fertig sind.«

»Danach sieht es aber nicht aus«, sagte Karen.

»Für uns Zeitgenossen macht die Geschichte kleine Schritte«, sagte Gus. »In Wahrheit macht sie große Schritte, denen wir mit unserer begrenzten Lebensdauer nicht folgen können. Da haben wir wieder den Unterschied zwischen Wahrheit und Wirklichkeit. Der Kommunismus geht seinem Ende entgegen. Es ist möglich, daß er dieses Jahrhundert nicht überlebt.«

»Sie denken an Gorbatschow«, sagte Karen nachdenklich.

»Zum Beispiel. Der Kommunismus hat abgewirtschaftet, und das im wahrsten Sinne des Wortes. Und das haben wir ja wohl gelernt in unserer Lebenszeit, daß nur gesunde Wirtschaft, also mit anderen Worten, der so verpönte Kapitalismus, Wohlstand schafft. In Deutschland hat man dieses schmucke Wort Marktwirtschaft dafür geprägt. Und um dem Ganzen noch ein freundliches Mäntelchen umzuhängen, sagt man soziale Marktwirtschaft. Die Wahrheit lautet einfach: Wirtschaft ist ein hartes Geschäft. Das war es früher, das ist es heute, das wird es bleiben. Und wer sich satt essen will, wird es lernen müssen, in Afrika, in der Sowjetunion, und am schnellsten lernen sie es in China. Daran ändert so ein bißchen Tamtam auf kommunistisch nichts.«

»In diesem Jahrhundert?« fragte Karen.

»Das schätze ich. Uns trennen noch dreizehn Jahre von der Jahrhundertwende. Und diesmal wird sogar ein neues Jahrtausend beginnen. Sprechen wir uns mal in zehn Jahren wieder oder in fünfzehn. Übrigens hat es sehr oft große Ereignisse gegeben, um das Ende eines Jahrhunderts.«

»In Rom endete zum Beispiel das Zeitalter der Republik, Augustus war Kaiser, und um das Ende des achten Jahrhunderts schuf Karl der Große schon einmal ein vereinigtes Europa«, sagte Karen.

»Das leider nicht von Dauer war. Wir hätten uns viel Ärger erspart«, fügte Gus hinzu. »Zweihundert Jahre später fand der erste Kreuzzug statt, und abermals hundert Jahre später, gegen Ende des zwölften Jahrhunderts wird der Staufer Friedrich der Zweite geboren, jenes Wunder der Welt.«

»Und ich weiß auch noch was«, sagte Raabe eifrig, »gegen Ende des fünfzehnten Jahrhunderts entdeckte Columbus Amerika.«

»Ach, hört auf«, sagte Karen. »Ich habe zu viel gegessen

und bin ein wenig betrunken, und ich bin müde. Wenn wir jetzt die Weltgeschichte durchgehen nach den letzten Dezennien eines Jahrhunderts, finden wir noch viel. Zum Beispiel 1789. Aber es ist ja immerzu so viel passiert auf dieser Erde, auch das ganze Jahrhundert über, Mord und Totschlag, Elend und Not, große und kleine Taten, und immer hat sich dieser Unglückswurm von Mensch behauptet und hat überlebt. Dezimiert sehr oft, aber überlebt. Und all die großen und kleinen Männer, die Geschichte gemacht haben, oder sich eingebildet haben, welche zu machen, sind dann doch gestorben. Wahrheit und Wirklichkeit, du hast schon recht, Gus, das ist ein Unterschied.« Und übergangslos setzte sie hinzu: »Er fährt so sanft, dieser Zug, dieses blaue Wunder, man merkt gar nicht, daß er fährt.«

Gus lachte, nahm ihre Hand und legte sie an seine Wange. »Du wirst wunderbar schlafen in dieser Nacht, in den Traum gewiegt von dem blauen Wunder. Morgen sind wir in Kapstadt, und dann gehen wir ans Meer. Und dann bleiben wir einige Tage am Meer, am wilden schönen Atlantik. Da, wo früher einmal für die Menschen des Nordens die Welt zu Ende war. Und nicht nur Columbus segelte durch das Meer, noch vier Jahre früher erreichte Diaz das Kap der Guten Hoffnung, 1488 genau, und das ist nächstes Jahr fünfhundert Jahre her, ein halbes Jahrtausend.«

»Wenn die Jahrtausendwende kommt«, sagte Karen kläglich, »werde ich bald fünfzig Jahre alt sein. Das ist doch entsetzlich. Das ist doch überhaupt nicht vorstellbar.«

Gus küßte ihre Handfläche. »Du wirst genauso schön sein wie heute. Und ich werde bei dir sein.«

Seine Stimme war voll Zärtlichkeit, und Erwin Raabe sah und hörte mit großen Augen zu. So war das also. Er dachte an seine Almut, und auch er war erfüllt von Zärtlichkeit, von Sehnsucht dazu. »Die Liebe«, sagte er verträumt, »die Liebe, nicht wahr, die hat es immer schon gegeben.«

Karen richtete sich gerade auf. »Die Liebe oder was man dafür hält. Auch so ein blaues Wunder. Wahrheit und Wirklichkeit. Gus, du hast mich da einen Begriff gelehrt, den ich nie mehr vergessen werde.«

»Ich fühle mich hochgeehrt, daß so eine kluge Frau etwas von mir gelernt hat. Und nun gehen wir in den Salonwagen und nehmen einen nightcap, und dann gehen wir schlafen.«

Hatte Karen gedacht, er würde diese Nacht bei ihr verbringen, so hatte sie sich getäuscht. Er brachte sie zu ihrem Apartment, küßte ihre Hand, dann nahm er ihr Gesicht in seine Hände und küßte zum erstenmal ihren Mund. »Schlaf gut, meine geliebte Karen. Morgen werden wir am Meer sein. Nur du und ich und das Meer. Deinen Freund Raabe lassen wir in Kapstadt, er kann sich schon mal umschauen. Sieh mich an!«

Seine Augen waren dicht vor ihren, sie sah wie durch einen Schleier, sie war so müde. Er küßte sie wieder, lange und zärtlich.

»Schlaf gut. Bis morgen.«

Sie war so müde, daß sie sich gerade noch die Zähne putzen und ein wenig Creme im Gesicht verschmieren konnte. Doch als sie in den Spiegel blickte, mußte sie lachen. Sie hätte sich das denken können, er war ein Stratege. Das Meer, der Atlantik, das war es, was er brauchte. Das Kap der Guten Hoffnung.

Wie hieß der Mensch gleich? Diaz.

»Und ich hab' immer gedacht, es war Vasco da Gama, der als erster hier war«, murmelte sie.

Und dann noch ein Gedanke: 1588, die Armada. Der Anfang vom Ende des Spanischen Weltreichs.

»Der Beginn des englischen Weltreichs, Gus, das habe ich vergessen. Ach, und die Chinesen... und überhaupt...« Dann schlief sie ein, Karen Wieck, die moderne selbstbewußte junge Frau, am Rande der Selbstaufgabe.

# Brandung

Von Kapstadt bekam Karen nicht viel zu sehen. Sie bezog zwar ihr Zimmer im Hotel, aber schon eine Stunde später fuhr sie mit Gus in einem großen Wagen südwärts aus der Stadt hinaus.

»Du brauchst nicht viel«, hatte er gesagt. »Nimm nur einen kleinen Koffer mit. Vergiß den Badeanzug nicht. Und eine warme Jacke für abends, der Wind vom Meer kann kühl sein. Und was du für die Nacht brauchst.«

»Wer sagt denn, daß ich am Abend nicht zurückkomme?« fragte sie herausfordernd.

»Ich«, antwortete er ruhig.

Raabe, der sie zum Auto brachte, fragte ein wenig verzagt: »Wann werde ich dich denn wiedersehen, Karen?«

»Schwer zu sagen«, antwortete Gus an ihrer Statt. »Aber es gibt viel zu sehen in Kapstadt. Und fahren Sie vor allen Dingen mit der Seilbahn auf den Tafelberg, da haben Sie den besten Überblick.«

»Du bist ein Despot«, sagte Karen, als sie abgefahren waren.

»Ich liebe dich.«

»Das bezweifle ich. Jemand, der über mich verfügt wie über ein Gepäckstück, kann nicht behaupten, mich zu lieben.«

»Aber es gefällt dir doch.«

»Es gefällt mir?«

»Sonst säßest du nicht neben mir und ließest dich entführen. Das ist es doch, was einer Frau gefällt.«

»Du mußt es ja wissen«, sagte Karen matt.

Er hatte ja recht, sie ließ über sich verfügen, sie ließ sich entführen, er wußte genau, was er wollte, es war mal ganz etwas Neues, und es gefiel ihr wirklich.

»Was ist das für ein Wagen?« fragte sie.

»Welcher Wagen?«

»In dem wir hier fahren.«

»Ein Mietwagen. Warum?«

»Na, es hätte ja sein können, du hast auch hier einen Wagenpark, den du mit einem Zauberstab vor das Hotel beordert hast.«

»Ich habe nirgends einen Wagenpark. In Johannesburg ist es nur ein Wagen, und er gehört zu dem Haus in Sandton. Und hier gibt es auch zwei oder drei Wagen in Green Point. Aber ich fand es bequemer, einen Mietwagen zu bestellen. Vor das Hotel, wie du ganz richtig erraten hast.«

»Hättest du nicht zuerst mal nach deinen Kindern sehen müssen?«

»Zuerst wovor?« fragte er harmlos.

»Ehe du mich durch die Gegend kurvst.«

»Meine Kinder sind wohlauf, das habe ich schon ermittelt. Lizzy ist gestern mit sämtlichen Kindern zu meinen Schwiegereltern gefahren. Sie war höchst erstaunt, von mir zu hören. Obwohl Cornelie sie schon angerufen hatte.«

»Und was hat sie sonst noch gesagt, deine Schwägerin Lizzy?«

»Da sie ein frommes Mädchen ist, hat sie nicht gesagt: Gus, du kannst zum Teufel gehen. Sie sagte nur: Es ist besser, du läßt dich hier nicht blicken.«

»Verständlich. Ist sie deswegen zu den Schwiegereltern gefahren?«

»Vermutlich. Denn sie hätte es bestimmt nicht fertig gebracht, mich aus dem Haus zu werfen.«

Karen schwieg nachdenklich. Seltsam war dieser Mann, geradezu unheimlich. Er bekannte offen das Zerwürfnis mit seiner Familie, und es schien ihm nichts daran zu liegen, sich mit ihnen zu versöhnen. Noch immer wußte sie ja nicht, was sich wirklich abgespielt hatte. War er wirklich, gleich nachdem das Unglück in den Bergen passiert war, auf und davon gegangen, einfach verschwunden, wie sie es in Johannesburg genannt hatten?

»Wo fahren wir eigentlich hin?« fragte sie nach einer Weile.

»Wir fahren zu Chapman's Bay. Ein schöner weiter Strand, und an der Kommetjie-Spitze werden wir baden. Das ist nicht ungefährlich dort, ziemlich hohe Brandung. Du mußt immer in meiner Nähe bleiben.«

Und nun fragte sie, was sie eigentlich nie hatte fragen wollen: »Hast du dort mit Maleen gebadet?«

»Früher einmal«, erwiderte er ruhig. »Aber sie war im Wasser so tollkühn wie in der Luft. Ich hatte immer Angst, sie kommt nicht mehr an Land. Das wollte ich nicht unbedingt miterleben. Es gibt in der Nähe von Green Point Badestrände genug, ich bin dann lieber dorthin gegangen.«

»Und wenn ich nun ertrinke?«

»Ich bin ein guter Schwimmer, und du wirst keinen Schritt weiter ins Meer gehen, als ich es erlaube.«

»Anders als Maleen demnach.«

»Anders als Maleen.«

Ich bin ja hier nicht am Ende der Welt, sondern in einem zivilisierten Land. Ich könnte aussteigen bei der nächsten Ampel, ich könnte ihn und den Wagen verlassen, wenn wir angekommen sind, mit einem Taxi in die Stadt zurückfahren und sagen, was Lizzy Jonckers nicht gesagt hat: ›Geh zum Teufel, Gus Heinze!‹

Das Meer war herrlich, stürmisch, aber nicht so sehr, daß Karen nicht standhalten konnte, sie hatte schon oft im Atlantik gebadet, an der französischen und portugiesischen Küste, und sie kannte die Brandung von Sylt, damit konnte sie umgehen. Das Wasser war nicht zu kalt, gerade so, wie sie es liebte. Der Wind blies ihr das kurze Haar aus der Stirn, die Gischt übersprühte ihr Gesicht, sie vergaß alle Bedenken, hingerissen von der Gewalt des Windes und des Meeres.

Sie kam nicht bis zum Strand, Gus riß sie in die Arme, küßte sie leidenschaftlich, hob sie hoch und legte sie in die anlaufenden Wellen, legte sich über sie, schob das winzige Oberteil des Bikinis zur Seite und beugte sich mit gierigen Lippen über ihre Brust.

Karen rollte sich zur Seite, richtete sich auf.

»Wir sind nicht allein an diesem Strand«, sagte sie atemlos.

»Du hast recht. Dies ist ein puritanisches Land. Man wird uns in Ketten abführen.«

Er saß im Wasser, er lachte, sah jung aus und schön, er war

stark und mächtig, sie war bereit für ihn. Er sprang auf, reichte ihr beide Hände und zog sie hoch. Sie schüttelte das nasse Haar.

»Wie soll ich denn aussehen heute abend?« fragte sie. »Und was hast du vor mit mir?«

»Alles. Und du siehst aus wie eine Göttin, die aus dem Meer kommt. Laß uns laufen, damit dir warm wird.«

Hand in Hand liefen sie am Strand entlang, kehrten dann zu der Stelle zurück, wo er seinen Bademantel liegen gelassen hatte, er hängte ihn ihr um die Schultern.

»Heute werden wir Hummer essen«, sagte er. »Du mußt Hunger haben, du hast mittags nichts bekommen.«

Sie hatte keinen Hunger, ihr war nicht kalt, sie wartete nur auf seine Umarmung.

Es war ein kleines Hotel, es lag nicht weit vom Meer entfernt, sie bemerkte, daß man ihn begrüßte wie einen vertrauten Gast des Hauses, hörte wie er für neun Uhr Abendessen bestellte, Hoendersop und Kreef.

»Was ist das?« fragte sie mitten im Zimmer stehend.

»Erst eine Hühnersuppe und dann Hummer. Ich hoffe, es ist dir recht.«

Sie nickte stumm, ein schwarzes Mädchen brachte ihren kleinen Koffer, das Beautycase, sie wollte danach greifen, er hielt ihre Hand fest.

»Danke«, sagte er zu dem Mädchen, gab ein Trinkgeld.

»Laß mich wenigstens auspacken«, sagte sie.

»Später.«

»Ich muß mein Haar trocknen.«

»Später.«

Er zog ihr den Bademantel aus, dann den Bikini, hob sie wieder hoch, wie zuvor am Strand und legte sie auf das Bett. Kein Liebesspiel, eine wilde, fast gewalttätige Umarmung, ein nasser, heißer Männerkörper, der von ihr Besitz nahm, wie es kein Mann je getan hatte. Alles an ihm war hart, sein Körper, seine Arme, sein Glied, das so tief in sie eindrang, daß sie schrie. Auch seine Lippen waren hart, die ihr den Mund verschlossen. Und als er schweratmend auf ihr lag, ging ein seltsamer Gedanke durch ihren Kopf: Afrika hat mich umarmt.

Sie versuchte, sich frei zu machen, aber er hielt sie fest. »Nein, bleib noch! Es ist so schön, dich zu spüren.«

Und dann nach einer Weile stützte er sich mit den Armen hoch und sah in ihr Gesicht: »Weißt du, daß ich seit Monaten keine Frau geliebt habe?«

»Das glaub' ich dir, nachdem du dich wie ein Wilder auf mich gestürzt hast. Ist das die afrikanische Art zu lieben?«

»Verzeih mir! Es ist nicht meine Art. Du kommst gleich dran. Und du sollst nie mehr Grund haben, dich über mich zu beschweren.«

»Das tue ich ja nicht, ich . . .«

Sie kam nicht mehr dazu, etwas zu sagen. Seine Hände, sein Mund glitten an ihrem Körper entlang, sein Kopf vergrub sich in ihrem Schoß, er hob ihre Schenkel hoch, und bis sie stöhnend zusammensank, war er schon wieder bereit, nahm sie ein zweitesmal, diesmal aufmerksamer, doch mit unverminderter Kraft. Eine Weile lag sie ermattet in seinem Arm, er streichelte sie zärtlich, den Mund an ihrer Schläfe.

»Dein Haar ist trocken, siehst du. Und dein Mund ist satt. Und deine Augen sind glücklich.«

Karen befreite sich von seinen Armen, richtete sich auf. »Und nun?« fragte sie hilflos.

»Es ist dreiviertel neun, wir stehen auf und gehen unseren Hummer essen.«

»So wie ich bin?«

»Du könntest etwas anziehen.«

»Ungeschminkt und unfrisiert?«

»Du siehst wunderschön aus. Dein nacktes Gesicht ist so schön wie dein nackter Körper. Jeder, der dich sieht, wird vor dir in die Knie gehen.«

Sie lachte. »Das wollen wir nicht hoffen. Aber das war wohl wieder deine poetische Ader.«

Sie standen voreinander, Karen betrachtete ihn. Er hatte einen muskulösen Körper, gesunde, glänzende Haut.

»Sehr schade, daß wir etwas anziehen müssen«, sagte er.

»Aber es ist vielleicht besser, obwohl kaum Gäste da sein werden. Dies ist meine ganz private Adresse hier.«

»Das habe ich bemerkt. Keine Freunde aus Kapstadt?«

»Kaum. Und wenn, ist es mir egal. Und falls du es wissen willst, ich bin mit Maleen nie hier gewesen.«

»Ich hätte diese Frage nicht gestellt«, sagte sie hochmütig. »Aber es besteht wohl kein Zweifel daran, daß du mit der einen oder anderen Lady hier warst.«

»So ist es, meine Kluge. Man darf wichtige Dinge nicht dem Zufall überlassen.«

Sie blickte mit Widerwillen auf das beschmutzte Bett.

»Keine Sorge«, sagte er. »Sie werden es frisch beziehen, während wir essen.«

Karen holte Luft, doch dann verschluckte sie, was sie gern gesagt hätte. Sie kannte ihn nun schon ganz gut, er war ein wenig brutal, und er tat, was er wollte. Und Frauen hatte es zweifellos viele für ihn gegeben, mit und ohne Maleen.

Wie lange hatte diese Ehe eigentlich gedauert? Ach, egal, nur keine blödsinnigen Fragen. Sie hatte in der Nacht im Flugzeug gewußt, was passieren würde, genau wie er gewußt hatte, in derselben Nacht, daß er hier mit ihr in diesem Hotel landen würde. Nicht in Johannesburg, nicht im blauen Zug, sondern hier.

Sie bürstete ihr Haar, es war trocken, doch verklebt vom Salzwasser, sie würde es morgen waschen müssen. Morgen? Was war morgen?

Sie zog das lavendelblaue Kleid aus dem Koffer, das sie bei der Dinnerparty getragen hatte.

»Ich habe nur dieses eine Kleid mit«, sagte sie.

»Es ist gerade richtig. Du wirst es nicht lange tragen müssen. Und wenn du willst, fahren wir morgen in die Stadt und kaufen dir ein neues Kleid.«

»Und wie lange gedenkst du an diesem Strand zu bleiben?«

»Bis es dir langweilig wird mit mir. Nein, laß«, er hielt ihre Hand fest, die nach dem Lippenstift griff. »Deine Lippen sind blaß und süß. Geküßte Lippen soll man nicht schminken. Und der Hummer wird dir besser schmecken.«

»Tyrannisierst du alle deine Frauen?«

»Ja«, sagte er einfach, nahm sie in die Arme und küßte sie. »Du wirst dich daran gewöhnen müssen.«

»Ausgerechnet ich«, sagte Karen Wieck und blickte ihr ungeschminktes Gesicht und ihre blassen Lippen im Spiegel an. Es kam ihr fremd vor, dieses Gesicht.

Sie blieben vier Tage in diesem Hotel, sie waren am Strand, im Meer oder im Bett.

Am dritten Tag telefonierte sie mit Raabe.

»Wie geht es dir? Was machst du?«

»Mir geht es gut, ich bin viel unterwegs. Es ist wirklich eine tolle Stadt. Und wie geht es dir?«

»Geht so«, antwortete sie wurschtig. Und dann: »Hast du mit Almut telefoniert?«

»Ja, einmal. Sie ist in Ordnung.«

»Hat sie was von Georgia gehört?«

»Von Georgia? Wieso?«

»Ich kann sie nicht erreichen. Seit Johannesburg habe ich sie nicht gesprochen. Da stimmt doch was nicht.«

»Vielleicht rufst du zu den falschen Zeiten an.«

»Blödsinn. Ich rufe zu den verschiedensten Zeiten an. Was ist denn für Wetter in München?«

»Was für Wetter in München ist? Sag mal, spinnst du?«

»Na, wenn du doch mit Almut gesprochen hast, kann sie dir doch erzählt haben, was für Wetter ist.«

»Ich glaub', sie hat gesagt, es regnet. Das war vorgestern. Ich verstehe nicht...«

»Schon gut. Ruf sie an, gib ihr unsere Nummer. Sie soll jede Stunde bei Georgia anrufen. Es muß ihr was passiert sein. Oder sie ist krank.«

»Ihr habt doch da Leute im Haus.«

»Übers Wochenende kommt Frau Moser nicht. Montag nachmittag war keiner da, Dienstag vormittag auch nicht.«

»Vielleicht ist Georgia verreist.«

»Wieso denn? Das hätte sie mir doch mitgeteilt. Almut soll anrufen. Pausenlos.«

Gus, der bei dem Gespräch zugegen war, sagte nachher: »Du machst dir Sorgen um deine Schwester. Ist sie so unselbständig?«

»Sie ist verloren ohne mich. Ich dürfte sie nie allein lassen. Solange Panino lebte, war es kein Problem. Aber jetzt ist sie ganz verlassen. Weißt du, sie... wie soll ich das erklären – sie lebt sehr zurückgezogen. Sie mag keine Menschen um sich. Nur mich.«

»Hat sie denn keinen Mann?«

»Was für einen Mann?«

»Einen Freund. Einen Geliebten?«

»Georgia? Nie im Leben.«

»Ist sie nicht normal?«

»Warum soll sie nicht normal sein? Sie ist eine Einzelgängerin. Eine Künstlerin.«

»Na gut, aber deswegen kann sie doch einen Menschen lieben.«

»Sie liebt mich und den Hund.«

»Eben. Es ist ein Hund bei euch. Wenn ihr was passiert wäre, sagen wir mal, sie hätte einen Unfall gehabt, dann wäre der Hund allein im Haus.«

»Der Hund kann gar nicht allein im Haus sein, Frau Moser kommt jeden Tag, und Onkel Huber auch fast jeden Tag, sie haben beide Schlüssel zum Haus, also...«

»Es ist komisch, daß ihr alle beide nicht verheiratet seid.«

»Was ist daran komisch? Uns gefällt unser Leben, wie es ist. Georgia will keinen Mann, und wenn ich einen brauche, finde ich ihn.«

Gus packte sie mit hartem Griff an beiden Armen.

»Sag so etwas nie wieder!«

»Warum nicht? Wie Beispiel zeigt, ist es doch so.«

»Ich bin nicht irgendeiner deiner Liebhaber. Wie viele waren es?«

»Ich habe sie nicht gezählt«, sagte Karen lässig.

Er schüttelte sie. »Du wirst sie mir alle nennen.«

»Laß mich los, du tust mir weh. Ich kriege so leicht blaue Flecken. Meine Liebhaber gehen dich gar nichts an. Ich frage dich auch nicht, mit wie vielen Frauen du geschlafen hast.«

Er blickte sie finster an. »Das ist etwas anderes.«

Sie lachte. »Das dürften so ungefähr die Ansichten deines

Urgroßvaters sein. Inzwischen hat sich die Welt ein wenig verändert.«

»Nichts hat sich verändert. Eine anständige Frau hat nicht herumzuhuren.«

Karen lächelte spöttisch. »Du machst mir Spaß.«

Er packt sie wieder mit beiden Armen, drängte sie an die Wand. »Der Spaß wird dir schon vergehen. Ich bin dein Herr. Es wird nie einen anderen Mann außer mir geben. Und es darf nie einen gegeben haben.«

»Das hört sich ja geradezu biblisch an. Du sollst mich loslassen, verdammt. Es hat welche gegeben, oder denkst du, ich bin deinetwegen gerade vom Himmel gefallen. Und mein Herr! So ein Quatsch! Mich wird kein Mann beherrschen, auch du nicht.«

»Das werden wir ja sehen.«

Er hob sie hoch, riß ihr den Morgenrock vom Körper, warf sie aufs Bett. Karen wehrte sich, sehr heftig, wütend nun, doch er nahm sie mit Gewalt.

Das war ihr noch nie passiert. Sie lag eine Weile wie betäubt, Tränen saßen ihr im Hals, Zorn im Genick, aber war da nicht auch so etwas wie Lust gewesen?

Was machte dieser Mann mit ihr? Aus ihr?

Er stand auf, blieb vor dem Bett stehen und blickte auf sie nieder. »Willst du noch eine Tasse Kaffee?« fragte er. »Ehe er kalt wird.«

Sie hatten gerade gefrühstückt, als sie Raabe anrief.

»Das machst du nie wieder mit mir«, sagte Karen kalt.

»Ich mache mit dir, was ich will. Du gehörst mir. Und außerdem denke ich, daß es dir gefallen hat.«

Sie lag da und starrte an die Decke.

»So, denkst du. Du hast eine seltsame Vorstellung von den Gefühlen einer Frau.«

»Ich kenne mich sehr gut aus mit den Gefühlen einer Frau. Die Unterwerfung ist ihre höchste Lust.«

»Ach ja? Sind das nun afrikanische Bräuche oder ist es deine Spezialnummer?«

»Willst du es noch mal haben?« fragte er drohend.

Sie richtete sich auf, benommen noch, sie gab sich kühl,

aber der Zorn war noch da und gleichzeitig eine Art von Scham, daß es ihr eben doch gefallen hatte, daß sie ihn nicht ins Gesicht schlug und einfach fortging.

Und sie wußte im gleichen Augenblick, daß er sie vermutlich auch schlagen würde und daß er sie nicht aus diesem Zimmer gehen lassen würde.

»Ich werde zunächst wirklich noch eine Tasse Kaffee trinken, wenn du freundlicherweise solange warten kannst.« Ihre Stimme war ruhig und voll Hohn, aber sie sah ihn nicht an, während sie sprach.

»Du bekommst eine Tasse Kaffee, mein Liebling«, sagte er zärtlich. »Und auch noch einen Toast? Ich mach' ihn dir zurecht. Und dann werde ich dir wirklich meine Spezialnummer zeigen, wie du es nennst, und dann wirst du wissen, daß du mich nie mehr verlassen kannst.«

Sie zwang sich zur Ruhe. Er durfte nicht merken, niemals durfte er merken, welche Macht er schon über sie hatte.

»Du machst mich neugierig. Möglicherweise kann ich bei dir noch etwas Neues lernen.«

»Das wirst du. Ich werde dir ein Kind machen.«

Sie blickte ihn fassungslos an.

»Dann erst gehörst du mir ganz und für immer«, fügte er hinzu.

»Wie originell. Diese Spezialnummer bringt jeder Mann zustande. Falls eine Frau es sich gefallen läßt.« Sie griff nach der Tasse, ihre Hand zitterte. Er stand vor ihr in seiner makellosen Nacktheit und blickte drohend auf sie herab.

»Du nimmst doch nicht etwa diese lächerliche Pille?«

»Selbstverständlich nehme ich die Pille.«

»Das ist sehr ungesund. Du wirst sofort damit aufhören.«

»Langsam gewöhne ich mich an deinen Befehlston. Soviel ich weiß, hast du schon drei Kinder. Oder sind es mehr?«

»Ein Kind von mir bekommt nur eine Frau, die mir etwas bedeutet.«

»Ich fühle mich hochgeehrt. Aber ich muß dich enttäuschen, ich will kein Kind.«

»Du wirst wollen. Eine Frau gehört einem Mann erst richtig, wenn sie jedesmal denken muß: Jetzt.«

»Jetzt was?«

»Jedesmal, wenn er bei ihr ist, wird sie hoffen und fürchten, ein Kind zu empfangen.«

»Hoffen und fürchten. Sehr verständnisvoll, daß du auch an fürchten denkst.«

»Es gehört zusammen. Die wahrhafte Unterwerfung der Frau, und ihre vollkommene Lust bestehen in diesem Hoffen und Fürchten. Du wirst sofort aufhören, diese alberne Pille zu nehmen. Du gibst sie mir nachher, und ich werde sie vernichten.«

»Du hast Ansichten wie ein Patriarch. Weißt du eigentlich, wer ich bin?«

Er kniete nieder vor ihr, schlang beide Arme um ihre Hüften, legte den Kopf auf ihre Schenkel.

»Du bist meine wunderschöne, angebetete Geliebte. Wir werden wunderschöne Kinder haben.«

Karen blickte auf sein dichtes dunkles Haar. Eine Faust lag an ihrer Kehle. Empfand sie Liebe oder Haß? Hoffen und fürchten, war das Schicksal der Frauen gewesen, seit die Welt bestand. Nur heute nicht mehr, nicht für die moderne Frau. Er akzeptierte die Veränderung nicht, die Befreiung der Frau aus ihrer Unterwerfung. Er bestand auf dem alten Gesetz, der Macht des Mannes über den Körper der Frau. Nicht nur über den Körper, über ihr Leben.

Sie legte langsam die Hand auf seinen Kopf. War es für sie möglich, daß sie sich unterwarf, daß sie ein Geschöpf wurde, wie er es wollte, konnte sie in Hoffnung und Furcht leben vor der Gewalt, die er ihrem Körper und ihrem Leben antat? Sie krallte die Finger in sein Haar und zog seinen Kopf hoch.

»Nein«, sagte sie.

Er lachte. »Du wirst nie nein zu mir sagen.«

Und nun tat sie, was sie eigentlich nicht wollte, sie sprach von der toten Frau.

»Bist du mit Maleen auch so umgegangen?«

»Ja.«

»Kein Wunder, daß sie dir davongelaufen ist in die Luft.«

»Es hat sie das Leben gekostet«, sagte er unbewegt. »Das war die Strafe für ihren Ungehorsam.«

»Ungehorsam? Sie hat drei Kinder geboren, soviel ich weiß.«

»Sie wollte das dritte schon nicht. Sie würde nie mehr ein Kind bekommen, hat sie mir mitgeteilt. Sie würde sich eher scheiden lassen.«

»Sie würde sich scheiden lassen«, wiederholte Karen töricht.

»Du siehst, daß sie dafür bestraft worden ist.«

Karen stieß ihn fort und stand auf. »Du bist verrückt. Man kommt sich vor wie in einem anderen Jahrhundert mit dir. Darum also weinst du nicht um den Tod deiner Frau.«

»Jetzt wirst du poetisch.«

Er stand ebenfalls auf, sie standen voreinander, beide nackt.

»Wann bist du eigentlich verschwunden, wie deine Freunde in Johannesburg es nennen? Gleich als du von dem Unglück hörtest? Nach dem Begräbnis oder wie ihr das hier nennt?«

»Da war nicht viel zu begraben. Ich habe die Suche in den Drakensbergen abgewartet. Bis sie die Trümmer der Maschine fanden und die Reste von den Körpern, die noch übrig waren. Wie sie aussahen, als sie auf den Boden kamen, weiß man nicht. Es leben viele Tiere in den Bergen.«

Karen zog fröstelnd die Schultern zusammen, griff nach ihrem Morgenrock und zog ihn an. »Es klingt schrecklich, wie du darüber redest.«

»Du hast davon angefangen. Ich habe bisher über Einzelheiten nicht gesprochen. Die Trauerfeier und die Gebete habe ich allerdings nicht mitgemacht, da war ich schon verschwunden.«

»Maleens Angehörige werden dir das nie verzeihen.«

»Nein. Das verstehe ich. Aber ich brauche sie nicht mehr.«

»Was soll das heißen?«

»Ich habe dir schon gesagt, daß ich dieses Land verlassen werde.«

»Das hast du nicht gesagt.«

»O doch, auf dem Flug haben wir davon gesprochen.«

»Und – wohin willst du?«

»Nach Deutschland. Mit dir. Ich will dort wieder leben, wo mein Großvater hergekommen ist. Wir gehen zuerst nach München, und später werden wir in Dresden leben.«

»In Dresden? In der DDR?«

»Die wird es nicht mehr lange geben. Dresden muß eine herrliche Stadt gewesen sein, ehe diese Verbrecher sie zerbombt haben. Ich möchte dabei sein, wenn sie wieder aufgebaut wird. Eine schöne Oper haben sie schon und ein erstklassiges Hotel. Ich war dort, ich habe auch das Haus besichtigt an der Elbe, in dem meine Familie gelebt hat.«

»Du warst dort? Wann?«

»Jetzt. Vor zwei Monaten.«

»Was stellst du dir eigentlich vor? Das ist ein kommunistisches Land.«

»Nicht mehr lange. Ich habe mich genau umgesehen in dieser DDR. Sie wird nicht mehr lange existieren.«

»Sie wird länger existieren als du und ich und deine geborenen und ungeborenen Kinder.«

»Du bist eine schlechte Journalistin, Karen. Argentinien und Südafrika sollten dir nicht so wichtig sein. Du solltest in deinem Vaterland reisen. Über diese Grenze, die bald keine mehr sein wird.«

»Ich zweifle an deinem Verstand.«

»Das solltest du nicht tun. Wir sprachen neulich im Zug von den großen Ereignissen, die oft am Ende eines Jahrhunderts stattfinden. Erinnerst du dich?«

Sie nickte stumm.

»Jetzt haben wir 1987. Warten wir mal die nächsten zehn Jahre ab, dann unterhalten wir uns weiter. Du hast in deiner Fernsehsendung gezweifelt am Erfolg von Gorbatschow. Da magst du vielleicht recht haben. Aber er hat eine Tür aufgestoßen. Und die wird keiner wieder zuschlagen.«

Karen sah in sein lächelndes Gesicht. In diesem Augenblick liebte sie ihn, den Mann, der sie unterwerfen, der ihr seinen Willen aufzwingen wollte, den Mann, der in großer Gelassenheit von einer Zukunftsvision sprach. Und dann ein seltsamer, befremdlicher Gedanke: Wenn ich je ein Kind haben wollte, dann von ihm. Sie erschrak.

»Komm, mein Liebling«, sagte er zärtlich, »jetzt gehen wir ans Meer. Wir bleiben heute in der Bucht, es ist kein Wind, da können wir schwimmen. Morgen fahren wir in die Stadt. Und dann müssen wir vor allen Dingen herauskommen, was mit deiner Schwester los ist.«

Wir, sagte er.

Sie erreichte Frau Moser am nächsten Morgen. »Mei«, berichtete Frau Moser aufgeregt, »sie ist net da.«

»Was heißt sie ist nicht da?«

»Ich woaß net, wo's is'. Einen Zettel hat s hingelegt, den hab' ich am Montag gefunden, als ich kam. Sie muß wegfahren, hat s geschrieben.«

»Und wohin?«

»Das hat's net dazu geschrieben.«

»Und Pedro?«

»Den Pedro hat s mitgenommen. Mit dem Auto ist sie gefahren.«

»Mit dem Auto?« schrie Karen. »Mit was für einem Auto?«

»Na, mit dem Ihren, Miss Karen.«

»Mit meinem Porsche! Um Gottes willen, den kann sie ja gar nicht fahren. Das ist ja Wahnsinn. Vielleicht ist sie mit dem Huber gefahren.«

»Naa, der Huber is da, und er weiß auch nix. Wir haben schon umeinand spekuliert, wo s sein könnt, wir sind aber nicht draufgekommen.«

»Und es stand weiter nichts auf dem Zettel...«

»Da stand nur, ich fahr' weg. Wie lange weiß ich noch nicht. Und der Zettel lag auf dem Tisch in der Diele.« Frau Moser sprach jetzt reines Hochdeutsch, die Erregung war ihr deutlich anzuhören.

»Und kein Wort, daß Sie mich verständigen sollen?«

»Kein Wort.«

»Ich komme mit dem nächsten Flugzeug zurück«, sagte Karen. Das Telefon fiel ihr aus der Hand. Sie vergrub das Gesicht in beiden Händen.

»Dieser Kerl, dieser Betrüger, er hat sie umgebracht. Er wollte das Auto haben, und dann hat er sie umgebracht.«

Gus hob den Hörer auf. »Wer?« fragte er.

»Ein Betrüger, ich sage es ja. Bitte, Gus, ruf sofort den Flughafen an. Ich brauche einen Platz in der nächsten Maschine.«

Und nun weinte sie.

Gus nahm sie in die Arme. »Ich komme mit«, sagte er.

# Das Wunderkind

Seit dem vorigen Abend regnete es nicht mehr, und über Nacht war der Himmel klar geworden, jetzt schien eine helle, gar nicht herbstmüde Sonne über die Stadt, und die Berge standen klar gezeichnet vor dem tiefblauen Himmel.

»Föhn«, sagte Georgia. »Laß uns noch ein Stück weitergehen, da haben wir einen schönen Blick ins Berchtesgadener Land.«

»Du kennst dich gut hier aus«, sagte Georg Wieck.

»Panino liebte Salzburg über alles. Wir waren oft hier. Zu den Festspielen natürlich, aber auch sonst, eigentlich zu jeder Jahreszeit. Am liebsten wenn keine Touristen da sind. Was mit der Zeit immer schwieriger geworden ist.«

Die Idee, mit ihm nach Salzburg zu fahren, war ihr mitten in der Nacht gekommen, nachdem sie mit ihm zu Abend gegessen hatte.

Es war ziemlich spät geworden, er blieb im Hotel, sie fuhr nach Hause, erregt, bewegt und aufgewühlt, da sie nun einiges über sein Leben erfahren hatte und wußte, was sich abgespielt hatte vor ihrer Geburt und kurz danach.

»Ich rufe morgen vormittag an«, hatte sie gesagt, und zum erstenmal lagen ihre Hände ineinander. Er hatte sie über die Straße zum Bahnhof gebracht, wo die Taxen standen, er war unfähig, ein Wort zu sagen, seine Lippen zitterten, und in seinen Augen standen schon wieder Tränen.

»Gute Nacht«, sagte sie. »Schlaf gut, – Vater.«

Pedro begrüßte sie stürmisch, er sprang an ihr hoch und gab kurze, aufgeregte Laute von sich.

»Ja, ich weiß, ich weiß, ich war lange weg, und du hast gedacht, ich komme überhaupt nicht wieder. Und Abendessen hast du auch nicht gekriegt. Aber komm, jetzt gehen wir erst mal ein Stück.«

Trotz der Dunkelheit ging sie sogar ein Stück an der Isar entlang, sie war so erfüllt von Gedanken, Gefühlen, Überlegungen, daß gar kein Raum blieb für die Empfindung der Angst.

Wieder im Haus, sagte sie: »Pedro, was mach' ich denn nun? Was fange ich mit ihm an? Wenn ich doch bloß mit Karen sprechen könnte. Wenn es doch nur einen Menschen gäbe, der mir sagen würde, was ich tun soll. Er ist mein Vater. Er ist wirklich mein Vater. Und er ist allein und unglücklich. Ich... Was soll ich denn nur tun, Pedro?«

Ich kann ihn nicht im Stich lassen, das war das einzige, worüber sie sich klar geworden war im Laufe des Abends. Jetzt war er dort im Hotel, vermutlich konnte er in dieser Nacht so wenig schlafen wie sie. Sie mußte entscheiden, was weiter geschehen sollte. Sie mußte entscheiden, sie, die so unfähig war, Entscheidungen zu treffen.

Auf jeden Fall schreckte sie davor zurück, ihn ins Haus kommen zu lassen, ihn aufzufordern bei ihr zu wohnen. Damit wäre ein fait accompli geschaffen, aus dem es kein Zurück gäbe. Dazu mußte Karen um Rat gefragt werden.

Er könnte zunächst im Hotel bleiben, sie könnten sich treffen, zusammen essen gehen, reden, aber das würde auf die Dauer quälend werden. Und es würde mindestens noch vier, wenn nicht fünf Wochen dauern, bis Karen zurückkäme. Dann kam ihr der Einfall, mit ihm nach Salzburg zu fahren. Nicht irgendwohin, nach Salzburg, das war ihr vertraut, man kannte sie im Österreichischen Hof, sie würde dort Zimmer bekommen, und es war eine wunderbare Jahreszeit für Salzburg, Anfang November, keine Touristen, angenehm das Hotel, auch Pedro kannte sich dort aus, die Lokale nicht überfüllt, es gab sicher Konzerte, und ins Theater konnte man auch gehen.

Das alles erzählte sie dem fremden Mann, der ihr Vater war, am nächsten Morgen am Telefon.

»Sie kennen Salzburg doch?«

»Nein. Ich bin da nie gewesen.«

»Na also, dann ist es überhaupt das Beste, was wir machen können. Ich rufe gleich das Hotel an, und ich hole Sie in zwei Stunden ab. Wir nehmen Karens Wagen. Sie haben doch Ihren Führerschein dabei?«

»Selbstverständlich.«

»Na, prima, dann brauche ich nicht zu fahren. Ich fahre nämlich nicht gern.«

Er begriff sehr gut, warum sie diesen Ausweg wählte, denn er hatte sich auch schon Gedanken darüber gemacht, was weiter geschehen würde. Bei ihm hatten sie zu dem Entschluß geführt, ebenfalls mitten in der Nacht gefaßt, einfach abzureisen, mit irgendeinem Zug irgendwohin. Aber einmal, einmal wenigstens wollte er sie noch wiedersehen, dieses schöne, schon so vertraute Gesicht. Zunächst war es kühl gewesen, abweisend, dann immer mehr ihm zugewandt. Ihr Lächeln, ihr Interesse, ihr Erstaunen, als sie begriff, daß alles stimmte, was er erzählte. Das Haus, die Zimmer, der Garten mit Paninos Rosen, die damals noch nicht so wichtig waren, denn da leitete er noch das Bankhaus, das während des Krieges zum Teil nach München verlagert worden war.

Er sprach sehr liebevoll von Amelia, die immer versucht hatte zu vermitteln, er sprach jedoch wenig von Angelika, er wollte Georgia nicht die Hysterie, die beginnende und sich rasch steigernde Krankheit ihrer Mutter schildern, das würde die beginnende Vertrautheit nur belasten.

Nun wollte sie nach Salzburg. Keine weite Reise, doch eine neutrale Umgebung, Leben im Hotel, genügend Distanz, die immer noch einen Rückzug möglich machte, für beide Gefährten dieser Reise.

»Aber ich habe doch dafür gar nichts anzuziehen«, sagte er hilflos. »Sie haben ja gesehen, nur dieser kleine Koffer...«

»Das können wir alles dort kaufen«, sagte sie unbeschwert. »Ich nehme auch nicht viel mit. In Salzburg gibt es wunderbare Geschäfte, ich kaufe da immer gern ein. Und ich freu' mich schon darauf, in ein Konzert zu gehen, irgendeins wird es schon geben, gibt es in Salzburg immer. Und wir fahren ein wenig im Salzkammergut herum, und überall bekommen wir hervorragend zu essen, und einen guten Wein sowieso. Es kann schon kühl sein, wir sind ja in den Bergen. Ich nehme auf alle Fälle einen Pelz mit. Und für Sie kaufen wir einen echten Lodenmantel.« Sie lachte. »Also bis nachher.«

Er saß auf dem Bettrand, den Hörer in der Hand, ihr Lachen noch im Ohr. Er konnte immer noch den kleinen Koffer packen, hinüber zum Bahnhof gehen und einen Zug besteigen.

Doch dann stand er einfach neben der Rezeption, als sie mit dem Porsche vorfuhr. Der kleine Koffer stand neben ihm, den Trench hatte er an. Er war nervös, sie war es auch.

Sie sagte: »Hallo! Du bist schon fertig, das ist fein.« Sie duzte ihn, es ging ihr leicht über die Lippen, kam ganz von selbst, und brachte ihn fast wieder aus dem Gleichgewicht.

Ohne Zögern ging sie zur Kasse, beglich die Rechnung mit einer Kreditkarte, kam zurück und sagte: »Also dann geht's los. Zimmer im Österreichischen Hof geht in Ordnung. Zum Mittagessen sind wir schon da.«

Hinten lag ein Hund in dem Wagen, sie sagte: »Das ist Pedro. Hast du Hunde gern?«

»Ja, sehr. Damals gab es zwei im Haus. Jonathan, den braunen Königspudel, und eine niedliche kleine Dackelhündin, die Lieschen genannt wurde.«

»Jonathan kenne ich auch noch. Er wurde sehr alt. Und Panino war sehr unglücklich, als er starb. Er sagte, er sei der klügste Hund, den er je gekannt habe.«

Sie startete den Wagen, die Reise begann.

»Er hat natürlich dich nicht gekannt, Pedro«, sagte sie über die Schulter.

Die Fahrt durch die Stadt im Samstagvormittagsverkehr mit Georgia am Steuer verlief ziemlich abenteuerlich, seltsamerweise beendete das Georgs Nervosität, oder besser gesagt, es veränderte sie. In Ramersdorf wagte er die vorsichtige Bemerkung: »Du sagst mir, wenn ich fahren soll?«

»Je eher, desto besser. Ich kenne mich mit Karens Wagen nicht so gut aus.«

»Und was für einen fährst du?« Nun sagte er auch du, auch ihm kam es leicht über die Lippen.

»Gar keinen. Ich fahre mit dem Taxi. Meinst du, daß du mit dem Porsche zurechtkommst?«

»Ganz bestimmt.«

»Also gut, mir ist es lieber.«

Sie fuhr an den Straßenrand, und sie wechselten die

Plätze. Georg Wieck fuhr gut, und als sie auf die Autobahn kamen, fuhr er auch schnell. Georgia betrachtete ihn von der Seite. Er wirkte gelöst, sein Gesicht war entspannt, ein leichtes Lächeln lag um seinen Mund. Es war offensichtlich, daß es ihm Spaß machte, dieses Auto zu fahren.

»In Venedig war aber nichts mit Autofahren«, sagte sie.

»Nein, in Venedig gab es kein Auto und keinen Hund. Aber in Rom fuhr ich manchmal einen kleinen Fiat. Nur der Verkehr war zum Verzweifeln.«

»Und wie bist du nach Rom gekommen?«

Er wandte ihr das Gesicht zu. »In einem Porsche, mit einer Dame darin, der das Auto gehörte.« Und nun lächelte er ganz offen.

»Ich nehme an, daß es sich nicht um eine Tochter handelte.«

»Nein, mit der Dame verband mich ein anderes Verhältnis.«

Georgia fragte nicht weiter. Sie hatten Zeit genug, sie würde überhaupt nicht fragen. Er konnte erzählen, wenn er wollte, und wenn er nicht wollte, oder manches ausließ, war es ihr auch egal.

Nun gingen sie im hellen Sonnenschein über den Mönchsberg, Pedro lief vor ihnen her, das Laub raschelte unter seinen Füßen, ihm gefiel der Spaziergang ausgezeichnet.

Sie kamen zu der Stelle, von der aus man den Blick ins Berchtesgadener Land hatte, und Georg Wieck sagte andächtig: »Wie schön es hier ist!«

»Ja, nicht wahr? Und daß wir so ein Glück mit dem Wetter haben. Es ist richtig warm. Föhn halt. Ich mag den Föhn. Viele Leute in München stöhnen ja darüber.«

Er hätte ihr erzählen können, wie Angelika mit Kopfschmerzen im Bett lag bei Föhn. Sie war jung, sie übertrieb, das hatte er erkannt. Ihr Vater auch.

»Stell dich nicht so an«, sagte Franz Klingenthal zu seiner Tochter. »Was kann dir das bisserl Föhn ausmachen?«

»Ich mag den Föhn auch«, sagte Georg Wieck. Und dann, nach einer Weile, den Blick auf die fernen, so nah wirkenden Berge gerichtet: »Ich möchte am liebsten heute sterben.«

Georgia sah ihn an. »Warum?«

»Weil ich nie mehr im Leben so glücklich sein werde wie heute. Daß ich hier stehe, mit dir...«

Und als sie schwieg: »Und ich glaube, ich bin auch noch nie in meinem Leben zuvor so glücklich gewesen.«

»Das kommt dir bloß so vor«, sagte sie ruhig. »Man kann immer nur das Glück eines Augenblicks empfinden, man kann es nicht bewahren. Und auch nicht vergleichen.«

»Ja, du hast recht. Es gibt manchmal so ein jähes, heftiges Glücksgefühl. Zum Beispiel als der Krieg zu Ende war, und ich hatte ihn gesund überlebt. Die Engländer hatten mich zwar gefangengenommen, es gab sehr wenig zu essen, aber das war nur vorübergehend. Und ich hatte vorher ja nicht schlecht gelebt. Wenn man bedenkt, was andere aushalten mußten.«

»Das mußt du mir noch erzählen, was du im Krieg gemacht hast. Und warst du nicht glücklich mit meiner Mutter?«

»Doch, am Anfang schon. Und das ganz große Glück war es, als Karen geboren wurde.«

»Und bei mir nicht?«

»Als du zur Welt kamst, war alles schon ziemlich schwierig. Aber laß uns jetzt nicht davon reden. Es wäre schade um den schönen Tag.«

»Jetzt geh'n wir weiter und steigen oberhalb vom Festspielhaus zur Stadt hinab. Dann essen wir eine Kleinigkeit im Peterskeller, ein Tellerfleisch oder Würstl, und heute abend speisen wir ganz groß im Hirschen. Die Jause fällt aus, damit wir uns den Appetit für ein großes Abendessen nicht verderben. Statt dessen werden wir für dich einen feschen Anzug kaufen.«

»Weißt du...«, begann er.

»Schon recht«, unterbrach sie ihn. »Es braucht dir nicht peinlich zu sein. Ich habe noch nie für einen Mann einen Anzug gekauft. Das ist doch mal was Neues. Karen würde sich totlachen. Und wenn es dich beruhigt, kaufe ich mir ein Kleid für heute abend.«

Er griff im Gehen nach ihrer Hand. »Du bist ein Wunderkind. Darf ich eine neugierige Frage stellen?«

»Bitte sehr.«

»Was sagt denn dein Freund dazu, daß du einfach so von heute auf morgen verschwunden bist?«

»Was für ein Freund?«

»Gibt es keinen Mann in deinem Leben?«

»Nein. Ich brauche keinen. Ich habe Karen. Und jetzt habe ich erstaunlicherweise einen Vater. Und bis vor einigen Jahren hatte ich Panino, das war das allerbeste.«

Er sah sie von der Seite an, doch er schwieg.

Ein wenig seltsam war es schon, dieses schöne Wunderkind. Weder Panino, noch Karen, noch ein ziemlich heruntergekommener Vater konnten einen Mann ersetzen, der sie liebte. Und den sie liebte.

Er verzog im Gehen den Mund. Aber was bedeutete das schon, Liebe? Er hatte sie oft genug erlebt, und nun war er doch allein.

Am Abend trug Georg Wieck den neuen Anzug, den sie am Nachmittag gekauft hatten.

»Wir nehmen etwas in dunklem Blau«, hatte Georgia dem Verkäufer mitgeteilt, »nicht zu dunkel, mehr so ein metallisches Blau, das sich auch für Theater und Konzert eignet. Und dann brauchen wir noch ein Sportsakko und zwei verschiedene Hosen dazu, und zwar...«

Sie sprach und handelte mit der größten Selbstverständlichkeit, als ginge sie jeden Tag mit einem Mann Anzüge, Hemden und Krawatten kaufen, das Gefühl der Peinlichkeit, das Georg gefürchtet hatte, stellte sich nicht ein, so amüsierte ihn ihr Auftreten.

»Man merkt, daß du eine Malerin bist«, sagte er, während zwei Verkäufer die Sachen heraussuchten.

»Erst mal abwarten, ob du das noch behauptest, wenn du meine Bilder siehst«, sagte sie und lachte. »Aber immerhin habe ich dieses Talent ja wohl von dir geerbt.«

»So weit war es mit meinem nicht her. Und leider habe ich auch nichts gelernt für diesen Beruf, der mir möglicherweise gelegen hätte.«

»Kannst du ja noch machen«, sagte sie, »Professor Molden, der mich unterrichtet hat, ist noch nicht alt und bei bester Gesundheit. Er ist zwar nicht mehr an der Akademie, aber er gibt Privatstunden. Ich gehe auch manchmal zu ihm, wenn ich mich in etwas verrannt habe. Du verrücktes Madel, sagt er dann, zu schad, daß du nicht aufs Geldverdienen angewiesen bist, aus dir könnte man eine Mischung aus Chagall und Magritte machen.«

»Du bist ein tollkühnes Mädchen, mir altem Mann Malunterricht vorzuschlagen!«

»So alt finde ich dich gar nicht. Und wenn du erst die neuen Anzüge hast... ah, hier kommt schon der erste. Ich setze mich hier hin, und du verschwindest in der Kabine mit dem jungen Mann. Ich erwarte eine ausführliche Modenschau.«

Sie saß da auf einem kleinen Sofa und war ungemein entzückt über sich selber, und wie so oft in den letzten zwei Tagen dachte sie: wenn mich doch bloß Karen sehen könnte. Eine Hand auf Pedros Kopf, der artig neben ihr saß, flüsterte sie: »Wir werden ihr einen piekfeinen Vater präsentieren, wenn sie wiederkommt. Sein Leben mag ja komisch gewesen sein, aber jetzt machen wir einen Gentleman aus ihm.« Sie stockte und verbesserte sich dann. »Was heißt wir? Ich mache das, Pedro. Ich. Einen Vater zu haben, macht mich offenbar erwachsen.«

Als er dann aus der Kabine trat, betrachtete sie ihn mit geradezu liebevollen Augen. Er sah gut aus, sie hatte es gewußt, daß er gut aussehen konnte.

Zum Schluß kaufte sie sich bei Reesmann ein Kleid, diesmal nicht grün, sondern silbriggrau.

»Das wird gut aussehen zu dem blauen Anzug«, sagte sie, als sie sich im Spiegel betrachtete. Und zu den Opalen, fügte sie für sich hinzu, denn die hatte sie auf die Reise mitgenommen.

»Da hast du eine ganze Menge Geld ausgegeben heute nachmittag«, sagte er, als sie mit dem Taxi zum Hotel zurückfuhren.

»Ja, nicht wahr?« erwiderte sie fröhlich. »Und es hat mir einen Riesenspaß gemacht, einzukaufen. Sonst gehe ich gar nicht so gern, Karen muß mich immer mitschleppen. Los, sagt sie, heute kaufen wir für dich einen Fummel, ich sehe dich nur noch in Hosen und Pulli. Dabei trägt sie meist Hosen. Aber sie findet, zu mir passen Kleider besser. Nur was Schuhe betrifft, da habe ich einen Knall, die kaufe ich mir pausenlos. Ach Gott, ja! Hätten wir nicht noch Schuhe für dich kaufen müssen?«

»Ich habe noch ein Paar schwarze Schuhe in meinem Koffer, prachtvolle Italiener, die werde ich heute abend anziehen.« Auch er war guter Laune. Gelöst, heiter, und mit fast kindlichem Staunen ging er seit den letzten Tagen in dieses neue ungewohnte Leben.

Auch wenn er sich selbst immer wieder zur Ordnung rief: Es könnte so schnell vorbeigehen wie es begonnen hatte, es könnte nichts sein als eine Laune von diesem reichen, verwöhnten Mädchen, das seine Tochter war. Aber dann würde er für den Rest seines Lebens, seines schäbigen Lebens, davon zehren.

»Du Wunderkind«, sagte er leise.

»Hm?« machte Georgia, ermüdet von den Einkäufen. »Also ich bade jetzt und lege mich dann eine Stunde hin. Für acht hat der Portier den Tisch bestellt im Hirschen.«

Beim Essen erzählte sie: »Hier habe ich oft mit Panino gesessen. Früher haben wir auch hier gewohnt, aber dann wurde ihm der Trubel zu groß, er hatte dann ein sehr hübsches Hotel draußen in Anif gefunden. 1968 durfte ich das erste Mal mitkommen nach Salzburg. Im achtundsechziger Jahr, wie die Österreicher sagen. Wir waren in der *Zauberflöte* und im *Barbier von Sevilla*. Und in einem Konzert mit den Wiener Philharmonikern unter Karajan. Da spielten sie die Unvollendete von Schubert. Ich war so hingerissen. Es ist heute noch meine Lieblingssymphonie.«

»Daß du das noch so genau weißt!« staunte Georg.

»Du meinst, weil es fast zwanzig Jahre her ist? Ich weiß noch ganz genau, was wir in den folgenden Jahren gehört und gesehen haben. Karen zum Beispiel durfte damals schon mitgehen in den *Fidelio*, ich dann erst im nächsten Jahr. Zu der Zeit wohnten wir noch hier im Hotel.«

»Und in München war die Oper wieder aufgebaut.«

»Das hast du nicht mehr miterlebt, nicht? Vorher spielten sie im Prinzregententheater. Panino tat es immer leid, daß dort nicht mehr gespielt wurde. Er sagte, es sei ein wunderbares Haus mit einer großartigen Akustik gewesen. Warst du manchmal dort?«

»Ja. Mit Angelika. Und mit deiner Großmama. Sie ging sehr gern in die Oper. Sie konnte ganz in der Musik aufgehen. Am meisten liebte sie den *Tristan*. Ich gestehe, daß ich keine Ahnung hatte. Aber sie erklärte mir geduldig alles, die Handlung, die Vorgeschichte, die ganze alte Sage, und was Richard Wagner mit seiner Musik alles ausdrücken wollte.«

»Amili erklärte dir das?«

»Ich spreche von deiner Großmama. Angelika machte sich nicht sehr viel aus der Oper. Sie sagte nur, du wirst dich zu Tode langweilen. Aber ich habe mich nicht gelangweilt, ich war sogar noch ein zweitesmal im *Tristan*, da verstand ich es schon besser.«

»Wieder mit Amili?«

»Ja. Mit ihr allein, ohne Angelika. Ich habe auch einige Verdi-Opern gehört, gefiel mir auch sehr gut.«

»Und später dann?«

»Als ich in Italien lebte, ja, da war ich auch manchmal in der Oper. Früher.«

»Und nach Italien kamst du durch die Dame mit dem Porsche.«

»Ja.«

»Ich will nicht neugierig sein«, sagte Georgia.

»Es war eine Liebesaffäre. Ich lernte sie in Paris kennen, im Louvre. Da ging ich manchmal hin, wenn ich Zeit hatte.«

»Und was hast du in Paris gemacht?«

»Ich habe als Taxifahrer gearbeitet. In Paris kannte ich mich ganz gut aus, noch vom Krieg her. Und besagte Dame kam aus Essen, sie war die Frau eines reichen Fabrikanten, sie sprach kein Wort französisch und war sehr dankbar, weil ich mich in Paris zurechtfand und mich verständigen konnte. Nachdem sie den Schock überwunden hatte, daß der Mann aus dem Louvre ein Taxifahrer war.«

»Und mit ihr bist du dann nach Rom gefahren?«

»Sie hatte Zeit, und sie hatte Geld. Ihre Ehe war nicht die beste. Sie betrog ihren Mann mit sichtlichem Vergnügen, schuld daran war er, denn er hatte sie zuvor betrogen. Das erzählte sie mir alles bereitwillig. Ich gestehe, daß mich keinerlei Skrupel plagten, mit ihr zu reisen und mich... na ja, von ihr aushalten zu lassen.«

»Das ist kein hübscher Ausdruck«, sagte Georgia und runzelte die Stirn. Sie war dabei, sich den neuen Vater nach ihrem Geschmack zurechtzubasteln, nicht nur äußerlich, auch innerlich, sie wollte keine Fehler an ihm finden.

»Entschuldige, aber so war es nun mal. Du siehst, dein Großvater, dieser fabelhafte Panino, hatte nicht unrecht mit seinem Urteil über mich.«

Er sagte das ohne Gehässigkeit, ohne Spott, eher mit entwaffnender Aufrichtigkeit. Er war nie ein böser Mensch gewesen, nie berechnend, nur ein fröhlicher Taugenichts, der das Leben liebte und es leicht nahm. Zudem ein Mann, den die Frauen liebten. Das ging so lange gut, bis er älter und sein Leben mühsam wurde, bis er erkannte, daß er sein Leben verspielt und vertan hatte. Was auch immer schuld daran sein mochte, das Elternhaus, die fehlende Erziehung, der Krieg, die leichtlebige Nachkriegszeit und schließlich diese verunglückte Ehe, eines Tages war es zu spät, diesem Leben noch einen Sinn zu geben. Und in dem Maße, in dem er früher heiter und unbeschwert gewesen war, wurde er nun schwermütig und vergrämt. Bis zu der Stunde, als er zu diesem seltsamen Mädchen in den Porsche gestiegen war, da änderte sich etwas, doch das schuldvolle Angstgefühl, daß er etwas erlebte, was ihm nicht zukam, verließ ihn nicht. Und was er am Vormittag auf dem Mönchsberg gesagt hatte: ich würde heute am liebsten sterben, war ganz echt gemeint gewesen.

Er sollte eine neue Rolle spielen und fühlte sich ihr nicht gewachsen. Denn irgendwann würde dieses Wunderkind, diese schöne, elegante Lady, mit der er jetzt in einem Luxusrestaurant speiste, genug von ihm haben, würde sie erkennen, was für ein wertloser Mensch er war.

Er gab sich Mühe, neben ihr zu bestehen, wußte, daß er gut

aussah in dem blauen Anzug und dem weißen Hemd. Hatte er nicht damals, in der Zeit, von der er gerade sprach, auch mit einer attraktiven Frau in teuren Hotels gewohnt, in guten Restaurants gespeist? Ach, warum erzählte er ihr das nur, warum stellte er sich selbst als Gigolo dar?

»Entschuldige«, sagte er noch mal. »Ich möchte dich wirklich nicht mit meinem verkorksten Leben behelligen. Das ist kein Thema für eine Frau wie dich.«

Georgia schob ein Stück von der Entenbrust in den Mund, ließ ein Eckchen von dem Knödel folgen.

»Schmeckt gut, nicht?« fragte sie. »Und laß dir bloß nicht den Appetit verderben. Wofür hältst du mich? Für eine zickige Spießernuß? Das ist ein Lieblingsausdruck von Karen. Sie verfügt über eine sehr plastische Sprache. Du hast dir in Paris auf ehrliche Weise dein Geld verdient, und zuletzt in Venedig auch. Was dazwischen lag, brauchst du mir ja nicht zu erzählen, wenn du nicht willst. Obwohl es mich natürlich interessiert. Aber denk ja nicht, daß du Karen etwas verschweigen kannst. Die holt alles aus dir raus, ob du willst oder nicht.«

»Und du denkst, ich werde Gelegenheit haben, Karen kennenzulernen?«

»Ganz bestimmt. Wir haben keine Geheimnisse voreinander. Und einen wiedergefundenen Vater kann ich ihr doch nicht unterschlagen.«

»Ich hätte Angst vor dieser Begegnung.«

»Die wird dir schnell vergehen. Mit Karen kann man viel besser umgehen als mit mir. Ich bin die Introvertierte in dieser Familie. Ich bin ein matter Stern am Abendhimmel, Karen ist wie ein strahlender Frühlingsmorgen. Dieser Vergleich stammt nicht etwa von mir, diese lyrische Aussage hat mal einer von Karens zahlreichen Freunden von sich gegeben, der zunächst uns beiden den Hof machte, aber bei mir dann schnell aufgab und sich Karen zuwandte.«

»Und es hat nie Rivalität zwischen euch gegeben?«

»Nie. Und wegen eines Mannes schon gar nicht. Mir blieb es meist überlassen, Karens abgelegte Freunde zu trösten. Falls ich Lust dazu hatte.«

»Du bist so überlegen.«

»Ah ja? Das scheint nur so. Ich bin, so nennt es jedenfalls Karen, Hyronima in ihrem Gehäuse. Solche Sachen fallen ihr immer ein. Sie ist nicht umsonst eine berühmte Journalistin.«

»Und du denkst, du kannst mich ihr so einfach präsentieren?«

»Ganz gewiß. Es dauert sowieso noch ein paar Wochen, bis sie wieder da ist. Und bis dahin...«, sie stockte.

»Ja? Was wolltest du sagen? Bis dahin...«

»Bis dahin, behaupte ich kühn, wirst du dich in deiner Haut viel wohler fühlen. Ich bin nicht so dumm, wie du vielleicht denkst.«

»Aber Kind! Das würde ich nie denken.«

»Alles, was jetzt geschieht, überrumpelt dich, nicht wahr? Mich ja auch in gewisser Weise. Es ist ein Stück Weg, den wir gemeinsam zurücklegen. Bis Karen kommt, machen wir das alles mit links. Auch ein Ausdruck von Karen. Weißt du, ich habe mir überlegt, was wir weiter machen. Wir bleiben noch ein paar Tage in Salzburg, dann fahren wir nach Wien.«

»Nach Wien?« fragte er fassungslos.

»Warum nicht? Ich war lange nicht mehr in Wien. Nicht mehr seit der Zeit mit Panino. Wir werden in Wien im Sacher wohnen und in die Oper gehen. Warst du schon mal in Wien?«

»Nein.«

»Siehst du, Wien fehlt in deinem Programm. Paris, Rom, Venedig, sehr schön. Wien mußt du kennenlernen, es ist eine Traumstadt, sogar heute noch. Ich werde mir bei Adlmüller ein Abendkleid kaufen, und du bekommst einen Smoking.«

Georg legte das Besteck auf den Teller, er bog den Kopf zurück und lachte. Zum erstenmal, seit Georgia ihn kannte, lachte er hell und unbeschwert.

»Du bist ein Wunderkind«, sagte er wieder.

»Das hast du heute schon ein paarmal gesagt.«

»Es ist zu wenig. Du bist eine Zauberin.«

»Ach ja?«

»Eine Fee aus dem Märchen.«

»Wird ja immer besser. Das sollte Karen hören. Sie nennt mich eine morbide Spinnerin. Mir hat offenbar ein Vater gefehlt.« Wie es Panino war, dachte sie. Da war ich die Beschenkte. Nun bin ich die Schenkende.

Der Gedanke an ihn ließ sie eine Weile verstummen. Was würde er sagen, wenn er das miterlebte?

Sie glaubte, es zu wissen: er würde lachen. Der Panino, den sie kannte, der würde lachen.

»Ich bin zwar ziemlich satt«, sagte sie, »aber wenn wir den Wein ausgetrunken haben, werde ich doch noch ein kleines Stück Apfelstrudel essen. Gott sei Dank habe ich keine Probleme mit meiner Figur. Das habe ich wohl von dir geerbt.«

»Deine Mutter war auch zart und schlank.«

»Amili hätte ein Windhauch umblasen können. Das sind so die vernünftigen Gene, die man erbt. Nicht alle sind brauchbar, aber manche eben doch. Panino hatte zuletzt ein kleines Bäuchlein. Das kommt vielleicht später.«

Georg sah sie an. Sie war so schön, so heiter, so... so, ja, wie sollte man es nennen? So frei.

Georg Wieck, ihr Vater, hatte ihr in wenigen Tagen diese Freiheit geschenkt, aber das konnte er nicht wissen. Es war ein ihm unbekannter Schlüssel, der das Tor aufgesperrt hatte. Immer im Schatten der dominierenden Schwester, seit Paninos Tod von ständigem Gefühl der Einsamkeit, der Verlassenheit gepeinigt, war sie plötzlich zu einer ungeahnten Aktivität erwacht. Da war ein Mensch, der sie brauchte, dem sie Gutes tun konnte, der sie mit staunenden, beglückten Augen ansah. Kein Mann, kein Freund, kein Liebhaber – ein Vater. Und es war ihre Anteilnahme, ihre Zuneigung, die ihn glücklich machte. Alles in allem war es ein Erfolgserlebnis, wie es modisch hieß, und dabei entwickelte sich eine ganz andere, ganz neue Georgia.

Aber das alles konnte ja Georg Wieck, der sie zuvor nicht gekannt hatte, nicht wissen.

»Und was geschah dann mit der Dame in Rom?«

»Eine Zeitlang war das ganz nett«, erzählte Georg, nun auch unbeschwert. »Wir wohnten in einem erstklassigen Hotel und lebten so in den Tag hinein. Vorher waren wir quer durch Frankreich gefahren, hatten einige Zeit an der Côte d'Azur verbracht, und ich müßte lügen, wenn ich behaupten wollte, daß ich an der Reise nicht meinen Spaß gehabt hätte. Die Dame allerdings ging mir zunehmend auf die Nerven. Darum machte es mir nicht viel aus, als sich eines Tages in Rom der Ehemann meldete, er hatte sein Verhältnis beendet und wollte seine Frau wiederhaben, anderenfalls er das Konto sperren ließe. Tja, das war es dann.«

Georgia drängte ihn nicht zum Weiterreden, aber er konnte nicht mehr aufhören zu reden. »Ich saß wieder einmal auf dem Trockenen. Das war ich ja gewöhnt, darum machte es mir nicht sehr viel aus. Dafür hatte ich etwas gefunden, was ich noch nie im Leben gehabt hatte: einen Freund.«

»In Rom?«

»Er war der Padrone einer hübschen kleinen Trattoria in Trastevere, nicht weit von der Kirche Santa Maria entfernt. Er hieß Enrico, und wie sein berühmter Namensvetter sang er wunderschön. Er kochte, er bediente, er sang, ich habe damals alle italienischen Opern, soweit es die Tenorpartien betraf, kennengelernt. Seine Frau und seine Mama halfen manchmal mit den Sopranpartien aus, sie sangen nicht ganz so gut wie er, aber es vervollständigte die Opern doch ganz beträchtlich. Ich aß dort täglich Spaghetti, und manchmal konnte ich auch die nicht bezahlen. Enrico hatte auch die Dame aus Essen kennengelernt, mit ihr war ich einige Male bei ihm gewesen, und nun sang er mir fröhlich vor: La donna è mobile. Als ich gar kein Geld mehr hatte, schlug er vor, daß ich in Küche und Ausschank ein wenig helfen sollte. Ich war also wieder da gelandet, wo ich hergekommen war, in einer Kneipe. Ich lernte sehr schnell italienisch, Sprachen sind mir immer leichtgefallen, und als ich es konnte, avancierte ich zum Kellner. Siehst du, so war das.«

»Und wie kamst du nach Venedig?«

»Nun, es war wieder eine Frau. Giovanna ist eine Nichte von Enrico. Und sie wohnte in Venedig, genauer gesagt in Mestre, das ist die Industriestadt auf dem Festland, die mehr oder weniger zu Venedig gehört.«

»Ja, ich kenne Mestre. Panino war mit mir dort. Er meinte, man müsse nicht nur die Schönheit Venedigs bewundern, sondern auch einmal sehen, wie und wo viele Menschen wohnen, die in Venedig arbeiten. Es ist wirklich keine hübsche Stadt.«

»Ich habe dort die letzten zehn Jahre gewohnt und bin jeden Tag hinüber auf die schöne Insel gefahren, wie so viele.«

»Und wegen dieser Nichte von Enrico hast du Roma verlassen?«

»Ja, ich gebe es zu, Frauen haben halt immer eine große Rolle in meinem Leben gespielt. Giovanna war bildhübsch, noch sehr jung und von hinreißendem Temperament. Später. Als ich sie damals kennenlernte, war sie sehr unglücklich, denn ihr Mann war vor einiger Zeit verunglückt mit seinem Auto, er war nicht gleich tot, er lebte noch mehrere Wochen, doch man konnte ihm nicht helfen. Das war natürlich eine schwere Zeit für Giovanna. Sie kam nach Rom, um ein wenig Abwechslung zu haben. Und sie brachte ihren Sohn mit, Aldo, von dem du ja schon gehört hast. Aldo war damals zehn, ein ziemlich wilder Junge, der mit seiner Mutter machte, was er wollte. Ich erinnere mich noch sehr gut, es war irrsinnig heiß in jenem Sommer, und ich fuhr manchmal mit Giovanna und dem Jungen nach Ostia zum Baden. Abends mußte ich zurück sein, wir hatten gut zu tun in dem Lokal, zwar waren kaum Römer in der Stadt zu dieser Jahreszeit, aber viele Touristen. Wenn die Trattoria am Abend voll war, saß Giovanna allein, mit traurigem Gesicht in der Ecke hinter der Bar. Na ja, ich hielt es für notwendig, sie zu trösten.«

Georgia nickte mit ernster Miene. »Ich verstehe.«

»Als die Ferien vorbei waren und die Schule wieder anfing, mußte sie zurück nach Mestre, Aldo ging dort in die Schule, sie hatte dort ihre Wohnung, ihr Mann hatte in Mestre in einer Fabrik gearbeitet. Nach Rom zu übersiedeln war unmöglich, erstens waren die Wohnungen zu teuer und zweitens gab es auch gar keine. Und in Mestre hätte sie eine sehr hübsche Wohnung, sagte sie. Na ja, was Italiener so darunter verstehen, ihr Geschmack ist ja da ein bißchen anders als unserer.«

»Und dann gingst du mit ihr nach Mestre.«

»Nicht gleich. Noch eine ganze Weile nicht. Ich hatte ja keine Ahnung, wovon ich in Mestre oder in Venedig leben sollte, nicht? Wir telefonierten miteinander, und wir schrieben uns, ich hatte mich verliebt, sehr ernsthaft sogar. Ich bin zu alt für sie, sagte ich zu Enrico. Er fand das auch. Ich war fast fünfzig. Und sie gerade achtundzwanzig, sie hatte schon mit siebzehn geheiratet. Aber dann fuhr ich doch zu ihr.«

»So kamst du also nach Venedig. Warst du glücklich mit Giovanna?«

»Eine Zeitlang schon, so drei Jahre lang etwa. Dann begriff sie, daß das Leben noch einige Chancen für sie bereit hielt. Sie arbeitete in einer Boutique auf der Merceria, und sie war, wie gesagt, sehr hübsch. Das fiel selbstverständlich auch manchem Mann auf, der in den Laden kam, in dem sie beschäftigt war. Manchmal kam sie abends nicht nach Hause. Was an sich nicht viel zu bedeuten hatte, denn in Italien nimmt man es mit den Ladenschlußzeiten nicht so genau wie in Deutschland. In den Abendstunden, wenn die Leute flanieren, geht das Geschäft besonders gut. Aber dann kam sie auch schon mal die ganze Nacht nicht nach Hause. Und einmal übernachtete sie mit einem Kavalier sogar in dem Hotel, in dem ich angestellt war.«

Georg stockte, blickte verlegen vor sich auf den Tisch. »Ich sollte dir das nicht erzählen.«

»Ich schlage vor, wir essen jetzt den Apfelstrudel«, sagte Georgia. »Oder vielleicht magst du etwas anderes lieber? Dort auf dem Wägelchen sind die Desserts, und die schauen wir uns jetzt mal an. Wir können den Apfelstrudel genauso gut morgen im *Glockenspiel* essen. Auf alle Fälle trinke ich noch einen Espresso. Und dann müssen wir endlich Pedro erlösen.«

Pedro war an diesem Abend im Hotel geblieben. »Ich spaziere mit ihm noch ein Stück an der Salzach entlang.«

»Darf ich mitkommen?«

»Ich bitte darum. Dabei werden wir überlegen, was wir morgen machen. Ach, wozu? Wir überlegen gar nichts, wir fahren hierhin oder dorthin, vielleicht mal nach Hellbrunn hinaus oder zum Fuschlsee. Wir leben einfach so in den Tag hinein.«

»Willst du denn überhaupt noch mit mir umgehen, nachdem du nun all diese schrecklichen Dinge aus meinem Leben weißt?«

»Nun machst du wieder ein Gesicht wie vor drei Tagen. Was denn für schreckliche Dinge? Jeder muß sein Leben auf seine Weise leben. Du hast viele Frauen geliebt, bist wieder geliebt worden, aber so das richtige Happy-End ist es nie geworden. Das geht vielen Menschen so. Karen verliebt sich auch öfter, das hat sie wohl von dir geerbt. Bloß sie leidet nicht, wenn eine Affäre zu Ende geht.«

»Angelika war mehr als eine Affäre. Und Giovanna auch. Was dazwischen lag...« er wischte es mit einer Handbewegung fort, »war nicht so wichtig.«

»Ah, hier kommt der Wagen mit den Mehlspeisen. Mein Gott, was nehm' ich denn nun wirklich?« Sie blickte lächelnd zu dem jungen Kellner auf, der ebenfalls lächelte. Gleichzeitig mußte sie daran denken, daß Georg Wieck, ihr Vater, vor kurzer Zeit noch als Kellner in einem Hotel gearbeitet hatte. In Venedig hätte er sie vielleicht bei Tisch bedient. Und sie hätte nicht gewußt, wer er war. »Also ich bleibe doch beim Apfelstrudel«, sagte sie heiter. »Sonst kann ich mich lange nicht entscheiden. Und du, Vater?«

Georg konnte vor Rührung nicht sprechen. Er wies nur mit dem Finger auf irgendein Stück auf diesem Wagen. Er sah ihr zu, wie sie den Apfelstrudel probierte.

»Schmeckt ja herrlich«, sagte sie. »Aber ich kann das nie aufessen.«

»Aber wenigstens die Hälfte.«

»Ja, die Hälfte. Vielleicht sogar etwas mehr. Gefällt es dir, mit mir hier zu sitzen?«

»Du kannst fragen?«

»Mir gefällt dieser Abend ganz besonders. Weißt du, seit Panino nicht mehr da ist, war ich immer sehr allein. Denn ich will ja nicht mit irgend jemand essen gehen oder auf so einer dummen Party herumsitzen. Aber mit dir auszugehen, gefällt mir.«

»Du Wunderkind«, sagte er, noch einmal an diesem Abend.

# Eine dramatische Szene

»Sag mal, bist du verrückt geworden?« Karen stand mitten im Zimmer, die Arme in die Seiten gestemmt, ihre Augen funkelten vor Wut.

»Karen! Wo kommst du denn her?« rief Georgia, die soeben hereinkam, »ist etwas passiert?«

»Das kann man wohl sagen. Du bist einfach verschwunden, kein Mensch weiß, wo du bist. Ich dachte mir, dich hat einer umgebracht.«

»Bist du meinetwegen gekommen?«

»Klar, was sonst? Ich bin seit vorgestern hier. Und eben haben wir beschlossen, die Polizei zu verständigen. Wenn nicht dich, hätte man ja wenigstens meinen Wagen irgendwo finden können.«

»Er steht vor der Tür. Lieber Himmel, Karen, das darf doch nicht wahr sein, du hast meinetwegen deine Reise abgebrochen?«

»So ist es. Die ganze Reportage ist im Eimer. Das hast du fabelhaft hingekriegt.«

Sie musterte den Mann, der hinter Georgia den Raum betreten hatte, und nun an der Tür stehen geblieben war. Sie brauchte nicht zu fragen, wer das sei. Und sie mußte nicht daran zweifeln, daß er war, was er vorgab zu sein. Die Ähnlichkeit war unverkennbar, es waren Georgias Augen, ihre schmalen Schläfen, eine bestimmte Form des Gesichts; ihr geschultes Auge erkannte, daß dies Georg Wieck sein mußte. Der von Linda entdeckte Vater. Kein Betrüger, der Georgia entführt hatte und mit dem Porsche abgehauen war. Überdies sah er gut aus. Da stand er, Georgia hatte ihn mitgebracht, und was sollte sie nun tun? An die väterliche Brust sinken?

»Verdammte Scheiße«, murmelte sie zwischen den Zähnen.

»Na so was«, sagte Georgia. »Ich bin ganz außer mir. Meinetwegen bist du zurückgekommen.«

»Für wen sonst würde ich wohl Hals über Kopf von Kapstadt nach München fliegen.«

»Aber Frau Moser«, sagte Georgia, »Sie wußte doch, wo ich bin. Ich habe sie doch von Salzburg aus angerufen.«

»Das war ja schon vor fünf Tagen. Nein, vor sechs«, verteidigte sich Frau Moser. »Und nachher warn S' nimmer da.«

»Ich habe im Österreichischen Hof angerufen, kaum daß ich hier war«, sagte Karen. »Die sagten mir bloß, daß du da warst und wieder weggefahren bist.«

Georgia sah die anderen an. Karen hatte eine ganze Mannschaft um sich versammelt. Da war außer Frau Moser noch der Huber da, Erwin Raabe, Thomas Keller und ein unbekannter Mann.

Der Disput wurde zunächst mal unterbrochen, denn Pedro, der sich eben nur mal kurz im Garten umgesehen hatte, kam hereingestürmt. Er stürzte mit einem tief aus der Kehle kommenden Laut auf Karen zu, sprang an ihr hoch und konnte sich vor Freude kam lassen.

»Ja, ja, ist ja schon gut, du bist mein liebster und mein schönster Hund. Ja, ich weiß, ich weiß, du warst einfach fort, gehst einfach so auf Reisen, na komm schon.« Und dann saß Karen auf dem Teppich, den Hund im Arm, der jaulte und winselte vor Glück.

Georg Wieck, immer noch an der Tür stehend, lächelte. Das war also Karen, seine andere Tochter. Die erste, die er damals so entzückt auf den Armen herumgetragen hatte. Daß sie unerwartet hier war, komplizierte die Situation. Er und Georgia waren einander sehr nahegekommen in der Woche ihrer Reise, sie waren zuletzt ganz unbeschwert miteinander umgegangen, und Georgia hatte gesagt: »Also was sollst du im Hotel herumhängen, du wohnst bei mir, ich fürchte mich sowieso, wenn ich allein bin. Bis Karen kommt, hast du dich eingewöhnt. Und dann ist bald Weihnachten, und ich schenke ihr einen Vater unter dem Christbaum.«

»Solltest du sie nicht vorher verständigen? Um Erlaubnis fragen?«

»Was für eine Erlaubnis? Es ist genauso mein Haus wie ihr Haus. Ich kann ihr mal erzählen von dir oder auch nicht. Das heißt, ich habe ihr ja schon von der ersten Begegnung erzählt, der mit Linda. Da war sie natürlich sehr skeptisch.« Sie hatte gelächelt. »Wie ich ja auch. Also ich werde das schon hinbiegen.«

Nun war da nichts mehr hinzubiegen, Karen war da, sie war verärgert, sie war aus Sorge um die Schwester zurückgekommen, sie wollte die Polizei verständigen, weil sie gedacht hatte, Georgia wäre einem Verbrecher in die Hände gefallen.

Georg lächelte nicht mehr. Sein erster Impuls war, auf dem Absatz kehrt zu machen und das Haus wieder zu verlassen, in dem man ihn sowieso nie hatte haben wollen. Aber er blieb stehen, wenn auch mit Unbehagen. Vieles hatte sich verändert in den letzten Tagen, auch er. Er würde abwarten, was geschah. Wenn Karen ihn hinauswarf, wie einst ihr Großvater, dann würde er gehen. Diesmal für immer.

Pedros Auftritt entspannte die Lage, eine Weile war Karen noch mit dem Hund beschäftigt. Georgia sah die anderen der Reihe nach an, sagte: »Herr Raabe, mußten Sie die Reise auch meinetwegen abbrechen?«

»Was sollte ich ohne Karen in Südafrika? Ich wußte ja nicht, ob sie wiederkommen würde. Und mal eben so um die Ecke ist es ja nicht.«

»Ich verstehe Sie nicht, Frau Moser. Sie haben doch gewußt, wo ich bin.«

Frau Moser war den Tränen nahe. »Erst hab' ich's nicht gewußt. Und als ich's wußte, hab' ich's Miss Karen ja gesagt. Und dann warn S' nimmer da.«

Georgia blickte Herrn Huber an, der bisher noch kein Wort geäußert hatte, jetzt hob er nur die Schultern. Dann fragte sie: »Was machst du denn hier, Tommy?«

»Hallo, Madonna«, sagte Thomas Keller, »schön, daß du heil und gesund da bist. Karen hat mich erst angerufen, weil sie dachte, ich wüßte etwas über deinen Verbleib. Und heute sind wir hier zusammengekommen, um zu überlegen, was man tun soll. So eine Art Krisenstab. Wir wollten wirklich die Polizei alarmieren und eine große Suchaktion einleiten.«

Georgia schüttelte den Kopf und sah den fremden Mann an, der im Hintergrund stand.

»Hat Karen mitgebracht«, sagte Tommy lässig. »Ein Souvenir aus der Südafrikanischen Union.«

Karen, noch auf dem Teppich sitzend, den Hund im Arm, wies mit einer weiten Handbewegung auf das Souvenir. »Das ist Gus Heinze. Ein Freund von mir.«

Gus ging auf Georgia zu, er lächelte, neigte den Kopf. »Eine dramatische Szene, in der wir uns kennenlernen. Doch ich kann mich meinem Vorredner nur anschließen, ich freue mich auch, daß Sie heil und gesund vor uns stehen. Karen war ganz verzweifelt über Ihr Verschwinden.«

Der Mann sah sie aus hellen Augen eindringlich an. Georgias Miene verschloß sich, sie dachte nicht daran, ihm die Hand zu geben. Ein Störenfried, wieder einmal. Gerade jetzt, da es wichtigere Dinge gab. Der Mann sah sehr gut aus, vermutlich war er Karens neuer Liebhaber. Und sie brachte ihn einfach mit ins Haus und zog ihn ins Vertrauen. Was ging den das an, wo sie gewesen war und mit wem?

Sie wandte sich ab. »So ein Unsinn! Verschwinden. Ich bin doch kein kleines Kind, ich kann doch mal für ein paar Tage verreisen.«

Karen sah zu Gus auf und lachte. »Du bist ja auch ein Meister im Verschwinden. Da habt ihr schon mal etwas gemeinsam.«

»Das ist wohl ein etwas unpassender Vergleich«, sagte Gus steif.

»Übrigens hast du mir selber geraten, zu verreisen, Karen. Weißt du das nicht mehr?«

»Doch, ich weiß genau. Ich sagte, wenn du Angst hast allein, sollst du einfach mit Pedro ein bißchen verreisen. Erledigt. Du bist da und offensichtlich okay. Du wirst mir alles erzählen.«

Mit einem elastischen Schwung stand sie auf und blickte auf den Mann an der Tür.

»Darf ich bekannt machen...«, begann Georgia.

»Nicht nötig«, unterbrach Karen. Sie trat zu Georg, legte den Kopf ein wenig schief und lächelte. »Wir haben uns zwar eine Weile nicht gesehen, aber nett, daß du da bist, Papa.« Und zu den anderen: »Das ist Herr Wieck, unser Vater. Und jetzt brauche ich einen Drink. Dann werde ich mal nachschauen, was Frau Moser zu essen da hat.«

»Mei, o mei«, rief Frau Moser außer sich, »des hab' ich ja net gewußt. Aber es ist ja erst halb fünf, ich kann noch was einkaufen.«

»Nicht nötig, ich bestelle irgendwo einen Tisch für uns, und wir gehen essen.«

»Mich mußt du entschuldigen«, sagte Erwin Raabe. »Almut wartet auf mich. Sie ist auch sehr beunruhigt. Wir haben sie ganz verrückt gemacht in den letzten Tagen.« Er sah Georgia an. »Erst meine unerwartete Rückkehr, dann die Sorge um Sie. Sie wissen ja, Almut hat Sie sehr gern, Frau Wieck.«

Georgia nickte. »Wie geht es ihr?«

»O danke, wieder ganz gut. Nur eben gerade die letzten Tage...«

»Leider, leider kann ich auch nicht bleiben«, sagte Tommy. »Ich habe Premiere heute abend. Hab' ich dir doch gesagt, Karen.« Und als sie nicht reagierte, fügte er stolz hinzu: »Das erstemal in den Kammerspielen.«

»Das hast du mir mindestens schon zwanzigmal erzählt. Wird ein schöner Flop sein, wenn sie dich da ranlassen.«

»Ich sehe, du bist wieder in Ordnung. Karen wie sie leibt und lebt.«

»Wo hast du denn diese Schnulze her? Ich leibe überhaupt nicht.«

»Man sagt doch so.«

»Wer ist man? Hat deine Urgroßmutter vielleicht gesagt.«

Georgia schob ihre Hand unter Georgs Arm. »Du mußt dich nicht wundern, es geht bei uns manchmal ein wenig verrückt zu.«

Karen betrachtete ihre Schwester mit hochgezogenen Brauen. »Hast du ihn nicht vorgewarnt? Ziemlich irre geht es zu, sobald ich im Hause bin.«

Georgia sagte gelassen: »Wir hatten ein paar ruhige und friedliche Tage miteinander.«

»Wenn ich störe, kann ich ja wieder abhaun«, sagte Karen darauf gereizt.

»Aber ihr werdet euch doch nicht streiten gleich nach dem

langersehnten Wiedersehen«, ließ sich überraschenderweise Gus Heinze vernehmen.

Georgia, noch immer die Hand auf dem Arm ihres Vaters, streifte Gus mit einem hochmütigen Blick. »Wir streiten uns nie.«

Frau Moser fragte: »Soll ich denn nun noch was einkaufen?«

»Ich hole inzwischen das Gepäck herein«, sagte Georg.

Herr Huber: »Lassen S' nur, das mach' ich.«

Und Tommy: »Einen Drink nehme ich ganz gern noch, leibend und lebend.«

Und Erwin Raabe meinte: »Ein Schluck wäre nicht schlecht auf die ganze Aufregung hin.«

Gus Heinze schwieg. Das wurde schwierig, Karens schöne Schwester mochte ihn nicht, das war offensichtlich. Sein Mund verzog sich. Das war eine Aufgabe, die ihn reizte. Und der dort neben ihr stand, war also der Vater. Karen hatte kein Wort von einem Vater gesagt. Wenn Gus Heinze auf etwas verzichten konnte, dann war es ein Schwiegervater.

»Es wird nichts eingekauft«, entschied Karen. »Höchste Zeit, daß Sie nach Hause kommen, Frau Moser. Onkel Huber wird Sie fahren. Wir sind ja dann nur zu viert, das ist kein Problem, ich werde gleich einen Tisch bestellen. Und jetzt hole ich uns eine Flasche Champagner, können wir alle brauchen.«

»Wir gehen nicht aus«, sagte Georgia entschieden. »Ich möchte heute zu Hause bleiben, und ich denke, daß wir drei uns einiges zu sagen haben.« Gus Heinze hatte sie ausgeklammert. »Und, Frau Moser, bitte seien Sie so gut, ehe Sie gehen, richten Sie das Gästezimmer für meinen Vater her.«

Schweigen rundherum. Frau Moser blickte angstvoll von einer Schwester zur anderen. Karen öffnete den Mund vor Erstaunen.

»Und nun kannst du den Champagner holen«, beendete Georgia ihre Worte.

Karen lachte ärgerlich. »Na, das ist ja ganz was Neues, daß du hier das Kommando führst. Sonst kannst du nicht bis drei zählen. Schließlich habe ich ja auch noch...« das Wort drei war ihr im Hals stecken geblieben – ›daß wir drei uns einiges zu sagen haben.‹

Sie kniff die Augen zusammen, musterte Georgia, dann den Vater. Das fing ja gut an, dieser Mensch hatte Georgia gegen sie aufgehetzt.

»Verdammt noch mal«, schrie sie wütend, »ich sitze hier und kriege graue Haare aus Angst und Sorge um dich, und kaum bist du da, machst du dich hier mausig. Bist du denn noch ganz dicht?«

»Jetzt streiten sie sich wirklich«, sagte Tommy begeistert. »Ob ich eben mal den Champagner hole? Ich weiß, wo der Kühlschrank steht in diesem Haus.« Er grinste Gus unverhohlen an. »Ich war hier auch manchmal zu Besuch.«

»Schrei hier nicht herum«, sagte Georgia kalt. »Wenn du willst, kannst du ja ausgehen mit deinem neuen Freund. Vater und ich bleiben hier. Es ist noch nicht spät, ich fahre gleich zum Käfer einkaufen.« Plötzlich lachte sie unvermutet. »Nein, wie komisch! Das wollte ich auch tun, ehe ich abgereist bin.«

»Du wirst nicht noch einmal in den verdammten Wagen steigen«, zischte Karen. »Du kriegst sowieso jetzt keinen Parkplatz. Und ich will überhaupt nicht, daß du fährst. Wundert mich sowieso, daß du nicht im Straßengraben gelandet bist.«

»Vater ist gefahren. Und jetzt nehme ich mir ein Taxi. Frau Moser, bitte, das Gästezimmer.«

»Im Gästezimmer wohnt Gus zur Zeit«, sagte Karen.

»Oh!« Die Arroganz, mit der Georgia den Südafrikaner ansah, war nicht zu überbieten.

Gus lächelte sie liebenswürdig an. »Ich kann in ein Hotel umziehen«, sagte er.

»Selbstverständlich werde ich im Hotel wohnen«, sagte Georg Wieck.

»Das wirst du nicht«, sagte Georgia. »Du kannst in Paninos Zimmer schlafen.«

»In Paninos Zimmer!« Karen schrie schon wieder. »Du bist wohl total übergeschnappt.«

Halb angstvoll, halb fasziniert wohnte Erwin Raabe dem

Duell der Schwestern bei. Er sah auch das eigenartige Lächeln um Heinzes Mund. Und er sah die Scheu im Blick des älteren Mannes.

Nun legte Georg Wieck den Arm um Georgias Schulter, es sah aus wie eine beschützende Geste, aber eigentlich war er es, der Schutz bei ihr suchte. Das war alles sehr verwirrend. Und schwierig. Es war so schön gewesen mit ihr allein. Und nun all die fremden Menschen, die ihn ansahen. Auch Karen war eine Fremde. Sie wollte ihn nicht haben. Sie würde ihn aus dem Haus werfen. Paninos Zimmer, das glich wohl einem Sakrileg.

Karen verstummte, als sie sah, wie die beiden da standen, ihre Schwester und dieser Vater. Wie konnte das geschehen, sie war doch gar nicht lange fortgewesen? Aber hatte sich nicht auch für sie, für ihr Leben inzwischen vieles verändert? Sie sah Gus an, auch sie sah das Lächeln um seinen Mund. In diesem Augenblick kam Tommy mit dem Champagner, und Frau Moser beeilte sich, die Gläser zu bringen, etwas unsicher, wo sie sie plazieren sollte, denn noch immer standen sie alle in dem großen Raum verstreut.

»Ei potz blitz«, sagte Karen. »So hätte es deine Urgroßmutter vielleicht ausgedrückt, Tommy. Schenk ein, und dann gib mir eine Zigarette. Und nun Klartext: In München gibt es zur Zeit keine Hotelzimmer, es findet irgendein Kongreß statt. Und eine Messe dazu. Dann soll Herr Wieck meinetwegen in Paninos Zimmer schlafen, wenn es dein Wunsch ist, Georgia. Gus bleibt hier. Er gehört zur Familie, denn ich werde ihn heiraten.«

Damit hatte sie einen Volltreffer gelandet. Frau Moser schrie auf, Herr Huber, der gerade wieder hereingekommen war, machte ein finsteres Gesicht. Gus dagegen ein erstauntes, bisher hatte sie ihm keine Zusage gegeben.

»Na, dann bleib' ich mal bei ei potz blitz«, sagte Tommy. »Herzlichen Glückwunsch.«

Erwin Raabe sagte gar nichts. Georgia sah weder ihre Schwester noch den fremden Mann an.

»Ah ja?« machte sie und nahm das Glas, das Tommy ihr reichte.

»Scheint ja nicht viel Eindruck auf euch zu machen«, sagte Karen gereizt. Auch sie nahm ein Glas von Tommy entgegen, wartete, ob jemand etwas sagte, aber sie schwiegen. Eine gewisse Verlegenheit, ein unausgesprochenes Unbehagen machte sich bemerkbar.

»Na, denn nicht«, sagte Karen wütend. »Und jetzt werde ich zum Käfer fahren. Wir nehmen meinen Wagen, und du kommst mit, Gus. Wir stellen ihn mitten auf den Bürgersteig, und du bleibst darin sitzen, solange ich einkaufe.«

Gus hatte den Champagner nicht angerührt. »Dein Ton gefällt mir nicht«, sagte er leise.

Karen wurde rot. »Verdammt noch mal«, sagte sie und ging.

Gus folgte ihr langsam, im Vorbeigehen lächelte er Georgia und den Vater an. An der Tür wandte er sich um, neigte den Kopf und sagte höflich: »Guten Abend allerseits.«

»Hm«, sagte Tommy, »na denn, Prost! Wird ein angenehmer Abend werden. Ist das wirklich dein Vater, Madonna?«

»Ja«, sagte Georgia und lächelte.

Tommy streckte die Hand aus. »Freut mich. Ich bin Thomas Keller. Ich bin vielleicht etwas zurückgeblieben, aber ich wußte gar nicht, daß es in dieser Familie einen Vater gibt.«

# Ein gemütlicher Abend

Daß der Abend zunächst einigermaßen erträglich verlief, war Gus zu verdanken. Seine Selbstsicherheit und sein Charme überspielten Karens Gereiztheit, Georgias abweisende Verschlossenheit und die Unsicherheit von Georg Wieck. Es wurde Konversation gemacht, von Gus in Gang gebracht, bis schließlich Karen aufgesetzt lebhaft von ihren Reiseerlebnissen erzählte, von ihren Eindrücken von Johannesburg und Kapstadt, das sie kaum zu sehen bekommen hatte, von der Fahrt im Blue Train; sie hielt sich lange bei Erwin Raabe auf, berichtete was er gesagt und getan hatte, kein Wort von dem Flug, von den Tagen am Meer. Plötzlich verstummte sie, starrte auf ihren Teller, blickte auf den schmalen, stillen Mann, der ihr Vater war, sah den anderen Mann an, den sie liebte und heiraten wollte. Georgia hielt die Lider gesenkt, sie aß wenig.

Der Tisch war überladen mit Delikatessen, in ihrem Ärger und in der Hektik hatte Karen viel und wahllos eingekauft.

»Die Moser ist wirklich eine blöde Kuh«, beendete sie ihr Schweigen. Was sie damit meinte, blieb unklar. »Warum eßt ihr denn nicht? Der ganze Kaviar steht hier noch rum. Georgia, du ißt doch sonst so gern Kaviar.«

»Danke, ich habe von dem Kaviar genommen«, erwiderte Georgia förmlich.

Karen war immer noch verärgert wegen des Wortwechsels, den es zwischen ihr und Gus auf der Fahrt zum Einkaufen gegeben hatte.

»Was fällt dir eigentlich ein, so mit mir zu reden«, fuhr sie ihn an, kaum daß sie den Wagen gestartet hatte.

»Bitte, was meinst du?« fragte er höflich.

»Dein Ton gefällt mir nicht«, äffte sie ihn nach. »Bin ich ein kleines Kind, das man zurechtweist?«

»Es paßt mir nicht, daß du mich herumkommandierst«, antwortete er sachlich. »Wenn du das mit deinen anderen

Freunden getan hast, so wirst du dir das bei mir abgewöhnen.«

»Ich weiß gar nicht, wovon du redest. Aber vielleicht kapierst du in deinem superklugen Kopf, daß die letzten Tage für mich ziemlich strapaziös waren. Du könntest ein wenig verständnisvoller sein und mich nicht so dämlich anreden.«

»Schon wieder«, tadelte er.

»Ach, hab dich bloß nicht so. Du wirst dich schon mit meiner Art zu reden abfinden müssen.«

»Muß ich nicht und werde ich nicht. Du wirst versuchen, dich in Zukunft wie eine Lady auszudrücken. Und das erst recht, nachdem du dich nun bereit erklärt hast, mich zu heiraten.«

»Habe ich das?« fragte sie herausfordernd.

»Ich habe es mit Freude zur Kenntnis genommen. Vielen Dank, meine Schöne. Obwohl, das habe ich schon begriffen, es mehr als eine Art Salutschuß zu verstehen war, der alle aufrütteln sollte.«

»Die Wirkung war gering.«

»Die Wirkung auf deine Schwester willst du sagen. Denn für die war es ja wohl hauptsächlich bestimmt.«

»Unsinn. Es fiel mir gerade so ein. Ein Salutschuß, na gut. Ich war wütend auf Georgia. Wegen ihres Verschwindens und ... na, und alles sonst. Ich kenne es nicht von ihr, daß sie selbständig etwas unternimmt.«

»Sie war nicht allein, sie ist mit eurem Vater verreist. Übrigens hast du mit keinem Wort von deinem Vater gesprochen. Du hast befürchtet, sie sei einem Betrüger in die Hände gefallen.«

Einem Betrüger in die Hände gefallen! Wie sie diese gespreizte Ausdrucksweise haßte. Aber sie beherrschte sich diesmal, sie war so durcheinander, am liebsten hätte sie geweint. Also lieber keinen Streit mit Gus Heinze.

»Ich wußte nicht, daß sie mit ... mit Herrn Wieck weggefahren ist.« Sie zögerte, überlegte. Was hatte sie erzählt? Was sollte sie erzählen?

Nicht jetzt, nicht hier. Irgendwann später würde sie ihm die Geschichte ihrer Eltern erzählen. Sie fuhr viel zu schnell durch den abendlichen Verkehr, mußte dann abrupt bei einer roten Ampel stoppen.

»Wir haben ihn viele Jahre nicht gesehen«, sagte sie unbestimmt. »Er hat zuletzt in Italien gelebt. Konnte ich ahnen, daß er plötzlich hier auftaucht, wenn ich gerade nicht da bin.«

»Hat denn deine Schwester am Telefon nicht gesagt, daß er es ist?«

»Doch, hat sie. Aber ich dachte, sie redet wieder mal wirres Zeug.«

»Willst du damit sagen, daß sie verwirrt im Kopf ist?«

»Verdammt, nein, das will ich nicht sagen. Sie ist nur manchmal etwas... etwas abgehoben. Und stell mir nicht so duslige Fragen, ich hab' andere Sorgen.«

»Was für Sorgen?«

»Weiß ich auch nicht.«

»Mir scheint, es ist dein Kopf, in dem ein Wirrwarr herrscht.«

»Du kannst mich mal«, sagte sie erbost und fuhr wieder an.

»Liebling, wir waren doch gerade übereingekommen, in etwas gepflegterem Ton miteinander zu verkehren.«

»Das war für meine Verhältnisse sehr gepflegt. Ich kann mich noch ganz anders ausdrücken.«

Gus lachte erheitert. »Es ist wohl mein Schicksal, immer an eine besonders temperamentvolle Frau zu geraten.«

»Ich nehme an, du sprichst von Maleen.«

»So ist es.«

Sie waren in der Schumannstraße angekommen. Karen setzte den Wagen in eine Einfahrt.

»Du klemmst dich hinter das Steuer, und wenn einer dich schwach anredet, sagst du, die Frau Justizminister kauft gerade fürs Abendessen ein.«

»Läuft das in München so?«

»Das wirst du dann schon sehen.«

Die Rückfahrt verlief schweigend. Karen wurde zunehmend nervöser, wenn sie über den weiteren Verlauf des Abends nachdachte. Eine unmögliche Situation. Natürlich hätte sie Gus in einem Hotel unterbringen müssen, aber in ihrer Angst um Georgia hatte sie gar nicht daran gedacht. Und konnte sie ahnen, daß die wirklich mit Georg Wieck nach Hause käme?

Nun wohnten beide Männer im Haus. Und warum hatte sie bloß von der Heirat gesprochen? Viel wichtiger wäre es gewesen, ruhig und ausführlich mit Georgia zu reden, den Abend mit ihr allein zu verbringen.

Erneute Begrüßung von Pedro. Frau Moser und Herr Huber waren auch noch da, was deutlicher als alles andere bewies, *wie* unmöglich die Situation war.

»Was macht ihr denn noch hier?« fragte Karen gereizt. »Frau Moser, ich hab' doch gesagt, Herr Huber fährt Sie nach Hause.«

»Das eilt net so«, sprach Frau Moser. »Mei Tochter ist eh zu Haus. Und erst deck ich noch den Tisch.« Sie machte sich daran, die umfangreichen Einkäufe auszupacken.

»Das kann ich doch machen. Es wird doch viel zu spät für Sie.«

»Setzen S' Ihnen nei und trinken S' noch ein Glas von dem Champagner«, sagte Frau Moser friedlich. »Nach all der Aufregung. Der Herr Vater ist da, na, so was aber aa.«

Sie betrachtete neugierig den Mann aus Südafrika, den sie in den letzten beiden Tagen schon kennengelernt hatte. Er gefiel ihr sehr gut. Miss Karen wollte ihn heiraten. Und einen Vater gab es auf einmal auch, es war wirklich sehr aufregend, sie konnte nicht gleich nach Hause fahren.

»Onkel Huber«, sagte Karen hilflos, »bitte, Sie müssen doch auch nach Haus.«

»Eilt nicht so«, meinte auch Herr Huber. »Meine Tochter ist heute da, sie kümmert sich um meine Frau.«

»Ihre Tochter aus Berlin?«

»Mein Schwiegersohn hat bei dem Kongreß zu tun«, verkündete Herr Huber stolz. »Es ist was Ökologisches.«

»Ist ja toll«, sagte Karen und begann die Salate auszupacken.

Frau Moser schob sie energisch beiseite. »Gengans nei. Ich mach' das schon.«

»Wo ist denn meine Schwester?«

»Sie nimmt ein Bad. Und der Herr Vater ist auch droben

und will duschen. Sie san ja heut bis von Wien herge-
fahrn.«

Unwillkürlich mußte Karen lachen. »Na, ist ja fabelhaft.
Wenn wir gar nichts sind, sauber sind wir. Komm, Gus, gehn
wir rein und trinken noch einen Schluck. Und dann werde
ich mich umziehen. Wenn wir schon nicht ausgehen, kann
ich es mir auch bequem machen. Und dann... ach, verdammt!« Und damit verschwand sie aus der Küche.

Gus Heinze lächelte Frau Moser zu, die sein Lächeln erwiderte. Herr Huber blickte finster. Dieser Mann aus Südafrika
gefiel ihm nicht. Kam einfach daher und wohnte im Haus.
Und jetzt wollte Karen ihn auch noch heiraten. Was hätte
wohl Herr Klingenthal dazu gesagt? Und wo kam der Vater
auf einmal her? Herr Huber hatte immer gedacht, der sei tot,
es war nie von ihm gesprochen worden. Das, was Karen in
den letzten Tagen immerzu verkündet hatte, von dem Lügner und Betrüger, der ihre Schwester entführt hatte, saß noch
fest in Hubers Kopf. Georgia war lieb und etwas schrullig,
doch Karen war auf jeden Fall viel klüger. War der Vater
wirklich der Vater?

Karen trank das Glas Champagner im Stehen, sie war zu
unruhig, um sich zu setzen.

»Ich geh' dann rauf und zieh mich um«, erklärte sie zum
zweitenmal. »Laß dich nicht stören.«

Gus Heinze ließ sich nicht stören. Champagner mochte er
nicht mehr, er nahm sich statt dessen einen Whisky, er wußte
schon wo er stand.

Frau Moser deckte im Nebenzimmer den Tisch, Gus stellte
sich unter die Tür und sah ihr zu, das Glas mit dem Whisky in
der Hand.

»Mei, o mei«, sagte Frau Moser, »wer soll das bloß alles essen?« Sie konnte sich jetzt schon ausrechnen, was alles davon morgen bei ihr und den Kindern landen würde. »Miss
Karen hat sehr reichlich eingekauft.« Sie blickte bewundernd
den Mann an, der gar nicht so aussah, wie sie sich einen Afrikaner vorgestellt hatte. Und richtig deutsch konnte er auch.

»Ja, sehr reichlich.« Gus lächelte, er wußte, daß er ihre
Sympathie gewonnen hatte. »Ihr lebt nicht schlecht hier in

München. Wenn man bedenkt, wie viele Menschen in der Welt hungern müssen.«

Frau Moser nickte eifrig. »Ja, net wahr? Sie kommen aus Afrika, Sie wissen das sicher ganz genau.«

Gus nickte. »Ich weiß es.«

Er hatte nie im Leben gehungert, und wenn es nach ihm ginge, würde er nie hungern. Zuerst war es das Geld aus dem Verkauf der Mine, das sein Vater ihm vererbt hatte, von dem war allerdings nicht mehr viel übrig. Dann war es eine reiche Frau aus Südafrika, nun wird es eine reiche Frau aus München. In Dresden würde man einen roten Teppich für ihn ausrollen, wenn er käme, um das Haus seiner Vorfahren zu renovieren und manches andere auch. Dort *war* ein Entwicklungsland, ob nun Honecker es regierte oder wer auch immer, später. Er kam aus Südafrika, er war weder ein Nazi noch ein Faschist und schon gar kein Kommunist. Er wußte nur, wo und wann man die richtigen Worte sagte. Er war ein Mann mit Geld und Wertpapieren, sie lagen oben in seinem Koffer. Ehe er Johannesburg verließ, hatte er sein und Maleens Konto abgeräumt und den Safe geleert. Der Diamant, den Karen im Blue Train gefunden hatte, war nicht der einzige und nicht der größte im Safe gewesen. Morgen würde er in die Stadt gehen und bei einer Bank ein Konto eröffnen, würde darüber nachdenken, was er als nächstes unternehmen sollte, möglicherweise eine Reise in die Schweiz. Nachdem die Suche nach der schönen blassen Georgia abgeschlossen war, wurde es Zeit, Pläne zu machen. Eine der Schwestern würde er auf jeden Fall heiraten, die Dunkle gefiel ihm fast noch besser, gerade weil sie sich so abweisend verhielt. So etwas hatte ihn immer gereizt.

Er betrachtete zufrieden den gedeckten Tisch, sogar Kerzen in schönen alten Leuchtern hatte Frau Moser angezündet.

»Das haben Sie sehr hübsch gemacht, Frau Moser«, sagte er.

Das Abendessen zog sich lang hin, Gus fragte nach Wien, Georg bemühte sich zu antworten, Karen erzählte sprunghaft von ihrer Reise.

Georgia stellte keine Frage und gab keine Antworten, sie war von verletzender Gleichgültigkeit. Dabei war sie nur unglücklich. Dieser Mann, den sich Karen mitgebracht hatte, gefiel ihr nicht. Sie empfand es als Beleidigung, daß Karen ihn heiraten wollte, ein Störenfried, schlimmer als jeder andere zuvor. Am meisten jedoch betrübte es sie, ihren Vater anzusehen, er saß so still an diesem Tisch, war nicht so heiter und unbeschwert wie in den letzten Tagen mit ihr. Wie gut hatte ihm der Tafelspitz im Sacher geschmeckt! Jetzt war alles verdorben, ihr harmonisches Zusammensein, die elegante Art, wie sie ihn Karen präsentieren wollte, eingewöhnt im Haus, sicher geworden im täglichen Umgang mit ihr. Heute benahm er sich wieder so, wie bei ihrer ersten Begegnung in dem italienischen Restaurant.

Karen bemerkte Georgias Stimmung sehr wohl. Sie kannte das, diese Abwehr, dieses Zurückweichen in ihre verschlossene Welt, zu der keiner Zugang hatte, auch sie nicht.

»Dann hast du gar nichts gemalt, seit ich weg bin?« fragte sie.

Georgia sah sie nicht an. »Nein«, sagte sie.

»Und meinen armen Tassilo hast du auch nicht besucht.«

»Ehe ich verreist bin, war ich zweimal bei ihm.« Kein Blick, kein Lächeln.

Das reizte Karen. Und so trieb sie auf den ersten Höhepunkt des Abends zu. Sie griff in die Tasche ihres Hausanzuges und bot Georgia auf der flachen Hand den Diamanten, der in ihrem Abteil im Blue Train gelegen hatte, und den sie bisher Gus gegenüber mit keinem Wort erwähnt hatte.

»Das habe ich dir mitgebracht.«

Endlich eine Reaktion. Georgia nahm den Stein von Karens Hand, betrachtete ihn genau, legte ihn dann ihrerseits in die geöffnete Hand. »Aber der ist wundervoll. Zehn Karat, wenn nicht fünfzehn. Den bringst du mir mit?« Sie sah Karen an, und dann, zum erstenmal an diesem Abend, Gus. Instinktiv begriff sie, daß der Diamant von ihm kam und nicht als Geschenk für sie gedacht war. »Irrst du dich nicht?«

»Ich fand ihn im Blue Train«, erwiderte Karen lässig. »Du bist diejenige in der Familie, die damit etwas anfangen kann. Zu mir paßt er nicht. Aber zu dir.«

»Das sieht man«, sagte Gus und wies mit einer leichten Handbewegung auf den Anhänger, den Georgia als einzigen Schmuck auf dem glatten schwarzen Samtkleid trug. Es war ein dunkler, rechteckiger Rubin, sparsam mit Brillanten eingefaßt, er leuchtete zauberisch im Licht der Kerzen.

»Du hast die ganzen Klunkern im Haus«, sagte Karen. »Eines Tages, wenn sie hier wieder einbrechen, werden sie den ganzen Kram mitnehmen.«

»Ich habe den Merlot vergessen«, sagte Georgia, »er lag in meinem Nachttisch. Alles andere ist im Banksafe. Bis auf das, was ich auf der Reise dabei hatte.«

Der Rubin Merlot stammte noch von Amelia, sie hatte den Schmuckstücken Namen gegeben.

»Es ist schon eingebrochen worden?« fragte Gus.

»Schon zweimal«, antwortete Karen. »Das kommt in dieser Gegend öfter vor. Genau genommen, es ist versucht worden. Wir haben eine gute Alarmanlage. Aber die Einbrecher entwickeln sich immer mehr zu erstklassigen Experten, die auch mit einer Alarmanlage umgehen können.« Gus ärgerte sich darüber, daß sie den Diamanten Georgia gab. Und das sollte er auch.

»Ich glaube nicht, daß er für mich bestimmt ist«, sagte Georgia in sanftem Ton. Sie sah den Diamanten an, dann wieder Gus. Er hielt ihren Blick fest.

»Er möchte geliebt werden«, sagte er, »wie alles Seltene und Kostbare. Wenn Karen ihn nicht lieben kann, dann ist er bei Ihnen in besten Händen, Georgia.« Zum erstenmal sprach er ihren Namen aus, er klang weich und melodisch in seinem Mund. »Hauptsache, er bleibt in der Familie.«

Immer noch sahen sie sich an, Gus eindringlich, kein Lächeln mehr um seinen Mund. Georgia senkte wieder die Lider, ihre Hand schloß sich um den Stein.

»Ah ja?« machte sie. Dann sah sie ihre Schwester an. »Ich werde ihn in den Banksafe bringen und dort für dich aufbewahren, falls du ihn eines Tages doch... lieben willst.«

»Das wirst du nicht tun, du wirst ihn zu Stephan bringen und dich beraten lassen, was man daraus machen kann. So was Ähnliches, wie du da umhast, könnte ich mir vorstellen. Ganz glatt gearbeitet, ohne sichtbare Fassung.«

Stephan war der Juwelier, der den Schmuck betreute, ausbesserte, pflegte und Georgia gelegentlich dazu bewegen konnte, ein besonders schönes neues Stück zu kaufen.

»Wenn ich wiederkomme«, fuhr Karen fort, »möchte ich ihn an dir sehen.«

»Was heißt das, wenn du wiederkommst?«

»Ist doch klar. Ich kann mich schließlich nicht mit einer halbfertigen Reportage sehen lassen. Was heißt halb, nicht einmal das habe ich. Ich will an einer Parlamentssitzung in Kapstadt teilnehmen, ich brauche ein Interview mit Botha und eins mit Bischof Tutu. Ich will ein paar Universitäten besuchen, schwarze und weiße, noch ein paar Homelands besichtigen, ich muß die Weingüter kennenlernen, nachdem ich den Wein getrunken habe. Und ich will versuchen, Mandela zu sprechen.«

Gus lachte. »Du hast dir viel vorgenommen. Letzteres wird nicht so einfach sein.«

»Ich denke, er ist nicht mehr in so strenger Haft.«

»Das stimmt. Er ist in Paarl, aber nicht in dem großen Gefängnis, er lebt in einem kleinen Haus für sich, nachdem er lange sehr krank war. Aber er wird immer noch scharf bewacht. Ich glaube nicht, daß man einer Journalistin aus Deutschland erlaubt, mit ihm zu sprechen.«

»Das werden wir ja sehen. Aber wenn ich jetzt schon hier bin, werde ich mich an dem britischen Besuch beteiligen. Prinz Charles und seine hübsche Diana kommen morgen. In der Oper müssen sie den *Figaro* absitzen. Das wird ihr bestimmt schwerfallen. Du könntest mitkommen, Georgia.«

»Gewiß nicht. Du weißt, daß ich mir aus so einem Auftrieb nichts mache. Ich kann in die Oper gehen, wann es mir beliebt.«

»Wie du willst, meine Kleine. Dann kann Gus mich begleiten. Oder du, Papa? Würde dir das Spaß machen?«

Georg schüttelte nur stumm den Kopf. Seit er an diesem Tisch saß, hatte er kaum ein Wort gesprochen. Er fühlte sich mehr als unbehaglich. Auf einmal sehnte er sich nach seiner kleinen Wohnung in Mestre.

Karen nahm einen Schluck von ihrem Wein, dann lehnte sie sich zurück. Das mit dem Diamanten war ihr gut gelungen, Gus würde nun wohl begreifen, daß sie in diesem Haus und überall sonst die Gangart bestimmte. Und erst recht würde sie Südafrika nach ihren Wünschen und ihrem Willen absolvieren. Mal sehen, ob sie diesen Mandela nicht doch vor die Flinte bekäme. Gerade von ihm hätte sie gern mal den Unterschied zwischen Wahrheit und Wirklichkeit erfahren.

»Daß ich hier aufgekreuzt bin, heißt ja nicht, daß ich alles hinschmeiße. Der Chef weiß, warum ich hier bin. Da sich nun alles aufgeklärt hat, starte ich wieder. Gleich morgen werde ich mich um die Tickets kümmern, und dann fliegen wir zurück nach Kapstadt.« Dabei sah sie Gus an.

Und so kam es zum zweiten Höhepunkt des Abends.

»Wenn du wir sagst«, bemerkte er ruhig, »denkst du sicher an Herrn Raabe.«

»Nein. Erwin hat genug Bilder. Und außerdem kann ich dort auch ohne ihn welche bekommen. Ich meine uns beide. Du wirst mir sehr nützlich sein als Kenner von Land und Leuten.«

»Da muß ich dich leider enttäuschen. Ich kann dich nicht begleiten.«

»Was soll das heißen, du kannst mich nicht begleiten?«

»Ich kehre nicht nach Südafrika zurück.«

»Du willst jetzt nicht zurück?«

»Nicht nur jetzt nicht. Nie.«

»Du willst nie in dein...« sie stockte. Wie sagte man denn da? Deine Heimat? Dein Vaterland? »Du willst nie in dein Land zurück?«

»Bekanntlich soll man nie nie sagen. Also sagen wir, bis auf weiteres nicht. Für die nächsten Jahre habe ich andere Pläne.«

»Und deine Kinder?«

Das war eine überraschende Wendung für Georgia. Von Kindern war bisher nicht die Rede gewesen. Georgia sah ihre Schwester erstaunt an, Georg Wieck blickte unsicher von einem zum anderen. Es war reichlich viel, was dieser Abend von ihm forderte, eine unbekannte Tochter, die ihn zwar ganz freundlich begrüßt hatte, sonst aber kaum Notiz von ihm nahm, die verkündet hatte, sie wolle heiraten, und nun war von Kindern die Rede. Von welchen Kindern?

»Du hast schon mehrmals ein erstaunliches Interesse an meinen Kindern gezeigt«, sagte Gus und nahm sich eine Zigarette aus seinem Etui. Höflich an Georgia gewandt fragte er: »Sie erlauben, daß ich rauche?«

Georgia nickte.

Karen sagte: »Gib mir auch eine.«

Gus bot den beiden anderen an, sie lehnten ab.

»Was heißt Interesse an deinen Kindern. Du hast sie doch nun mal. Und erklärst hier so einfach, nach Südafrika kehrst du nicht zurück.«

»Wenn du die Kinder haben willst, lassen wir sie kommen. Sie sind noch ziemlich klein. Ich kann mir kaum vorstellen, daß du dich mit ihrer Erziehung beschäftigen willst.«

Sein Ton, seine Miene waren arrogant, herausfordernd.

»Also, ich habe keine Kinder.« Karens Stimme klang wieder gereizt. »Ich bilde mir nur ein, wenn man welche hat, muß man sich um sie kümmern. Oder?«

Sie rauchte hastig, sah ihre Schwester an, dann den Vater. Im gleichen Augenblick fiel ihr ein, daß man an ihn wohl eine solche Frage nicht richten sollte. Sie lachte nervös. »Das könnt ihr ja nicht wissen. Seine Frau ist tot. Aber er hat drei Söhne. Sie sind bei den Eltern seiner Frau. Oder bei seiner Schwägerin. Ach, verdammt, ich kann das jetzt nicht so genau erklären.« Und dann, wieder zu Gus gewandt: »Warum willst du nicht zurück? Nie. Oder in den nächsten Jahren nicht?«

»Wie ich schon sagte, ich habe andere Pläne.«

»Ist es immer noch die Spinnerei mit Dresden? Verdammt noch mal, Gus, du machst mich wahnsinnig.«

Sie drückte die Zigarette aus, stand auf und schob ihren Stuhl heftig zurück.

»Ich habe nicht gezählt, wie oft du an diesem Abend schon verdammt gesagt hast. Es würde weder meinen burischen Schwiegereltern noch meiner frommen Schwägerin gefallen. Und sie würden dir wohl darum auch die Erziehung meiner Kinder nicht gern anvertrauen.«

Pause. Schweigen. Georgia blickte ängstlich zu ihrer Schwester auf. Gleich würde sie explodieren.

»Und«, fuhr Gus Heinze in ruhigem Ton fort, »ich denke, es ist nicht die richtige Stunde, über meine Pläne und Absichten zu sprechen. Wenn du also nach Kapstadt fliegen willst, um deine Arbeit zu beenden, dann tust du es. Warum willst du nicht wieder Herrn Raabe mitnehmen, wenn du nicht allein reisen willst?«

»Ich kann sehr wohl allein reisen, ich brauche keinen männlichen Schutz. Es ist dir also egal, ob ich in drei, vier Tagen wieder von hier verschwinde oder nicht?«

Georgia kannte Karen gut genug, um zu wissen, daß es gleich eine große Szene geben würde. Keiner ihrer Männer hatte es gewagt, so mit ihr zu sprechen. Sie stand ebenfalls auf. »Wollen wir uns nicht nach nebenan setzen. Ich mache Kaffee.« Sie legte ihre Hand zärtlich auf Georgs Schulter. »Du magst lieber Espresso, Vater. Ich auch. Und ihr?«

Ohne eine Antwort abzuwarten, ging sie in das große Terrassenzimmer, wo Pedro vor dem Kamin schon auf sie wartete. Georgia blieb stehen und lächelte. Es war das erste Mal in diesem Herbst, daß der Kamin brannte. Das hatte wohl Herr Huber noch besorgt, ehe er ging. Sie hatte immer Angst, den Kamin anzuzünden, aber Onkel Huber hatte es von Panino gelernt.

Georg und Gus waren ihr gefolgt, doch Karen blieb am Tisch stehen, die Wut erstickte sie fast, und gleichzeitig erfüllte sie ein Gefühl nie gekannter Hilflosigkeit. Was erlaubte sich dieser Mensch? Und warum ließ sie sich von ihm so aus der Fassung bringen? Seine Kinder konnten ihr ganz egal sein, und ganz bestimmt wollte sie die hier nicht haben. Und wenn seine Familie ihm nichts bedeutete, ging sie das gar nichts an. Vor Monaten, gleich nach dem Tod seiner Frau, war er von heute auf morgen verschwunden, und angeblich hatte keiner gewußt, wo er war. Und nun verschwand er eben wieder. Langsam würden sich die Afrikaner daran gewöhnen.

Sie auch? Verdammt noch mal, sie nicht. Was irritierte sie daran? Es ging sie gar nichts an. Verdammt noch mal, es geht mich gar nichts an. Ich will ihn haben, so wie er ist.

Sie sah die Villa in Sandton vor sich, die wunderschönen Räume, den Park, die Jacarandabäume – dagegen war dieses Haus hier, dieser Garten ein Klacks. Dies war Deutschland, dies war München, dort galten andere Dimensionen.

Was machte dieser Mann aus ihr, warum ließ sie sich so von ihm aus der Fassung bringen?

Sie war Karen Wieck. Alle Türen standen ihr offen, nicht nur in München, weltweit. Was gingen sie die vater- und mutterlosen Kinder in Südafrika an? Die Leute vom Weingut und die arme unglückliche Schwägerin? Die würden sich vermutlich totlachen über sie.

Verdammt noch mal und noch mal verdammt, verdammt, sie würde sich von diesem Mann nicht fertigmachen lassen. Doch er war der tollste Liebhaber, den sie je gehabt hatte, und sie gierte nach seinen Umarmungen. Das war es, und das durfte es nicht sein. Nicht mit ihr.

Sie nahm das Glas in die Hand, trank den letzten Schluck von ihrem Rotwein. Was wußte sie eigentlich von diesem Mann? Vieles, manches, aber lange nicht alles. Und sie, die neugierige Journalistin, hatte nicht einmal Fragen gestellt. Es war immer nur die Rede gewesen von Maleens Familie. Hatte er eigentlich keine eigene Familie mehr? Er war noch nicht so alt ... Vom Urgroßonkel hatte er erzählt, vom Großvater, von dieser bescheuerten Goldmine. Sie ließ sich von ihm unterbuttern, er war unverschämt, aber sie liebte ihn. Nein. Doch.

Georgia erschien unter der Tür.

»Willst du Kaffee oder Espresso?«

»Espresso, bitte.« Sie trat zu Georgia, schlang beide Arme um sie, legte den Kopf auf ihre Schulter. »Ach, meine Kleine. Wie froh bin ich, daß du heil und ganz vor mir stehst.«

»Es tut mir so leid, daß du deine Reise meinetwegen unterbrochen hast.«

»Ach, nuts. In drei Wochen habe ich den Rest. So ein Flug hin und her, was ist das schon. Dafür gibt es die Flieger. Ach, Georgie, meine Kleine.«

Georgia bog den Kopf zurück. »Du willst diesen Mann heiraten?«

»Du findest es vielleicht komisch, aber ich liebe ihn.«

»Ah ja?« machte Georgia.

# Nachtgespräche

Pedro rettete schließlich den verkorksten Abend. Karen stellte fest: »Wenn Pedro den ganzen Tag im Auto gesessen hat und dazu ziemlich unbequem, muß er noch einen längeren Spaziergang machen.«

Georg Wieck, der bisher nur geschwiegen hatte, lächelte seine Tochter Karen an und sagte: »Der Porsche ist zwar ein flottes Auto, aber für einen so großen Hund wirklich nicht bequem. Wir haben zweimal einen größeren Halt gemacht, damit er Auslauf hatte.«

Karen sagte: »Soll ich das so verstehen, daß du tatsächlich den Wagen gefahren hast?«

»Selbstverständlich«, antwortete Georgia an seiner Statt. »Das habe ich dir doch vorhin schon gesagt.«

Karen fragte: »Und du bist mit dem Wagen zurechtgekommen, Papa?«

Wie komisch das war, Papa zu sagen! Aber was sollte sie sonst sagen?

»Er ist es gewöhnt, mit einem Porsche zu fahren«, sagte Georgia stolz.

»Ich wußte gar nicht, daß man damit in Venedig herumfahren kann.«

Georgia lachte, vor ihr auf dem Tisch lag der Diamant. Sie tippte mit dem Finger darauf. »Nicht gerade in Venedig, aber in Rom. Außerdem hat er in Mestre gewohnt ... Dann geh mal mit Pedro spazieren. Nimm meinen Pelz, er liegt draußen, es ist kühl. Soll ich dich begleiten?«

Gus stand auf. »Wenn es erlaubt ist, werde ich das tun.«

Georgia schien amüsiert. »Es ist erlaubt. Sie braucht vielleicht keinen männlichen Schutz auf einer Reise, aber sie braucht ihn bei einem nächtlichen Spaziergang am Isarufer. Es würde mich jedenfalls beruhigen.«

Sie lächelte, sie war ganz gelöst und unbefangen. Wie so oft, war ihre Stimmung jäh umgeschlagen. Karen wollte wieder wegfahren, na gut, sollte sie. Ob dieser Mann, den sie sich mitgebracht hatte, sie auf der Reise begleiten würde, war unwichtig. Auf jeden Fall würde sie, Georgia, ihn nicht im Haus dulden.

Als Karen, Pedro und der Fremde verschwunden waren, stellte sie sich an den Kamin. Die verlöschende Glut ließ den Rubin leuchten.

»War es ein schlimmer Abend für dich?«

Georg gab nicht gleich eine Antwort. Er wies auf das Bild an der gegenüberliegenden Wand. »Dies ist ein echter Monet, nicht wahr? Ich weiß noch, wie stolz Herr Klingenthal war, als er ihn erstanden hatte. Er hatte ja nicht viel für mich übrig, aber über die Bilder, die er kaufte, sprach er manchmal mit mir. Er dachte, ich würde ein wenig davon verstehen. Bis er merkte, daß ich auf diesem Gebiet so dumm war wie auf allen anderen. Aber daß ich später so oft in den Louvre ging, und in Rom und in Venedig alle Galerien besuchte, das ging auf ihn zurück. Wirst du mir morgen deine Bilder zeigen, Georgia?«

»Sie werden dir nicht gefallen. War der Abend schlimm?«

»Nicht schlimm, nur etwas... wie soll ich sagen, etwas schwierig. Ich hatte Angst vor der Begegnung mit Karen, das gebe ich zu. Und nun war es so... so...«

»So eruptiv, nicht? Das ist mit Karen meist so, daran wirst du dich gewöhnen müssen. Obwohl es natürlich heute abend ganz besonders dramatisch war. Sie bricht ihre Reise ab, meinetwegen, und bringt einen Kerl mit, von dem sie behauptet, sie will ihn heiraten. Es ist das erste Mal, daß sie das will. Heiraten, meine ich. Ich hatte früher mal daran gedacht, da war sie dagegen. Und jetzt... Soll ich dir etwas sagen? Sie heiratet ihn nicht.«

»Gefällt er dir nicht?« fragte Georg vorsichtig.

»Nein. Aber das ist natürlich voreilig von mir. Ich kenne ihn ja nicht. Es ist nur...«

Sie brach ab. Wie sollte sie erklären, was sie empfand? Die Art, wie dieser Mann mit Karen redete, welchen Einfluß er auf sie hatte, was sie sich von ihm gefallen ließ, das gefiel ihr nicht.

»Geh'n wir schlafen«, sagte sie. »Es war ein langer Tag, eine lange Fahrt, du mußt müde sein.«

»Es ist mir peinlich, daß ich hier im Hause wohne. Deiner Schwester ist es nicht recht.«

»Meine Schwester ist deine Tochter genau wie ich. Und wenn ich will, daß du hier im Haus wohnst, will sie das auch.«

»Was würde Herr Klingenthal wohl dazu sagen, daß ich in seinem Zimmer schlafe?«

»Hör auf, dir und mir und Panino Fragen zu stellen. Geh'n wir rauf, ehe sie zurückkommen, dann brauchen wir mit keinem mehr zu reden. Hast du alles, was du brauchst?«

»Danke, ja. Darf ich dir noch sagen, wie schön diese Woche mit dir war? Wie glücklich du mich gemacht hast?«

»Wir werden noch viele schöne Wochen zusammen verbringen.«

Da war Georg Wieck nicht so sicher. Nie in seinem Leben hatte es Beständigkeit gegeben, nur in den letzten Jahren vielleicht.

Als sie die Treppe hinaufgingen, fragte er: »Hast du etwas dagegen, wenn ich morgen mal in Mestre anrufe?«

»Aber nein, warum denn?«

»Es ist nur wegen Aldo. Kann sein, er ist da und wundert sich, was aus mir geworden ist.«

»Ich denke, er ist in Rom und dreht einen Film?«

»Du mußt nicht so ernst nehmen, was Frau Lossen gesagt hat. Es gibt keinerlei Sicherheit in Aldos Leben. Und so leicht macht man nicht Karriere. Seit seine Mama nicht mehr da ist, braucht er mich. Und wenn er nicht mehr weiterweiß und kein Geld mehr hat, findet er sich in Mestre ein. Ich habe zwar auch kein Geld, aber immerhin hat er dort ein Heim.«

Georgia zog unbehaglich die Schultern hoch. Der schöne Jüngling, der für Lindas Heft posiert hatte, interessierte sie nicht im geringsten. Sie wollte einen Vater für sich allein, nicht einen Vater, der noch andere Kinder hatte.

»Dann ruf halt an. Das kannst du ja noch heute abend tun.«

»Nein, nein, morgen genügt es. Gute Nacht, mein Kind.«

Georgia reichte ihm die Wange, die er küßte. Ihr Lächeln war flüchtig. Der Vorhang um sie schloß sich wieder. Zuviel Fremdes war da gewesen, doch es hatte ihre Einsamkeit nicht vertrieben. Nichts konnte ihre Einsamkeit vertreiben.

Es wurde ein langer Spaziergang. Pedro genoß ihn sichtlich, er lief mit langen Sprüngen den vertrauten Weg entlang, kam aber immer wieder zu Karen, streifte ihre Hand, schmiegte kurz den Kopf an ihr Knie, denn daß sie wieder da war, machte sein Leben vollkommen.

»Er wird sehr betrübt sein, wenn du wieder fort bist«, meinte Gus. »Genau wie ich.«

»Und mich betrübt es, daß du mich nicht begleiten willst. Und ich verstehe es nicht.«

»Ich habe dir doch erklärt, warum.«

»Das hast du nicht. Du hast gesagt, du kehrst nicht nach Südafrika zurück, jetzt nicht und möglicherweise nie. Wie kann ich das denn verstehen? Ich will nicht noch einmal von deinen Kindern anfangen. Sie sind gut versorgt, sie brauchen dich nicht, und du brauchst sie offenbar auch nicht. Na schön, das ist deine Angelegenheit. Aber sonst – es ist mir einfach unverständlich, wie du dein ganzes bisheriges Leben über Bord schmeißen kannst.«

»Sind dir noch nie Menschen begegnet, die so etwas tun?«

»Sicher. Es gibt solche Typen, Aussteiger. Meist sind es junge Leute. Aber wahrscheinlich gibt's das in jedem Lebensalter. Ich weiß nur nicht, wie ich es bei dir einordnen soll. Du bist ein Mann, bei dem man keine Launen vermutet. Und irgend etwas mußt du doch getan haben, dort bei dir, irgend etwas muß dein Leben ausgefüllt haben. Vielleicht kannst du mir jetzt einmal die Wahrheit hinter dieser neuen Wirklichkeit erklären.«

Er blieb stehen, legte beide Hände um ihre Arme und drehte sie zu sich um. Im Schein einer Straßenlampe sahen sie sich an.

»Du bist ein kluges Mädchen. Und du *hast* bereits verstanden. Das, was geschehen ist, kennst du. Die abscheuliche Wirklichkeit, die mich schon einmal fortgetrieben hat.

Die Wahrheit ist, ich ertrage es nicht, an den Orten, in den Häusern zu leben, wo ich mit Maleen glücklich war. Und darum fällt es mir auch schwer, mit den Kindern zusammenzusein. Du siehst nur mein Gesicht, Karen, hörst meine Worte, aber du weißt nicht, wie es in mir aussieht. Daß ich in Wahrheit nicht mit dem fertig werden kann, was geschehen ist.«

Karen blickte in sein schönes, ernstes Gesicht. »Dann trauerst du also doch um Maleen?«

Er gab keine Antwort, sah sie nur an.

»Dann hast du sie also doch geliebt?«

»Zweifelst du daran?«

»So, wie ich dich kennengelernt habe auf dem Flug, dann unsere nächste Begegnung und was dann kam...«

»Weil ich dich haben wollte? Weil ich dir sagte, daß ich dich liebe? Glaubst du, das hat jeden Gedanken an Maleen ausgelöscht?«

Ja, hätte sie antworten mögen, das wünsche ich mir. Du sollst nur noch mich lieben und an keine andere Frau mehr denken, an keine lebende und an keine tote.

Aber es war zu töricht, so etwas auszusprechen. Und gleichzeitig war es eine Erleichterung, zu erkennen, daß er nicht so kaltschnäuzig war, wie er sich gab. Daß er leiden konnte.

Er legte die Stirn an ihre Schläfe. »Ich gebe zu, es war Feigheit, daß ich weggelaufen bin nach dem Unglück, ich wollte die Worte nicht hören, die Blicke nicht sehen, all das, was kommen mußte. Und keiner sollte unnütze Worte von mir zu hören bekommen, keiner neugierig mein starres Gesicht betrachten. Denn ich bin nicht der Mann, der in der Öffentlichkeit weint.«

Sie bog den Kopf zurück. »Ja, das glaube ich dir. Du bist ein Macho.«

»Was ist das?«

»Kennst du den Ausdruck nicht? Das ist ein Mann, der es sich nicht erlaubt zu weinen. Der vielleicht nicht weinen kann. Und das ist ein Mann, der gewalttätig und rücksichtslos mit einer Frau umgeht.«

Nun lächelte er. Nahm sich ihren Mund und küßte sie lange. »Beklagst du dich? Ist das alles, was dieser Mann kann?«

»Nein, nein, er ist auch leidenschaftlich. Einer, der eine Frau ganz und gar besitzen will, ohne Wenn und Aber. Der ihr die Freiheit nehmen will.«

»Was für eine Freiheit? Die Freiheit, auch andere Männer zu begehren. Wenn das so ist, dann bin ich ein... wie nanntest du das?«

»Ein Macho.... Ich werde den Ausdruck für dich nicht mehr gebrauchen.«

»Danke, mein Liebling. Nun sage mir nur noch eins: fühlt sich eine Frau nicht glücklich in den Armen eines solchen Mannes? Eben darum, weil er ein richtiger Mann ist, der sie erobern und besitzen will. Und mit keinem teilen. Verstehst du nicht, daß ich mit dir ein ganz neues Leben anfangen will? Das erste Mal war es eine Flucht. Zugegeben, eine etwas kopflose Flucht. Ich kam zurück und wußte nicht, was ich tun würde, wie ich mit den veränderten Verhältnissen fertig werden sollte. Und dann geschah das Wunder.«

»Was für ein Wunder?« fragte sie atemlos, immer noch fest von seinen Armen umschlossen.

»Du warst das Wunder. Das wurde mir auf dem Flug schon klar Weißt du, ich glaube an eine gewisse Bestimmung im menschlichen Leben. Nenn es Schicksal oder Gott, ganz wie du willst. Es kann nicht nur alles blinder Zufall sein. Ich sah dich, ich sprach dich, und ich wußte genau, daß hier für mich der neue Weg beginnt. Diesmal bin ich nicht geflohen, diesmal gehe ich diesen neuen Weg ganz bewußt und ganz gewollt. Und ich kann ihn nur gehen, wenn ich alle Brücken hinter mir abbreche. Oder denkst du, ich könnte vor Maleens Eltern, vor Lizzy hintreten und sagen, es tut mir sehr leid, was geschehen ist, aber nun gibt es eine neue Frau in meinem Leben, die ich liebe. Und die mir helfen wird, weiterzuleben. Zu vergessen, das ist unmöglich. Ich habe Maleen geliebt, ich habe mit ihr gelebt, sie ist die Mutter meiner Kinder.«

Auf einmal empfand Karen eine wilde, jähe Eifersucht. Er sollte Maleen vergessen, die Jahre mit ihr mußten ausgelöscht sein, er sollte sie nicht einmal geliebt haben. Und nie wieder würde sie ein Wort von den Kindern sagen.

Sie erschrak vor sich selbst, vor diesem unbeherrschten Gefühl, das so gar nicht zu ihr paßte.

Gus nahm sie noch enger in die Arme. »Dir ist kalt. Hier beginnt nicht der Sommer wie bei uns.« Er lachte leise. »Siehst du, nun sage ich doch bei uns. So schnell, wie ich möchte, werde ich mich nicht lösen können. Laß uns zurückgehen. Du hättest doch Georgias Pelz anziehen sollen.«

»Mir ist nicht kalt. Nicht, wenn du bei mir bist. Es ist alles nur so... ein neuer Weg. Ja, es scheint, auch für mich beginnt ein neuer Weg. Dieser verdammte Flug!«

Er schüttelte sie ein wenig. »Sag das noch einmal!«

»Nein, nie wieder. Kein Zufall, Bestimmung, sagst du. Das ist für mich... also das ist für mich verwirrend. Ich denke eigentlich nie so.«

»Liebst du mich?«

Sie bog den Kopf zurück, ihre Blicke lagen fest ineinander.

»Ja. Ja.«

»Bist du glücklich?«

»Ja.«

»Und nun stelle ich dir noch eine dritte Frage: Kannst du dir vorstellen, daß du nach allem, was geschehen ist, mit mir in Südafrika zusammenleben könntest, angesichts der Familie, der vielen Freunde und Bekannten, die Maleen und ich dort hatten. Daß du dort leben könntest als meine Frau?«

»Nein, du hast recht. Ich bin blöd.«

»Ganz abgesehen davon, daß du hier ja einen Beruf hast, den du nicht gern aufgeben willst, daß du Freunde hast und Bekannte und nicht zuletzt deine Schwester. Für mich waren Grenzen schon immer offen. Und ich bin geradezu begierig auf ein neues Leben. So wie jener Urgroßonkel und der Großvater einst fortgingen in eine neue Welt, so gehe ich auch, zurück nach Europa. Weißt du eigentlich, welch wunderbarer Erdteil dieses Europa ist? Diese alte und immer noch so neue, junge Welt. Hier werden wir leben. Und nun gehen wir nach Hause, siehst du, Pedro kann es kaum noch erwarten.«

Pedro hatte genug von dem Spaziergang, er saß neben ihnen auf dem Weg und ließ sie nicht aus den Augen. Er war müde, es war ein langer anstrengender Tag gewesen und nun wollte er endlich in sein Bett.

Langsam gingen sie zum Haus zurück, der Boden war bedeckt von welkem Laub, die Nacht war kalt. Spätherbst, bald Winter, und doch sollte ein neues Leben beginnen.

Karen war glücklich. So wie jetzt in dieser Nachtstunde, allein mit ihr auf dem Weg an der Isar entlang, den sie kannte, ein Leben lang, hatte er noch nie mit ihr gesprochen. Sie hatte ihn einen Macho genannt, und was war sie dann? Gab es einen adäquaten Ausdruck für so eine Frau? Rücksichtslos, egoistisch, nur an sich, ihren Erfolg, ihr Vergnügen denkend? So war sie, Karen Wieck. Was hatten ihr die Männer bedeutet, die kurzen oder längeren Affären? Aber nun war alles anders.

Liebst du mich?

Ja. Eine klare Antwort auf eine klare Frage. Das gab es also. Sie war glücklich, sie war müde, erschöpft. Der Tag hatte sie in ein Wechselbad der Gefühle gestürzt, aber nun war alles gut.

»Schön ist es hier«, sagte er. »So still. Man merkt gar nicht, daß man in einer Großstadt ist.«

»Es ist die schönste Ecke von München, das hat Panino immer gesagt. Man ist gar nicht weit von der Stadt entfernt, notfalls kannst du dorthin laufen, immer an der Isar entlang. Auch das hat Panino gesagt, und er hat es auch getan. Das wißt ihr nicht, Kinderle, sagte er, aber ich habe eine Zeit erlebt, da gab es kein Auto und man mußte selber schauen, wie man sich durch die Gegend bewegt. Hier auf diesem Weg ist schon Thomas Mann spazierengegangen.«

»Ich habe das Straßenschild gesehen. Panino und deine Schwester, das waren die wichtigsten Menschen in deinem Leben. Bis jetzt.«

»Bis jetzt, ja.«

»Und dein Vater?«

»Wir wissen wenig von ihm. Georgia weiß nun vielleicht ein wenig mehr. Es ist mir ein Rätsel, wie sie diese Situation gemeistert hat. Sie ist im Grunde menschenscheu. Und lebensfremd. Ich habe keine Ahnung, was da eigentlich gelaufen ist.«

»Du hast ihn für einen Betrüger gehalten?«

»Nicht mehr nachdem ich ihn gesehen habe. Georgia wird es mir gleich erzählen.«

»Jetzt noch?«

»Ja, natürlich. Ich muß mit ihr sprechen. Das verstehst du, nicht wahr?« Und in bittendem Ton: »Du verstehst doch auch, daß sie in mein Leben gehört? Daß ich sie nie verlassen werde?«

»Das verstehe ich...«

»Und du verzeihst mir?« War das noch Karen, konnten das ihre Worte sein?

Sie waren vor dem Haus angelangt. Er blieb stehen. »Was soll ich dir verzeihen, mein Liebling?«

»Was ich für einen Unsinn geredet habe heute abend. Aber du siehst ein, daß ich noch einmal nach Südafrika fliege?«

»Ungern. Aber du sollst meinetwegen nicht deine Arbeit vernachlässigen. Zweifellos wird es einiges Aufsehen erregen, wenn du wieder auf der Bildfläche erscheinst. Immerhin wissen einige Leute nun, daß wir uns kennen. Auch darum ist es viel besser, du kommst allein, ohne mich.«

»Ja, das begreife ich jetzt. Ich habe das gar nicht so richtig zu Ende gedacht. Manchmal bin sogar ich etwas bescheuert.«

»Du mußt nicht denken, daß ich deiner Schwester auf die Nerven falle. Wenn du abreist, werde ich auch abreisen.«

»Wohin?«

»Zunächst nach Berlin. Und dann, auch wenn du es eine Spinnerei nennst, noch einmal nach Dresden. Die Stadt fasziniert mich. Eine gestürzte, beschädigte, gedemütigte Königin. Es soll einmal die schönste Stadt Deutschlands gewesen sein. Ich möchte den Spuren nachgehen.«

»Hast du keine Angst vor diesen... diesem Regime?«

»Nein, ich doch nicht. Du weißt ja, daß ich ihm keine lange Lebensdauer mehr gebe.«

»Ich weiß. Und ich sage, du träumst.«

»Na gut, dann träume ich eben. Alle Eroberer haben einmal geträumt.«

»Ja, ich weiß. Diaz, Vasco da Gama, Columbus. Bist du ein Eroberer?«

»Alle Befreier haben einmal geträumt. Und alle Sieger.«

Auch im Haus war es still, in der Diele und im Wohnzimmer war Licht, die Kerzen brannten noch. Und im Eßzimmer standen die Reste des Abendessens auf dem Tisch.

»Das sieht Georgia ähnlich. Ich bring' das Zeug nur noch schnell in den Kühlschrank.«

»Ich helfe dir. Bist du nicht müde?«

»Doch, sehr. Aber ich muß mit Georgia sprechen.«

»Vielleicht schläft sie schon.«

»Das glaube ich nicht.«

»Dann geh. Ich werde aufräumen.«

»Und, Gus, könntest du heute in deinem Zimmer schlafen?«

Er lächelte. »Wenn du es möchtest.«

»Ich habe hier nie in diesem Haus... ich meine, ich war hier nie mit einem Mann zusammen.«

»Ein jungfräuliches Schloß. Und deine Schwester? Sie auch nicht?«

»Nein. Sie auch nicht.«

Pedro hatte sich mit einem zufriedenen Seufzer auf seinem Lager zusammengerollt. Gus betrachtete ihn eine Weile, nachdem Karen die Treppe hinaufgegangen war.

»Siehst du, eine Frau und ein Hund müssen wissen, wohin sie gehören. Du weißt es sowieso, und sie weiß es nun auch.«

Er löschte die Kerzen und trug die Salate, den Kaviar und den Hummer in den Kühlschrank.

Wie erwartet, hatte Georgia auf Karen gewartet. Sie war noch nicht einmal im Bett, sie saß im Morgenrock auf dem Sofa in ihrem Schlafzimmer, die Beine hochgezogen. Vor ihr, auf dem kleinen runden Tisch, lag der Diamant.

»Das war ein langer Spaziergang,« sagte sie vorwurfsvoll.

»Pedro hatte ihn nötig. Und ich auch. Nach all der Aufregung...«

»Es tut mir leid, daß du dir Sorgen um mich gemacht hast«, sagte Georgia kühl.

»Ach, hör auf, mich anzuzicken. Du weißt, daß ich mir immer Sorgen um dich mache.«

»Dann würdest du mich nicht monatelang allein lassen.«

»Georgia, sei nicht kindisch. Ich war schon öfter verreist. Du hast es gut hier, du bist versorgt, und ich bin noch immer wiedergekommen.«

»Bist du eines Tages nicht wiederkommst.«

Karen seufzte. »Bitte, laß uns vernünftig reden. Es ist wirklich kein Spaß, daß ich diese Reise unterbrochen habe, abgesehen von dem Zeitverlust und den Kosten...

»Und nun kommst du hier an und bist verlobt.«

»Verlobt! Red nicht so einen Schwachsinn mit mir. Ich bin nicht verlobt.«

»Man nennt das doch so, wenn man einen Mann ins Haus bringt, den man heiraten will.«

»Bei mir nennt man es nicht so. Wir leben nicht im vorigen Jahrhundert. Gus ist mitgekommen, weil er gesehen hat, wie ich mich verrückt gemacht habe über dein Verschwinden, und er...«

Georgia wies mit der Hand auf den Diamanten.

»Und das ist das Verlobungsgeschenk, nehme ich an.«

»Er gehört dir. Ich will ihn nicht, verlobt oder nicht verlobt.«

»Du willst diesen Mann wirklich heiraten?«

»Hast du was dagegen?«

»Er gefällt mir nicht.«

»Großer Gott, du kennst ihn jetzt seit ein paar Stunden.«

»Und du? Du kennst ihn seit knapp zwei Wochen. Und willst ihn heiraten? Einen Wildfremden?«

Karen stand vor dem Sofa, sie bemühte sich um Ruhe und Gelassenheit. »Fremd ist jeder Mann, ehe man ihn kennenlernt. Ob ich ihn nun heirate oder nicht, das steht jetzt nicht zur Debatte. Ich liebe ihn. Das muß dir im Moment genügen.«

»Du liebst ihn? Wirklich? Du kannst gar nicht lieben.«

»Georgia, mach mich nicht wahnsinnig. Wir reden jetzt nicht über mich, sondern über dich.«

»Über mich? Warum?«

»Nicht nur ich habe einen Mann ins Haus gebracht, du auch. Über den wollen wir reden.«

»Über meinen Vater?«

»Wenn er dein Vater ist, ist er auch mein Vater. Meinst du nicht, daß wir darüber reden sollten?«

»Er war so glücklich in den letzten Tagen. Aber du hast alles verdorben.«

»Ich? Ich hab' alles verdorben? Würdest du mir bitte erklären...«

Karen trat vor den Spiegel, fuhr sich mit den Händen durchs Haar. Sie war müde. Morgen mußte sie als erstes zum Friseur gehen. Nein, erst zu Tassilo. Dann Friseur, wenn sie abends in die Oper gehen wollte. Dann die Tickets für Südafrika. Zum Teufel mit Südafrika! Sie hatte nicht die geringste Lust, wieder wegzufahren.

»Du glaubst nicht, daß er wirklich mein Vater ist«, sagte Georgia triumphierend.

Karen drehte dem Spiegel den Rücken, setzte sich auf den Rand des Sofas.

»Es stimmt, ich habe es nicht geglaubt. Ich habe gedacht, du bist auf einen Betrüger reingefallen, den die Briefkastentante dir serviert hat. Aber jetzt...«

»Du hältst mich für dumm. Wie nennst du das? Du hältst mich für bescheuert. Warum hast du eigentlich Tommy und den Raabe heute nachmittag hier herumhängen gehabt? Du kennst doch noch ein paar Leute mehr in München. Die habe ich vermißt.«

»Georgia, warum bist du so aggressiv. Gut, ich habe befürchtet, er ist ein Betrüger. Nachdem ich ihn gesehen habe, bin ich beruhigt.«

»Hier«, Georgia sprang auf, zog die Schublade aus ihrem Toilettentisch. »Hier ist alles, die Kopien von seinem Paß, und die Trauungsurkunde und überhaupt alles. Außerdem habe ich seinen Paß inzwischen im Original gesehen.«

»Ich glaube dir ja. Ich brauche die Papiere nicht. Ich brauche ihn nur anzusehen.«

»Du brauchst ihn nur anzusehen?«

Karen trat vor Georgia, fuhr mit sanftem Finger über ihre Schläfe, dann die Wange hinab. »Es ist dieselbe Linie. Es sind deine Augen. Dein Haaransatz. Glaubst du, ich sehe so etwas nicht?«

»Ach, Karen!« Georgia ließ sich vornüber sinken, sie weinte.

Karen hielt sie fest. »Meine Kleine«, sagte sie zärtlich.

Eine Weile standen sie schweigend, Karen die Arme um Georgia gelegt, deren Tränen sie am liebsten mitgeweint hätte.

»Willst du mir jetzt der Reihe nach erzählen, wie alles war? Oder bist du zu müde?«

»Ich bin nicht müde.«

»Hast du noch einen Schluck zu trinken?«

»Da drüben steht Cognac. Und Mineralwasser. Wo ist Pedro?«

»Er schläft.«

»Und dein... dein Verlobter?«

Karen lachte. »Mein sogenannter Verlobter hat den ganzen Kram, den du stehengelassen hast, in den Kühlschrank geräumt, und nun schläft er hoffentlich auch. Also wie war das mit dem Vater, alias Georg Wieck?«

Sie füllte zwei Gläser mit Cognac und setzte sich wieder auf das Sofa.

»Also weißt du«, sagte Georgia leise, »aufregend war das schon. Du kannst jetzt leicht darüber lachen. Mich hat das ganz schön fertiggemacht.«

»Ich lache nicht. Und nun erzähl!«

Georgia erzählte, und zwar ausführlich. Von dem Moment an, als Linda mit Signor Giorgio in den Stall kam bis zur Rückfahrt aus Wien.

Karen hatte den dritten Cognac und das vierte Glas Mineralwasser getrunken, bis die Erzählung zum Ende kam. Auch Georgia hatte Cognac getrunken, ihre Erzählung war zunehmend lebhafter geworden.

»Ich staune«, sagte Karen. »Du hast das fabelhaft gemacht. Es war eine gute Idee, nach Salzburg zu fahren. Wien wäre nicht unbedingt nötig gewesen. Na gut, er hat es genossen. Und du auch. Und was weißt du über ihn?«

»Ich kenne seine ganze Lebensgeschichte«, sagte Georgia stolz.

»Soweit er sie dir erzählen wollte. Und wie geht es weiter?«

»Er bleibt hier bei mir.«

»Bei uns.«

»Wo wirst du denn wohnen mit deinem Mann?«

Karen stand auf. »Wie meinst du das?«

»Na, wo ihr wohnen werdet? Nach Südafrika will er nicht mehr, wie er sagt. Wo also? In München?«

»Vermutlich.«

»Aber nicht hier in meinem Haus«, sagte Georgia in entschiedenem Ton.

»Sag mal, bist du jetzt total übergeschnappt? Du schmeißt mich aus unserem Haus?«

»Wenn du ihn heiratest, ist es nicht mehr dein Haus«, sagte Georgia feindselig. »Ich will ihn hier nicht haben.«

»Seit wann willst du allein leben?«

»Ich bin nicht allein. Vater ist bei mir.«

»Und welches Recht hat er, hier zu wohnen?«

»Schrei nicht so. Das Recht bekommt er von mir.«

»Einen Dreck bekommt er von dir. Panino hat ihn rausgeschmissen, und ich werde ihn genauso rausschmeißen. So eine müde alte Flasche, so einen Versager. Der sich jetzt bei dir einnisten will, und du bist so bescheuert und fällst darauf rein. Morgen in der Oper werde ich ja bestimmt die Briefkastentante sehen, ich drehe ihr den Hals um.«

»Ein größeres Vergnügen könntest du ihr nicht machen als die Geschichte hochzuspielen«, sagte Georgia boshaft. »Und nun verschwinde! Ich bin müde.«

»So, du bist müde. Na, fabelhaft. Dann schlaf mal schön und träume süß, du morbide Spinnerin. Das mit dem Vater hast du dir so gedacht, das werde ich dir versalzen.«

»Und du nimmst deinen südafrikanischen Gangster und verschwindest von hier.«

»Hast du Gus einen Gangster genannt?«

»Das habe ich. Aber wenn du es nicht genau verstanden hast, kann ich es wiederholen. Hier liegt der geklaute Diamant von dem Gangster, am besten nimmst du ihn gleich wieder mit. Ich will ihn nicht.«

Karen legte die Hand auf ihre Stirn.

»Das gibt es ja nicht. Das darf ja nicht wahr sein. Ich bringe mich um mit dir, werde wahnsinnig vor Angst, komme auf schnellstem Wege angedüst, und du schmeißt mich aus dem Haus.«

Georgia stand hoch aufgerichtet vor ihr, das Gesicht eine weiße, starre Maske.

»Georgia, was ist los mit dir? Du bist krank.«

»Gute Nacht«, sagte Georgia ruhig. »Vergiß deinen Klunker nicht.«

Karen ging. Vor der Tür blieb sie stehen, lehnte sich an die Wand. Vor einer Stunde war sie glücklich gewesen. Und jetzt empfand sie nur noch Verzweiflung und Wut, und ein wenig betrunken war sie auch.

Sie lauschte ins Haus. Zuletzt waren sie ziemlich laut gewesen, Gus mußte den Streit gehört haben. Der sogenannte Vater auch. Na egal.

Neben ihr ging die Tür wieder auf, sie drehte sich bereitwillig um, bereit zur Versöhnung. Doch Georgia warf nur mit Schwung den Diamanten auf den Boden.

»Du hast was vergessen«, sagte sie. Dann ging die Tür wieder zu.

Karen ließ den Stein liegen. Sie ging ins Bad, putzte die Zähne, verrieb die Demaquillage im Gesicht, nahm sie mit weichen Tüchern wieder ab. Sie tat es mechanisch, betrachtete kaum ihr Gesicht im Spiegel dabei.

Aber dann sah sie sich doch an.

War das noch dieselbe Frau, die vor einer Stunde gesagt hatte: Ich bin glücklich?

Hatte sie Gus gewonnen, um Georgia zu verlieren? Unsinn! Sie hob den Kopf. Dies war ein mißglückter Abend gewesen. Und Georgia war eifersüchtig, wie immer, wenn ein Mann auf der Bühne erschien. Das änderte auch der Vater nicht.

Morgen würde sich alles wieder einrenken. Morgen würde man vernünftig oder wenigstens halbwegs vernünftig mit ihr reden können.

Und jetzt würde sie ins Bett gehen und ein wenig weinen. Das hatte sie lange nicht getan, aber heute war ihr so zumute. Vorher ging sie auf den Gang und suchte den Diamanten. Er lag in einer Ecke, man sah ihn kaum. Vielleicht war ihm das Leuchten vergangen. Er wollte geliebt werden.

Karen schloß die Hand um ihn.

»Da werde ich dich eben behalten«, flüsterte sie. »Und dich lieben.«

In ihrem Bett lag Gus und schlief. Sie blieb stehen, betrachtete ihn im Licht der Nachttischlampe.

»Geliebter Macho«, flüsterte sie.

Er lächelte und hob die Bettdecke.

»Na, komm, du tugendsame Jungfrau. Es befriedigt mich sehr, daß ich der erste bin, der in diesem Bett liegt. Und erzähl mir nichts vom lieben Schwesterlein. Ich habe euch gehört.«

»Zum Teufel mit ihr«, sagte Karen. Sie schob sich ins Bett, bot ihm ihren Mund, überließ sich ihm vorbehaltlos.

# Allein

Einige Tage später war Georgia wieder allein. So allein, wie noch nie in ihrem Leben.

Wie betäubt stand sie am Nachmittag in dem leeren Haus, in dem jeder Laut verstummt war. Es war schon dunkel draußen, Novembertage, eine lange stille Nacht lag vor ihr. Lange stille Nächte würden folgen. Und dunkle stille Tage. So würde es bleiben, ihr ganzes Leben lang. Es gab keinen Menschen mehr, der zu ihr gehörte, Amili, Panino waren tot, Karen war gegangen, und nun hatte der Vater sie auch wieder verlassen.

Am Tag zuvor hatte er ganz aufgeregt vor ihr gestanden.

»Ich muß nach Hause fahren.«

Nach Hause, sagte er. Das war Venedig, war dieses scheußliche Mestre.

Sie schwieg, stellte keine Frage.

»Giovanna ist wieder da.«

Er hatte schon einige Male telefoniert, keiner hatte sich gemeldet.

Aber nun: Giovanna ist da.

»Giovanna?«

»Du weißt schon, ich habe dir von ihr erzählt.«

»Sie hat dich verlassen.«

»Sie ist wieder da. Ich weiß nicht, was geschehen ist. Sie hat geweint am Telefon.«

»Ah ja?« machte Georgia.

»Es wird aus sein, diese Geschichte da. Sie ist zurückgekommen. Sie ist ganz verzweifelt, daß keiner da ist. Auch von Aldo keine Spur. Ich muß... ich muß mich um sie kümmern, das verstehst du doch.«

»Das verstehe ich.«

Er war verwirrt, ganz außer sich.

»Wer weiß, was passiert ist. Sie ist so labil. Und wenn keiner bei ihr ist, und wenn...«

Georgia hatte das Reisebüro angerufen, die Zugverbindung erfragt.

»Du mußt in Verona umsteigen, da hast du gleich Anschluß.«

»Ja, ja, ich weiß.«

»Ich bringe dich zum Bahnhof.« Und dann: »Du wirst Geld brauchen.«

»Aber nein, Kind, um Gottes willen, wirklich nicht. Ich habe ein paar Ersparnisse.«

Er log, das wußte Georgia sehr genau. Und Giovanna war vermutlich mit dem letzten Geld zurückgekommen. Möglicherweise eine kleine Abfindung von dem verflossenen Freund, vielleicht auch nichts, kam darauf an, wie diese Liebe geendet hatte. Jede Liebe endete. Besser sie begann gar nicht.

»Jede Liebe endet«, sprach Georgia in den leeren Raum hinein. »Besser, sie beginnt erst gar nicht.«

Auf dem Weg zum Bahnhof hatte sie das Taxi an der Bank halten lassen, hatte ihm den verschlossenen Umschlag in die Hand gedrückt, fünftausend Mark waren darin, sie wußte nicht, ob das zu viel war oder zu wenig.

»Georgia, das ist mir sehr peinlich.«

»Warum denn?«

Ein häßlicher Gedanke: Im Zug wird er den Umschlag aufmachen, was wird er denken? Sie ist großzügig? Sie ist kleinlich?

Ihr war es auch peinlich.

Er war totenblaß, als sie auf dem Bahnsteig standen. Es war die gleiche Blässe wie in ihrem Gesicht.

»Ich danke dir, Georgia. Ich danke dir. Es waren so schöne Tage mit dir.«

»Ja. Du wirst mir Bescheid geben?«

»Ja, ja. Naturalmente. Subito.« Er sprach schon wieder italienisch, war schon nicht mehr da ... Er liebte die Frau, die ihn verlassen hatte.

Da stand sie mitten im Zimmer, ratlos, enttäuscht, verlassen. Der Hund saß vor ihr und sah sie an.

Sie kniete nieder und legte den Arm um ihn.

»Du bleibst bei mir, Pedro. Du liebst Karen mehr als mich. Aber Karen ist nicht da. Sie wird für immer weg sein. Ich will sie hier nicht haben, Pedro, mit ihrem Mann. Lieber bleibe ich allein mit dir. Sie liebt August Heinze und geht mit ihm fort. Und Georg Wieck liebt Giovanna, ganz egal, was sie ihm angetan hat. Sie wird ihn wieder verlassen, wenn er kein Geld mehr hat. Aber wir wollen ihn hier auch nicht mehr haben.«

Eine Weile konnten sie leben mit den fünftausend Mark, er, Giovanna und vielleicht auch der schöne Aldo. Wieviel Geld waren fünftausend Mark? Georgia Wieck hatte keine Ahnung, wie lange man davon in Mestre leben konnte. Danach müßte sich Giovanna einen neuen Lover suchen. Falls sie noch hübsch genug wäre. Und ob Aldo etwas anderes konnte, als vor Lindas Kamera zu posieren, war die Frage.

Georgia stand auf, ging zum Barschrank, goß sich einen Sherry ein und zündete eine Zigarette an.

»Und selbst wenn Linda wieder einmal nach Venedig kommt, wird sie in ihrem Hotel keinen Signor Giorgio mehr finden. Er ist zu alt für den Job und sein Rücken tut ihm weh. Wenn er bei uns geblieben wäre, hätten wir ihn zur Kur geschickt. Er hätte ein schönes Leben hier gehabt, Pedro. Überhaupt jetzt, wo die anderen weg sind.«

Ob er anrufen würde? Hatte er sich eigentlich die Telefonnummer aufgeschrieben?

Lächerlich. Die konnte er erfahren. Und die Adresse kannte er schließlich auch, er konnte schreiben.

Liebe Georgia, ich bin froh, wieder zu Hause zu sein. Uns geht es gut. Giovanna kocht mir jeden Tag Spaghetti. Es war eine schöne Zeit mit dir. Könntest du mir noch etwas Geld schicken?

Georgia legte beide Hände an die Schläfen. Ich bin gemein. Ich bin gemein. Und bösartig.

Warum soll er diese Frau im Stich lassen, nur weil sie ihn im Stich gelassen hat? Was kann ich ihm denn schon bedeuten, eine fremde Tochter?

Sie goß sich einen zweiten Sherry ein, ging zum Fenster, schob den Vorhang zur Seite. Tiefe Dunkelheit draußen.

Keine Rosen mehr, nur letztes Laub, das von den Bäumen sank.

November war eine gute Zeit zum Sterben. Kein Grund, dieses Leben noch weiter zu ertragen.

Meine Mutter war krank. Ich bin auch krank. Ich werde mir das Leben nehmen wie sie. Tabletten habe ich genug.

Wie dunkel es draußen ist. Die Alarmanlage habe ich auch nicht eingeschaltet. Wozu denn? Wenn einer kommt und mich umbringt, brauche ich es nicht selber zu tun.

Karen würde es recht geschehen. Sie ist schuld daran.

Große Überschrift in der Zeitung. Junge Frau in ihrer Villa in Bogenhausen umgebracht.

Wie denn? Erwürgt, erschlagen, erschossen. Und die Polizei, die Fotografen, die Reporter. In der Gerichtsmedizin würde man sie auseinanderschneiden.

Das war ekelhaft.

Ekelhaft.

Sie hastete zur Tür, schaltete die Alarmanlage ein, dann die Strahler.

Wenn sie es selber täte, würde sie dann auch obduziert werden? Wie war das mit Mama gewesen?

Vor allem dürfte man sie nicht finden, ehe sie wirklich tot war. Morgen war Samstag, da kam Frau Moser nicht. Auch Herr Huber nicht.

Bis Montag war Zeit genug.

Sie stand in der Diele, der Hund war ihr gefolgt.

»Was mache ich mit dir, Pedro? Ich kann dich nicht mit meiner Leiche allein lassen.«

Pedro interessierte das nicht weiter, er stand mit wedelnder Rute vor der Tür.

»Na schön, dir ist es egal. Dann geh in den Garten. Ich stell' dir noch etwas zu essen hin und reichlich Wasser und ...«

Sie ließ den Hund hinaus, schloß die Tür, stand vor dem großen Spiegel, der in der Diele hing.

»Georgia, du spinnst. Wegen dieses Vater, den du vor kurzem gar nicht gekannt hast. Die Ente von der Briefkastentante.«

Sie erinnerte sich an das Gespräch, das Karen mit Linda im

Nationaltheater geführt hatte bei der Gala für das britische Thronfolgerpaar. Am Morgen danach war Karen zu Georgia ins Schlafzimmer gekommen und hatte übermütig gelacht. Weil keine Karte für sie dagewesen war –, offiziell arbeitete sie ja in Südafrika – war sie in der Pause hingegangen nach Art der Klatschspaltenschreiber und hatte sich den Auftrieb angesehen. »Es war nicht schwer, Linda zu entdecken. Diese Robe! Sie war dekolletiert bis zum Bauchnabel. ›Schätzchen‹, rief sie, ›du bist da? Ich dachte, du machst Kapstadt unsicher. Was ist los?‹ Darauf habe ich mein süffisantes Lächeln aufgesetzt, und von oben herab gesagt: ›Ich bin nur für ein paar Tage da. Willst du behaupten, du weißt davon nichts?‹ ›Man hat mir so was geflüstert‹, hat sie gesagt. ›Und einen tollen Mann sollst du dir mitgebracht haben.‹ Dann haben wir uns rechts und links auf die Wange geküßt, und ich habe gesagt, ich möchte mich bei dir bedanken. ›Bedanken, wofür, Schätzchen?‹ ›Du hast unseren Vater wieder an Land gezogen, wir sind ganz glücklich, Georgia und ich.‹

Na, der blieb die Spucke weg. Du hast ganz recht gehabt, als du gesagt hast, ich soll es so machen. Hörst du mir eigentlich zu?«

Georgia, im Bett liegend, erwiderte: »Jedes Wort.«

»Manchmal bist du sehr gescheit, meine Kleine.«

»Danke.«

»Sei nicht zickig. Kommst du heute zum Frühstück runter?«

»Nein.«

»Wie du willst. Väterchen fühlt sich etwas verloren ohne dich.«

»Du kannst dich ja auch mal um ihn kümmern.«

»Tu ich ja. Aber irgendwie ist es schon komisch. Georgia, könntest du nicht…«

»Was?« fragte Georgia kühl. Nach dem nächtlichen Streit war ihr Verhältnis gespannt, es gab kein Entgegenkommen von Georgia.

»Ich geh' jetzt reiten. Gus kommt mit. Meine Sekretärin hat gerade angerufen, sie hat einen Flug für mich in drei Tagen, diesmal mit der Swissair.«

»Ah ja?«

»Georgia, du machst mich wahnsinnig.«

»Wie ging es denn weiter mit Linda und mit dir?«

»Gar nicht. Die Königskinder kamen aus der Loge, und sie mußte da antanzen. Ich habe nur noch gesagt, wenn ich zurück bin, geh'n wir mal zusammen essen, Schätzchen, mit unserem Papi. Gut, was?«

»Sehr gut.«

»Na schön, mit dir ist nichts anzufangen. Ich wollte dir bloß erzählen, wie das mit Linda gelaufen ist. Bald bist du mich wieder los.«

»Deinen Liebhaber hoffentlich auch.«

»Klar. Er kommt zwar nicht mit nach Kapstadt, aber wenigstens begleitet er mich nach Zürich. Er will seine Rands da unterbringen.«

»Ich hoffe, er wird sich hier nicht mehr blicken lassen.«

»Was hast du bloß gegen Gus? Du hast zwar keinen meiner Männer gemocht, aber du warst noch nicht so biestig.«

»Du hast mit keinem deiner Männer hier im Haus geschlafen.«

Karen stand vor dem Bett, hob die Hände in einer bittenden Geste. Doch die dunklen Augen ihrer Schwester blickten sie feindselig an.

»Ich hab' mir solche Sorgen um dich gemacht. Und jetzt behandelst du mich so. Aber ich kann mich nicht mehr mit dir streiten, ich bin genervt genug. Gut, dann fahre ich eben morgen schon, und wir verbringen einen Tag in Zürich. Dann bist du mich los. Und Gus auch.«

»Hoffentlich.«

»Verdammt noch mal, Georgia...«

Es klopfte, Frau Moser erschien mit Georgias Frühstück.

Karen schrie: »Ihr könnt mich alle mal! Ich werde froh sein, wenn ich wieder weg bin.«

»Was hat's denn?« fragte Frau Moser erschrocken.

»Reisevorbereitungen«, sagte Georgia.

Das war das letzte Gespräch zwischen Karen und ihr.

»Wenn ihr Flugzeug diesmal abstürzt«, sagte sie laut, »dann haben wir uns im Streit voneinander verabschiedet.

Aber das ist nun auch nicht mehr wichtig. Dann sind wir eben beide tot.«

Sie öffnete die Tür, doch Pedro machte keine Anstalten, ins Haus zu kommen.

Georgia seufzte. »Du willst spazierengehen. Sieh mal, es ist so dunkel und ungemütlich.«

Das fand Pedro nicht. Es war windstill, roch gut nach Herbst, und dunkel war es auch nicht, alle Straßenlaternen brannten.

»Also gut, ich sehe ein, du hast heute nicht das kleinste Stück Spaziergang gehabt. Geh'n wir halt um ein paar Ekken.« Sie zog den Pelz an, machte Pedro sein Halsband um, er lief mit großen Sprüngen zum Tor.

Georgia schloß sorgfältig die Tür ab, vergewisserte sich von außen, daß im Haus genügend Lichter brannten. Dann schloß sie wieder auf und machte die Strahler aus.

Es war noch nicht spät, gerade sechs Uhr, andere Leute waren auch unterwegs. Vor allem Leute mit Hunden. Die Dame aus der Opitzstraße führte ihren Pudel spazieren, man sah sich häufig, man grüßte sich.

Dann kam ihr der große weißhaarige Herr entgegen mit seinem schönen Retriever, einem besonderen Freund von Pedro.

Der alte Herr zog den Hut, sagte: »Grüß Gott.«

Sie blieben eine Weile stehen und ließen die Hunde miteinander spielen.

»Das ist recht«, sagte er, »daß der Poldi noch ein bisserl springen kann. Er ist die letzten Tage gar nicht hinausgekommen. Ich war krank.«

»Oh«, sagte Georgia, »das tut mir leid. Geht es besser?«

»Ja, danke. Es war nur eine Erkältung. Aber in meinem Alter greift einen das schon an. Mein Herz, wissen Sie, es mag nicht mehr so recht.«

In diesem Augenblick kam Georgia sich albern vor mit ihren Selbstmordgedanken. Was würde Panino sagen, wenn er das wüßte! Er würde sehr böse werden. Und vielleicht wußte er es ja, und hatte ihr darum den alten Herrn über den Weg geschickt.

»Es ist schon ziemlich kalt«, sagte sie. »Sie sollten sich einen Schal ummachen, wenn Sie abends hinausgehen.«

Er lächelte. »Da haben Sie sehr recht. Ich hab' den Schal nicht gefunden. Gleich wenn ich heimkomme, werde ich ihn suchen. Ja, es wird Winter. Nun kommt die dunkle Zeit.«

Georgia kannte seinen Namen nicht, wußte nicht, wo er wohnte, sie begegneten einander nur, wenn sie die Hunde ausführten. Sie hatte noch nie einen Menschen in seiner Begleitung gesehen. Ob er ganz allein lebte? Er mußte schon sehr alt sein, es kam ihr vor, als sei er jedesmal dünner geworden, wenn sie ihn eine Weile nicht gesehen hatte.

Nun kommt die dunkle Zeit – der Satz blieb ihr im Ohr, als sie weiterging. Das mochte sich nicht nur auf die Jahreszeit beziehen. Was wurde wohl aus seinem schönen Hund, wenn er starb? Angenommen, sein Herz hörte eines Nachts auf zu schlagen, was wurde dann aus Poldi?

Sie ging weiter, ganz in Gedanken versunken. Vor einer halben Stunde hatte sie sich noch das Leben nehmen wollen, und sie hatte darüber nachgedacht, daß sie Pedro Essen und Wasser hinstellen müßte, damit er nicht hungerte und dürstete, bis Frau Moser am Montag käme. Vielleicht aber käme Frau Moser nicht, weil sie erkältet war. Und Onkel Huber auch nicht, weil er... weil er... nun, er konnte sich den Fuß verknakst haben. Oder seiner Frau ging es schlecht. Sie würden anrufen, keiner ging ans Telefon, sie würden denken, sie sei wieder verreist.

Warum sollte sie sich das Leben nehmen? Wegen dieses Kerls, den sich Karen da aufgelesen hatte? Sie würde bald genug von ihm haben. Und daß Karen so sauer gewesen war in den letzten Tagen, kam doch nur daher, daß ihr geliebter Gus nicht mit ihr nach Südafrika fliegen wollte.

Georgia blieb stehen. Ich kehre nie zurück, hatte er gesagt. Warum eigentlich nicht?

Und wie er mich immer angesehen hat. Karen ist viel dümmer, als sie denkt, sie hätte es merken müssen.

Er kommt wieder. Ich weiß, daß er kommen wird. Und dann werde ich dafür sorgen, daß du ihn los wirst, Karen.

Sie ging weiter, der Weg war zu Ende, doch sie dachte

nicht an Umkehr, sie lief hinaus auf die Brücke über dem Wehr. Hier war es wirklich dunkel, kein Mond, kein Stern am Himmel, doch die Isar gab ein mattes, schillerndes Licht.

In Salzburg war Vollmond gewesen, als sie mit ihrem Vater an der Salzach entlangging. Der Fluß leuchtete silbern, die Dächer der Stadt glänzten.

»Wie schön es hier ist«, hatte er gesagt. »Es ist wie ein Traum, mit dir hier zu sein, du Wunderkind.«

Hatte sich was mit Wunderkind! Ob er schon bei seiner Giovanna war? Noch lange nicht, spät in der Nacht würde er ankommen. Vielleicht war sie schon wieder abgehaun oder trieb sich in Venedig herum, auf der Suche nach einem neuen Liebhaber. Jetzt im November würde das schwierig sein, kaum Touristen, und Konkurrenz würde es auch geben.

Vorbei, erledigt.

»Weißt du was, Pedro? Wenn wir das nächste Mal Poldi und sein Herrchen treffen, werde ich einfach fragen, wo sie wohnen. Ich werde sagen, ich gebe Ihnen meine Telefonnummer, und wenn Sie sich wieder einmal nicht wohl fühlen, rufen Sie mich an, ich hole den Poldi, und er geht mit uns spazieren. Wie findest du das, Pedro?«

Dieser Gedanke nahm ihr schlagartig die schlechte Laune. Es machte einfach Freude, einem Menschen zu helfen. Das hatte sie gerade mit dem Vater erlebt, na gut, sollte er mit seiner Giovanna glücklich werden, aber nun würde sie sich um den alten Herrn und seinen Hund kümmern. War ja sogar möglich, daß Panino ihn gekannt hatte, er war ja auch oft am Abend mit dem Hund spazierengegangen.

Morgen würde sie Tassilo besuchen und dann wieder arbeiten und sich nicht weiter darüber ärgern, daß Karen dem Kerl ihre Bilder gezeigt hatte. Und genau morgen um sechs würde sie wieder spazierengehen, und wenn sie Poldi und sein Herrchen dann traf, würde sie sagen, was sie sich eben ausgedacht hatte.

Nachdem sie und Pedro gegessen hatten, ging sie hinauf in ihr Atelier. Das Bild von Tassilo war immer noch nicht fertig, aber nun hatte sie ja Zeit.

Sie war schrecklich wütend gewesen, als sie Karen und den Südafrikaner in ihrem Atelier entdeckte.

»Ich wünsche nicht, daß jemand mein Atelier betritt.«

»Hab dich doch nicht so«, war Karens Antwort gewesen, und er sagte lächelnd: »Doch, das verstehe ich. Entschuldigen Sie, Georgia.«

Was fiel ihm ein, sie Georgia zu nennen!

Sie nahm die Bilder in die Hand, eins nach dem anderen, drehte die um, die mit dem Gesicht zur Wand standen, weil sie ihr nicht gefielen oder zu gut gefielen oder weil sie etwas daran ändern wollte.

Dieser Soldat zum Beispiel. Er hatte eine Uniform und einen Helm, ganz penibel gemalt, aber er hatte kein Gesicht. Da war nur ein Loch. Was für ein Gesicht sollte er bekommen? Ein blutendes, ein zerfetztes, ein weinendes, ein schreiendes? Vielleicht auch ein triumphierendes. Das Gesicht eines Siegers, das gab es ja auch.

Sie hatte keinen Krieg erlebt. Und jetzt sprach man überall von Abrüstung und Frieden. Gorbatschow traf sich mit Präsident Reagan, und Honecker war in diesem Jahr zu einem Staatsbesuch dagewesen. Karen fand es ganz gut, doch Tommy hatte gesagt: Das ist eine Schweincrei.

Panino hatte manchmal vom Krieg gesprochen, von dem in seiner Jugend und von dem letzten. »Ich hoffe, ihr werdet nie einen erleben müssen«, hatte er gesagt.

Überall auf der Welt war immer irgendwo Krieg, man konnte darüber in der Zeitung lesen oder im Fernsehen geruhsam zuschauen.

Bastian hatte einmal gesagt: »Es wird immer Krieg geben.«

»Warum?«

»Der Mensch ist so. Er leidet am Frieden.«

»Das glaube ich nicht.«

Er hatte sie in die Arme genommen. »Du bist selbst ein friedloser Mensch. Schön, sanft und friedlos.«

Sie mußte ihm das erzählen von Karen und dem Südafrikaner. Das würde bestätigen, was er gesagt hatte.

Sie blieb vor seinem Porträt stehen, das gegenüber der Tür hing. Ihr gefiel es.

Er hatte gelacht. »Das soll ich sein? Ich hab' ja nie gefunden, daß ich ein schöner Mann bin. Aber so schiach? Das könnte glatt der Chagall gemalt haben.«

Der Südafrikaner war ein schöner Mann. Georgia sah sein Gesicht deutlich vor sich, sie könnte ihn malen aus dem Gedächtnis, ganz realistisch, nicht wie Chagall ihn gemalt hätte.

Wenn er käme, würde sie ihn fragen, ob er ihr sitzen wolle. Ein Geschenk für Karen zu Weihnachten.

Ein schönes Pferd, ein schöner Mann.

Er würde kommen, bald. Nicht umsonst wollte er mit dem Porsche fahren. Damit er ihn zurückbringen kann. Oh nein, der Typ, der ein Auto klaut, war es nicht. Er will mehr.

Karen hatte fliegen wollen. Oder einen Mietwagen nehmen. Georgia war in der Diele gewesen und hatte das Gespräch gehört.

»Laß uns doch deinen Wagen nehmen, Liebling. Ich habe noch ein paar Tage in der Schweiz zu tun.«

Georgia stand immer noch vor Bastians Bild. Sie würde ihn besuchen in den nächsten Tagen. Nach Panino war er das beste, was ihr je begegnet war.

Er war ihr erster Mann gewesen. Als sie sich damals weigerte, weiter in die Akademie zu gehen, hatte Panino gefragt: »Und was wird aus deiner Malerei?«

»Ich möchte Privatstunden haben bei Professor Molden.«

Privatstunden bei Professor Sebastian Molden waren teuer, aber das spielte keine Rolle.

Georgia war mit der ganzen Emphase ihrer jungen Jahre in ihn verliebt, und der Professor wußte das. Sie war nicht die einzige, die ihn liebte, aber sie war etwas Besonderes.

Er war ein großer, breiter Mann mit einem wuchtigen Schädel und er war ein zärtlicher Liebhaber, der Georgia behutsam in die Arme nahm, und er wurde ein leidenschaftlicher Liebhaber, als er ihre Hingabe spürte. Keiner wußte, daß Georgia seine Geliebte war, nicht Karen, nicht Panino.

Vielleicht seine Frau. Sie verreiste öfter und vermied es überraschend zurückzukehren. Außerdem hatte er eine Hütte in den Bergen, und es kam auch jetzt noch vor, daß sie zu der Hütte fuhren, für einen Tag, für zwei oder drei Tage.

Er war nicht der einzige Mann in Georgias Leben. Da war der Fremde aus Schweden gewesen, den sie in der Pause am Buffet der Oper traf. Er sprach kaum deutsch, die Pause war lang, und Georgia versuchte, ihm den Inhalt der Meistersinger zu erklären. Auf englisch. Noch am gleichen Abend ging sie mit ihm in sein Hotel.

»Das war aber eine lange Oper«, sagte Karen, als sie spät in der Nacht nach Hause kam.

»Ich habe Bekannte getroffen.«

Dann war es ein erfolgloser Schriftsteller, der ständig um Ideen rang und mit der Sprache kämpfte, er hatte kein Geld und war ein schlechter Liebhaber, Georgia traf ihn in einer Pension in Schwabing, sie hatte bald genug von ihm.

Eine länger dauernde Affaire hatte sie mit dem Anwalt der Familie, der Georgia innig liebte und ständig ein schlechtes Gewissen hatte wegen Panino. Doch auch von diesem Fall erfuhren weder Panino noch Karen. Georgia konnte so geschickt wie verschwiegen sein.

Dann gab es eine ganz offizielle Geschichte mit einem jungen Mann aus gutbürgerlichem Haus, der gerade sein Studium beendete und an seiner Promotion schrieb. Georgia sprach von Liebe.

Karen sagte: »Du wirst doch diesen Blödmann nicht heiraten.«

Georgia wollte gar nicht heiraten, niemand sollte ihr Leben stören in dem vertrauten Haus, nur Panino – er lebte zu jener Zeit noch – gehörte dazu, Karen, ein Hund, ihre Bilder, Karens Schreibmaschine. Mit einem Mann traf man sich anderswo, so wie man ins Theater ging oder in ein Restaurant.

Jetzt hatte Karen das ungeschriebene Gesetz gebrochen, sie brachte einen Mann ins Haus, sie wollte ihn behalten, sie sprach von Liebe, von Heirat.

Georgia summte vor sich hin, als sie auf dem Block das Gesicht des Südafrikaners skizzierte. Wirklich ein Bild von einem Mann!

Mit schiefgelegtem Kopf betrachtete sie die Skizze. Ihre Stimmung war die beste, keine Trübsal mehr, kein Gefühl der Verlassenheit, schon gar kein Gedanke an Selbstmord.

»Ich mal' ihn dir bis Weihnachten. Ein perfektes Konterfei, ganz naturalistisch. Ich werde ihn so malen, wie er ist. Und dann wirst du auch sehen, was ich sehe. Er ist kein guter Mann, er ist ein böser Mann, dein Augustus. Dann wirst du mir dankbar sein, daß ich ihn dir abgenommen habe.«

# Der gelbe Diamant

Frau Moser sah den Porsche vorfahren und dann den Mann am Gartentor. Sie kam eilig herauf ins Atelier, wo Georgia an Tassilos großem, leuchtenden Auge pinselte.

»Der Afrikaner ist fei wieder da«, berichtete sie.

»Der Herr hat einen Namen«, sagte Georgia sanft.

»Der Herr Heinze ist wieder da. Er steht draußen am Tor.«

»Dann bitten Sie ihn herein und sagen Sie ihm, daß ich in einigen Minuten kommen werde.«

Es dauerte zwanzig Minuten, dann kam Georgia, im Malkittel, nur die Hände hatte sie sich gewaschen.

Gus Heinze stand mitten im blauen Salon, einem Raum, der fast nie benutzt wurde, aber er bot offenbar nach Frau Mosers Ansicht den passenden Rahmen für den Besuch.

Gus neigte den Kopf. »Ich störe Sie bei der Arbeit. Entschuldigen Sie, Georgia. Und Guten Tag.«

»Guten Tag«, sagte auch Georgia. Und: »Sie stören nicht. Für heute ist meine Arbeit beendet. Sie kommen aus Zürich?«

»Heute aus Bern.«

»Kein angenehmer Tag, um zu fahren.« Georgia blickte zum Fenster. Es regnete, es war schon fast dunkel, obwohl es gerade drei Uhr nachmittags war.

»Das ist wahr. Teilweise war es sogar ziemlich neblig auf der Strecke.«

Sie standen voreinander, und Gus war, selten bei ihm, unsicher wie er sich verhalten sollte. Er wußte um ihre Feindseligkeit, erwartete keinen freundlichen Empfang.

»Dann werden Sie sich ausruhen wollen. Möchten Sie etwas essen? Oder lieber einen Kaffee?« Sie lächelte, sie war die Liebenswürdigkeit in Person, was seine Unsicherheit eher noch erhöhte.

»Ich will Ihnen keine Mühe machen.«

»Aber ich bitte Sie, Herr Heinze. Sie sehen ja, Frau Moser

ist noch da, sie kann Ihnen ein Steak braten. Zudem hat sie heute Kuchen gebacken, obwohl ich ihr gesagt habe, es sei total überflüssig, für mich allein Kuchen zu backen. Sie wollte mich wohl in meiner Einsamkeit ein wenig trösten.«

»Sie ist wirklich ein Goldstück, Ihre Frau Moser.«

»Ja, das ist sie.«

Sie sprachen einen gespreizten Dialog, wie auf einer Bühne. Georgia war amüsiert. Jetzt war sie die Überlegene, nun galten ihre Spielregeln.

»Apfelkuchen«, sagte sie.

»Eine Tasse Kaffee und ein Stück Apfelkuchen, das wäre natürlich etwas Wunderbares.«

»Haben Sie meine Schwester gut in ihr Flugzeug gesetzt?«

»Ja, und ich soll Sie noch vielmals grüßen. Sie sagt, sie freut sich schon auf die Rückkehr und auf Weihnachten.«

»Ah ja, Weihnachten! Das dauert jetzt gar nicht mehr lange. Sie müssen mir erzählen, wie man in Südafrika Weihnachten feiert. Aber lassen Sie uns ins Wohnzimmer gehen, ich bin nicht gern in diesem Zimmer. Es ist so abweisend.«

Angelika hatte sich gern in diesem Zimmer aufgehalten, manchmal hatte sie sich darin eingeschlossen und nachdem man den Schlüssel von der Tür entfernt hatte, zertrümmerte sie voll Wut den Spiegel im Barockrahmen, der über einer alten Kommode hing.

Jetzt hing dort kein Spiegel mehr sondern ein Bild.

Gus wies mit der Hand darauf. »Von Ihnen?«

»Ja. Ich hatte auch mal meine blaue Periode.«

Es war das Gesicht einer Frau, man sah nur den unteren Teil, ein schmales Kinn, ein blasser Mund, die obere Hälfte war von einer blauen Maske bedeckt. Das Haar war fahl, an den Spitzen ebenfalls blau. Und am Rand sah man noch eine blaue Hand, die sich in einen zerrissenen Vorhang krallte.

Georgia legte den Kopf schief.

»Ein gräßliches Bild. Wahrscheinlich bin ich darum nicht gern in diesem Zimmer. Ich werde es wegnehmen und etwas Hübscheres hinhängen.«

»Das hört sich seltsam an aus Ihrem Mund.«

»Was meinen Sie?«

»Etwas Hübscheres. Welcher Künstler nennt schon seine Werke hübsch?«

»Ich habe ja nicht gesagt, daß ich ein Bild von mir hinhängen werde. Außerdem bin ich keine Künstlerin.«

Sie standen jetzt dicht nebeneinander vor dem Bild, und Gus wandte sich mit einer jähen Bewegung zu ihr um.

»Ich denke schon, daß Sie das sind. Karen sagte es auch. Sie sollten nicht zu bescheiden sein.«

»Gerade daran erkennt man den echten Künstler. Daß er bescheiden ist. Falls ihm ein Talent gegeben wurde, so ist das ein Geschenk. Und alles andere ist Arbeit und Zweifel und Bitternis und Einsamkeit und Not. Und sehr oft Verzweiflung. Sie sehen, daß ich keine echte Künstlerin bin. Ich bin zwar manchmal einsam, aber weder verzweifelt noch in Not. Und allzuviel arbeite ich auch nicht.«

Sie sahen sich an, er hob die Hand dicht an ihr Gesicht, ohne es jedoch zu berühren.

»Sie sind so schön. Weder Not noch Verzweiflung noch Einsamkeit gehören in Ihr Leben.«

»Ah ja? Und was gehört in mein Leben?« Sie wich keinen Zentimeter zurück, nicht vor seinem Blick, nicht von seiner Hand.

»Liebe.«

»Wer sagt Ihnen, daß es in meinem Leben keine Liebe gibt?«

»Ich meine nicht die Liebe einer Schwester oder eines Vaters oder eines Großvaters.«

»Sie meinen die Liebe eines Mannes. Das wäre ja im Moment auch die einzige Möglichkeit«, jetzt war Spott in ihrem Lächeln. »Großvater, Vater und Schwester sind nicht da. Nur ein Mann.«

Das raubte ihm nun doch die Fassung.

»Ein Mann«, wiederholte er töricht. Kalt und unfreundlich war sie gewesen, hatte ihn merken lassen, daß sie ihn nicht mochte und er hatte sich vorgenommen, ihr zu zeigen, wer der Stärkere ist – ein Mann, der auch sie erobern und besitzen würde. Und nun dies!

Immer noch das Lächeln um ihren Mund, die dunklen Augen ganz nah, keine Angst, keine Verwirrung darin.

»Darf ich Sie küssen, Georgia?«

Sie wandte sich mit einer leichten Bewegung ab. »Vielleicht später. Jetzt werde ich erstmal Frau Moser sagen, daß sie uns Kaffee kochen soll. Sie gehen am besten inzwischen ins Wohnzimmer, wo der Cognac und der Whisky stehen, wissen Sie ja. Es sei denn, Sie wollen erst hinaufgehen und sich ein wenig frisch machen. Ihr Gepäck ist auch noch im Wagen.«

»Aber ich... ich wollte mir ein Hotel suchen.«

»Wozu denn? Ihr Zimmer ist bereit, das Bett neu bezogen, das hat Frau Moser alles besorgt.« An der Tür blieb sie stehen, drehte sich um. »Ich kann doch nicht dulden, daß mein zukünftiger Schwager im Hotel wohnt. Wir haben Platz genug im Haus. Also bis gleich. Ich ziehe nur meinen Kittel aus.«

Sprachlos sah Gus ihr nach. Was bedeutete das? Spott, Rancune, Haß? Hatte sie böse Absichten oder wollte sie ihn verführen? Würde sie ihn in der Nacht ermorden oder mit ihm schlafen? Beides lag in seiner Vorstellungswelt eng beieinander, der Mord und die Verführung.

Die nächste Stunde verlief ereignislos. Frau Moser servierte mit großer Umsicht und war höchst beglückt, daß ihr Kuchen gewürdigt wurde. Auch heute dachte sie nicht daran, frühzeitig nach Hause zu gehen, dieser Mann aus Afrika gefiel ihr gar zu gut, er war so nett und so höflich, lobte den Apfelkuchen und sein Zimmer, kam zu ihr in die Küche und holte sich selbst das Eis aus dem Kühlschrank für seinen Whisky; und vor allem war Herr Huber heute nicht da, der ihre Begeisterung immer gebremst hatte.

›Der gefällt mir nicht‹, hatte der Huber immer gesagt. Aber das war halt, wie Frau Moser richtig erkannte, die typische männliche Eifersucht.

Frau Moser wagte sogar die Frage, wann denn geheiratet würde.

»Ja, was meinen Sie«, sagte Herr Heinze. »Wir müssen abwarten, bis Miss Karen einmal Zeit dafür hat.«

»Na, ich find, es wird höchste Zeit, daß eine von den Damen mal heiratet. Es gehört einfach ein Mann ins Haus.«

»Findest du das auch, Pedro?« fragte Herr Heinze den Hund, der ihm in die Küche gefolgt war, ganz entzückt über den Besuch.

»Der Pedro meint des auch«, Frau Moser nickte eifrig mit dem Kopf.

»Sie und Pedro haben sehr vernünftige Ansichten«, sagte Herr Heinze. Und hätte am liebsten gelacht. Denn er wußte schließlich, daß Georgia ihn und Karen nicht im Haus haben wollte, wenn sie denn heiraten würden, und obwohl sie sich heute so heiter gab, sah er die Situation ganz nüchtern. Georgia wollte ihn von Karen trennen, deswegen ihr verändertes Verhalten. Mit Frauen kannte er sich aus. Und bisher war noch immer er der Sieger geblieben.

»Soll ich dann was zum Abendessen richten?« fragte Frau Moser.

»Frau Wieck hat gesagt, sie möchte auswärts zum Essen gehen.«

»Na ja, is' auch recht.«

Georgia fragte er nach dem Vater und sie sagte: »Mein Vater ist nicht da. Er ist nach Venedig gefahren, er hat ja dort eine Wohnung.«

»In Mestre.«

»Sehr richtig. Er muß da mal nach dem Rechten sehen.«

»Und wann kommt er wieder?«

»In den nächsten Tagen.«

»Dann sind wir beide ganz allein im Haus.«

»Stört Sie das, Herr Heinze?«

Er stand hinter ihr, sie saß auf dem Sofa, er hatte beide Hände auf die Lehne gestützt, blickte auf ihr dunkles Haar und dachte: Alle Frauen, die ich hatte, waren blond. Außer Cecilia. Aber die hier war weiß. Cecilia war eine Schwarze gewesen, eine Schwarze von hinreißender Anmut, beweglich wie eine Gazelle. Maleen hatte sie mit in die Ehe gebracht, sie war Zofe, Vertraute, Freundin von Maleen, auch eine Tochter von Abraham, im Hause Jonckers aufgewachsen.

Maleen tobte, als sie erfuhr, daß Cecilia ein Kind erwartete und von wem. Cecilia flog am selben Tag aus dem Haus, und Maleen sagte zum erstenmal: Ich lasse mich scheiden.

Doch da war sie selbst wieder schwanger mit ihrem zweiten Kind.

Cecilia lebte jetzt auf dem Weingut, sie und ihr Kind wurden dort gut versorgt. Doch Gus Heinze wußte sehr genau, wie sie ihn haßten, der Jonckers Clan, Abraham und vielleicht auch Cecilia.

»Es stört mich nicht«, sagte er, senkte die Hände und legte sie rechts und links an Georgias Hals.

Sie rührte sich nicht. Und wieder wurde er an Cecilia erinnert, auch ihr Hals war so lang, so gestreckt der schmale Nakken.

»Kein Schmuck heute«, sagte er, als keine Reaktion von ihr kam. »Dabei ist dieser Hals dafür geschaffen, wertvolle Juwelen zu tragen.«

Sie lachte und befreite sich mit einer leichten Drehung aus seinen Händen.

»Ich glaube, der Hals jeder Frau ist dafür geschaffen. Und wenn man die Geschichte des Schmucks zurückverfolgt, so haben nicht nur Frauen, sondern auch Männer früher kostbaren Schmuck getragen.«

»Könige und Kaiser, ja.«

»Pharaonen und Zaren, die Herren an den Höfen des Mittelalters und der Barockzeit. Die hohe Geistlichkeit aller Religionen. Und sicher doch auch in Afrika die Stammesfürsten und Häuptlinge, ehe der weiße Mann sie versklavte.« Sie stand auf und sah ihn an. »Übrigens, der Augustus ist noch da.«

»Augustus?«

»Der gelbe Diamant, den Sie Karen überlassen haben und den sie mir dann so großzügig zum Geschenk gemacht hat. Ich nehme an, das war nicht in Ihrem Sinne.«

»Warum nicht? Ich sagte ja eben, daß edler Schmuck zu Ihnen paßt. Sie nennen ihn Augustus, als sei er der Kaiser selbst.«

»Meine Großmama hat das eingeführt, den Schmuckstükken Namen zu geben. Und Augustus heißt er nach Ihnen. Es würde nicht genügen, so ein Prachtstück simpel Gus zu nennen.«

»Und Sie waren noch nicht beim Juwelier?«

»Nein. Die Eigentumsfrage ist nicht geklärt. Ich habe ihn Karen am gleichen Abend zurückgegeben . . .«

»Nach dem Streit.«

Darauf ging sie nicht ein. »Und als Sie beide abgefahren waren, fand ich ihn auf meinem Toilettentisch. Sie können ihn jederzeit zurückhaben.«

Darauf ging er nicht ein. »Warum sagen Sie, er sei gelb, der Stein?«

»Wenn das Licht darauf fällt, hat er einen goldgelben Schimmer. Er strahlt zurück. Haben Sie das nicht bemerkt?«

Er hatte den Stein nicht genau angesehen, keines der Stücke, die er am Morgen, ehe der Blue Train nach Kapstadt fuhr, aus dem Safe genommen hatte. Maleen hatte sich nie darum gekümmert, genau wie Karen trug sie selten Schmuck, am liebsten eine glatte goldene Kette, ein Geschenk ihres Vaters. Diamanten passen nicht zu mir, hatte sie immer gesagt, und damit hatte sie nicht unrecht, eine große, sportliche Frau, blond, lebendig, kräftig, keine Dunkelheit, keine Unsicherheit in ihrem Leben, alles war immer glatt verlaufen, der einzige Irrtum war der Mann, den sie partout hatte heiraten wollen, doch diesen Fehler wollte sie korrigieren.

»Man müßte das beachten, wenn man ihn fassen läßt«, sagte er.

»Sie entschuldigen mich jetzt für eine Weile«, sagte Georgia. »Ich will Frau Moser verabschieden und dann gehe ich nach oben. Sie wissen ja im Haus Bescheid. Für heute abend bestelle ich einen Tisch in einem Restaurant.«

Keine Frage, eine Anordnung. Gus Heinze neigte stumm den Kopf. Dies alles war erstaunlich und befremdlich, und diese Frau ein einziges Rätsel. Wem sah er sich da gegenüber? Einer Freundin, einer Feindin?

Einer Freundin gewiß nicht, darüber war er sich im klaren. Aber wenn sie noch eine Feindin war, mit welchen Waffen kämpfte sie?

Der Abend verlief in schönster Harmonie: ein stilvolles Restaurant, ausgezeichnetes Essen und eine charmante Georgia, freundlich, liebenswürdig, interessiert an dem, was er erzählte.

Man kannte sie in dem Lokal, sie war begrüßt worden wie ein besonders beliebter Gast, sie saßen an einem Tisch in einer Ecke, und Gus sagte: »Es sieht aus, als sei dies Ihr Stammplatz. Sie sind öfter hier zum Essen?«

»Nicht mehr. Früher, als mein Großvater noch lebte, saßen wir immer an diesem Tisch. Er ging gern zum Abendessen aus. Allein gehe ich nie.«

»Aber doch sicher mit Ihrer Schwester.«

»Karen hat so selten Zeit. Meist geht sie mit ihren Freunden aus.«

»Und dann gehen Sie nicht mit?«

»Nein.«

Wieder lag die Frage nahe, ob sie denn keine Bekannten, keine Freunde hatte, keinen Mann, der sie zum Essen ausführte. Doch diesmal sagte er nur: »Dann sind Sie ja eigentlich sehr einsam, wenn Karen verreist ist.«

»Ja. Und manchmal auch, wenn sie da ist.«

»Das wird anders werden, denn jetzt bin ich ja da.«

Darauf bekam er keine Antwort, nicht einmal einen Blick. Je länger er mit ihr zusammen war an diesem Nachmittag und Abend, um so rätselhafter wurde sie für ihn. Spielte sie ihm Theater vor? Was verbarg sich hinter diesem schönen, sanften Gesicht, hinter diesem ruhigen Lächeln, das so unpersönlich blieb?

»Erzählen Sie mir von Südafrika«, sagte sie.

Also erzählte er, so ungefähr dasselbe, was er Karen auf dem Flug erzählt hatte.

Sie sagte: »Nun verstehe ich, warum Sie nicht zurückkehren wollen. Sie blicken sehr pessimistisch in die Zukunft, Herr Heinze.«

»Ich weiß nicht, was geschehen wird. Manchmal macht eine Entwicklung groteske Sprünge. Nüchtern betrachtet ist es doch so: Es kann eine Revolution geben, mehr oder weniger gefährlich, oder es kann eine Koexistenz geben, mehr oder weniger friedlich. Auf jeden Fall werden die Weißen in der Minderzahl sein. Wenn sie aufhören, mit harter Hand zu regieren, bleibt ihnen nicht viel Lebensraum. Aber diese harte Hand verurteile ich, sie stört mich, sie verdüstert mein Leben. Und darum will ich fort.«

»Es hat sich so viel verändert in ganz Afrika, man kennt sich sowieso nicht mehr aus, welche Staaten von wem regiert werden, wo es Freiheit gibt, wo Diktatur. Es steht ja hin und wieder etwas in der Zeitung, aber ich gestehe, ich lese es nicht. Ich weiß nur, daß fast die ganze Welt, die Haltung der südafrikanischen Regierung verdammt.«

»Die ganze Welt macht es sich leicht mit ihrem Urteil. Es geht der schwarzen Bevölkerung in den meisten Staaten, die von Schwarzen regiert werden, sehr viel schlechter als bei uns. Die meisten Länder waren Kolonien, heute nennen sie sich frei. Doch der Einfluß, der von beiden Seiten, also von der westlichen Welt und der östlichen Welt, auf diese jungen Länder ausgeübt wird, hat fatale Folgen. Ganz zu schweigen von den Männern, die sie beherrschen. Ich fürchte, Afrika wird noch ein gutes Jahrhundert lang unverständlich und schwierig sein für die übrige Welt. Wenn nicht gefährlich.«

»Weil sie arm sind?«

»Dies vor allem. Hier denkt man, es genügt, wenn man Geld gibt, Belehrung, Aufklärung, dann wird sich alles ändern. Es ist eine andere Mentalität, ein anderes Denken und Fühlen. Wenn sie eines Tages wirklich frei sind und nicht mehr arm, werden sie dennoch anders denken und fühlen.«

»Und dann werden sie uns vernichten?«

»Wen meinen Sie mit uns?«

»Nun, die nördliche Hälfte der Welt.«

»Was ist das? Es gibt auch eine östliche Hälfte der Welt, und damit meine ich nicht nur die Sowjetunion, den Kommunismus. Denken Sie an Indien, an China. Diese ganze Erde ist ein Albtraum.«

»War sie das nicht immer?«

»Nein. Sie war nicht so zusammengerückt. Nicht so voneinander abhängig. Wir können uns nicht mehr trennen, weil wir so etwas wie eine Gemeinschaft geworden sind. Aber wir lieben uns nicht in dieser Gemeinschaft, wir fürchten uns, wir hassen uns, wir verachten uns und trotz allem Gerede verstehen wir uns nicht.«

»Und das wird so bleiben. Es ist ein Spiegelbild der Menschen, auch im kleinen Kreis. Sie verstehen sich ja auch nicht.«

Er nahm ihre Hand und küßte sie. »Lassen Sie uns nicht von so schwierigen Dingen reden heute abend. Ich sitze hier mit einer schönen Frau und nun hat sie ganz traurige Augen bekommen. Wir haben noch ein wenig Zeit, bis es uns an den Kragen geht.«

»Ungefähr hundert Jahre rechnen Sie. Das muß uns genügen. Ich verstehe jetzt, was Karen an Ihnen liebt, Herr Heinze. Sie sind ein kluger Mann.«

»Könnten Sie sich nicht dazu bereit finden, mich Gus zu nennen?«

»Nein«, erwiderte Georgia knapp. »Darf ich eine Frage stellen?«

»Selbstverständlich.«

»Was haben Sie eigentlich für einen Beruf?«

»Eigentlich keinen. Ich habe ein bißchen studiert, und ich habe ein bißchen gearbeitet. Und ich bin vor allem viel gereist. Gelebt habe ich vom Geld meines Vaters und vom Geld meiner Frau.«

Er sah sie an, und sie erwiderte den Blick, dann lächelte sie. »Sie sind ehrlich.«

»Es lohnt sich nicht, in kleinen Dingen zu lügen.«

»Und wann lohnt sich Lüge?«

»In existentiellen Dingen.«

»Ah ja? Und was ist das?«

»Das Leben, die Liebe, der Tod.«

Georgia wischte die drei Begriffe mit einer leichten Handbewegung beiseite. »Das sagt mir nicht viel. Wovon werden Sie in Zukunft leben?«

»Es bleibt dabei. Vom Geld meines Vaters, vom Geld meiner Frau, ich und die Kinder sind ihre Erben.«

Georgia lehnte sich zurück. Sie hatte ihn da, wo sie ihn haben wollte. Er war ein Blender, ein Lügner und ein Gangster. Und ihre kluge Schwester hatte nicht gemerkt, daß er in Zukunft von ihrem Geld leben wollte.

»Ich nehme noch ein kleines Dessert«, sagte sie. »Und dann einen Espresso. Wir wollen nicht zu spät nach Hause gehen. Sie werden müde sein nach der langen Fahrt heute, Herr Heinze.«

»Ich bin nicht müde in Ihrer Gesellschaft, Georgia. Warum wollen Sie mich nicht Gus nennen?«

»Weil mir der Name nicht gefällt. Er paßt nicht zu Ihnen. Ich werde Sie Augustus nennen.«

Er lachte erheitert. »Wie den gelben Diamanten?«

»Genau so.«

Ein Mann so hart und böse wie der gelbe Diamant, dachte sie. Ich wußte es, Karen. So schön und hart und böse wie der gelbe Diamant.

Von Pedro wurden sie stürmisch begrüßt, und Gus sagte: »Muß er nicht noch spazierengehen?«

»Sie sehen ja, es regnet. Pedro geht nicht gern im Regen spazieren, da genügt ihm der Garten.«

Gleichzeitig fielen ihr der alte Herr und Poldi ein. Sie hatte die beiden seit dem Abend von Karens Abreise nicht mehr getroffen. Und heute hatte sie es vergessen. Wenn er gestorben war, war Poldi allein.

»Morgen«, sagte sie, »muß ich um sechs Uhr abends mit Pedro spazierengehen.«

Sie stand unter der offenen Tür und wartete, bis Pedro seine kurze Runde durch den Garten beendet hatte.

»Warum?« fragte Gus.

»Ich will jemanden treffen.«

»Einen Freund?« fragte er.

»Zwei Freunde. Einen Mann und seinen Hund.«

»Ich werde mitkommen. Denn ich möchte nicht, daß Sie einen anderen Mann treffen, Georgia.«

»Was ist ein anderer Mann?« fragte sie und betonte das Wort anderer.

»Ich möchte der einzige Mann sein, den Sie treffen, Georgia.«

»Jetzt werden Sie pathetisch, Augustus. Das müssen Sie sich abgewöhnen. Karen liebt das nicht.«

Er faßte sie mit hartem Griff und drehte sie zu sich um.

»Ich werde Sie jetzt küssen, Georgia.«

»Ah ja? Sollten Sie mich nicht um Erlaubnis fragen, Augustus.«

Dieser Frau war er nicht gewachsen. Viel hatte er erlebt, so etwas noch nicht.

»Dann frage ich«, sagte er, mit unterdrückter Wut in der Stimme. »Darf ich dich jetzt küssen, Georgia?«

»Da Sie mein zukünftiger Schwager sind, Augustus, dürfen Sie mich küssen.«

Ihr Mund war kühl und verschlossen, die Augen hatte sie weit geöffnet.

Pedro kam herein, schüttelte sich, versprühte Tropfen auf Georgias Pelz und blickte dann erwartungsvoll zu den Menschen auf.

»Was denkst du dir, mein Lieber«, sagte Georgia. »Es ist fast halb zwölf, du kannst jetzt nicht mehr essen.«

Pedro war anderer Meinung, er strebte zur Küche, er wußte, in welchem Schrank seine Vorräte aufbewahrt wurden.

»Na gut«, sagte Georgia und ließ den Pelz von den Schultern gleiten. »Einen Cake. Höchstens zwei.«

Gus hob den Pelz auf und folgte den beiden in die Küche.

»Cake heißt bei uns Hundekuchen«, sagte sie über die Schulter hinweg. »Es ist eine ganz besondere Sorte, und es gibt nur einen Laden in München, wo wir ihn bekommen.«

Georgia und der Hund gingen zurück in die Diele, und Pedro ließ sich zufrieden mit den Cakes in seinem Korb nieder. Gus Heinze warf den Pelz auf den Tisch.

»Georgia, ich...«

»Ja?«

»Du bist unmöglich.«

»Ah ja? Das sagt Ihre zukünftige Frau auch immer.«

Sie stand vor ihm, ungerührt, ganz ruhig, in dem schmalen schwarzen Kleid, auf dem sie heute die Opale trug. Das Collier hieß Undine.

»Ich werde doch lieber in ein Hotel gehen«, sagte er heiser.

»Jetzt noch? Ich dachte, Sie hätten Ihren Koffer schon ausgepackt.«

»Ich kann nicht mit dir unter einem Dach schlafen.«

»Das haben Sie doch schon getan.«

»Ich kann nicht mit dir unter einem Dach schlafen, ohne daß ich...«

»Ohne was?«

»Ich will dich haben.«

»Warum nicht, Augustus? Ich erwarte Sie in einer halben Stunde in meinem Zimmer.«

Er sah ihr fassungslos nach, wie sie die Treppe hinaufstieg, langsam, ganz gelassen. Ihre Beine waren lang und schlank, ihre Hüften bewegten sich leicht.

»Warte!« rief er.

Sie blieb stehen, wandte sich um. »Worauf?« sagte sie.

Er stürmte die sechs Stufen hinauf, griff nach ihr mit beiden Händen, und sie glitt ganz weich in seine Arme. Und da hatte er wieder das Gefühl – sie ist wie Cecilia, sanft, geschmeidig, seidig.

Ihr Mund war immer noch kühl und verschlossen, er versuchte ihn zu öffnen, doch sie wandte sich mit einer kurzen Bewegung aus seinen Armen.

»Wir werden die Treppe hinunterfallen«, sagte sie freundlich. »In einer halben Stunde. Trink noch einen Whisky.«

Den brauchte er. Er ging mit stürmischen Schritten durch die Räume, vom Wohnzimmer in das Terrassenzimmer, von dort in den blauen Salon, von dort in Karens Arbeitszimmer, das Glas mit dem Whisky in der Hand. Sie ist verrückt, dachte er. Das hat Karen ja schon angedeutet. Eine Frau wie eine Schlange in meinen Armen. Ich muß hier weg. Nein, ich muß sie haben, ich muß wissen, was für eine Frau das ist.

Er trank einen zweiten Whisky, duschte, rasierte sich, er war nichts als ein gieriger Mann, der Angst hatte. Sie hatte ihn das Fürchten gelehrt, kaum daß er sie geküßt hatte.

Als er pünktlich eine halbe Stunde später in ihr Zimmer trat, war er auf alles gefaßt. Sie saß an ihrem Toilettentisch vor dem Spiegel, trug ein keusches weißes Nachthemd und bürstete ihr Haar. Schwarzes Haar, doch weiße Haut. Eine Frau wie jede andere.

Er trat hinter sie, seine Hände umfaßten ihren Hals von beiden Seiten.

»Du hast einen wunderschönen Hals«, sagte er wieder. »Einen so schmalen Nacken. Geschaffen für alle Diamanten der Welt.«

»Genau wie meine Großmama«, sagte sie freundlich. »Sie hieß Amelia. Wir nannten sie Amili. Sie sagte, der Körper einer Frau und die Juwelen sind füreinander geschaffen. Amili liebte Edelsteine mehr als Diamanten. Sie sind hart, sagte sie, und können böse sein. Wie dein gelber Diamant, da liegt er.«

Der Diamant lag vor ihr auf dem Toilettentisch, der Schein eines Deckenstrahlers traf ihn, er schimmerte wirklich gelblich.

»Ich habe auch sehr schöne Perlen von ihr geerbt«, fuhr Georgia fort und bürstete weiter ihr Haar. »Sie trug Perlen am liebsten. Karen sagt, Perlen seien altmodisch. Was findest du?«

Gus, die Hände immer noch um ihren Hals gelegt, bog ihren Kopf zurück.

»Hör auf, von Perlen und Diamanten zu reden. Sag mir, was du denkst?«

Ihre Blicke trafen sich im Spiegel. Und wieder sah er ihr Lächeln, sanft, freundlich, kühl.

»Was soll ich denken? Du bist hier, weil du mich haben willst. Das hast du doch gesagt. Nun zeig mir doch, wie du das meinst.«

»Und es gibt keinen Mann in deinem Leben?«

»Es gibt keinen Mann in meinem Leben.«

»Willst du sagen, du hast noch nie mit einem Mann geschlafen?«

»Das wollte ich sagen.«

Gus stöhnte, zog sie herunter von dem Stuhl, trug sie zum Bett. Dabei merkte er, daß das Nachthemd kein Nachthemd war, sondern ein Négligé, vorn offen.

Halb besinnungslos stürzte er sich auf diesen Körper,

doch schon ihr leichtes Zurückweichen brachte ihn zur Besinnung. Nicht so. Nein, nicht so.

»Hab keine Angst«, flüsterte er.

»Ich habe keine Angst«, sagte Georgia und bog den Kopf zurück in das Kissen.

Und so blieb sie. Den Kopf zurückgebogen, die Augen weit geöffnet, kein Seufzen, kein Stöhnen, kein Körper, der sich aufbäumte, nur das Pochen einer Ader an ihrem Hals zeigte ihm, daß sie an seinem Liebesspiel teilnahm.

Ein geschmeidiger Körper, den er besaß und dennoch nicht. Ein Mund, der sich ihm öffnete und kühl blieb. Augen, deren Blick an ihm vorüberging.

Es machte ihn vollständig verrückt. Seine Hände, sein Mund glitten an ihrem Körper entlang, dieser Körper war weich, nachgiebig, das Muskelspiel kaum merkbar, eine seidige Schlange, die er niemals besitzen konnte.

Nachdem er sie das zweite Mal geliebt hatte, war er schweißnaß, fiel regungslos auf sie nieder.

Sie schüttelte ihn ab und stand auf.

»Wo gehst du hin?«

»Ich gehe mich waschen. Und dann hole ich uns was zu trinken. Whisky, ja? Ein Schluck Wasser dazu?«

Er blickte ihr nach, wie sie aus dem Zimmer ging, kühl und unberührt wie der Diamant, dessen Blitzen er im Licht der Lampe über dem Toilettentisch sehen konnte. Das weiße Négligé hatte sie wieder übergezogen.

In seinen leeren Armen spürte er sie noch. Niemals waren seine Arme so leer gewesen. Doch, damals als Cecilia ihn verlassen mußte. Was war so ähnlich an diesen beiden Frauen? Das Fremdsein trotz aller Hingabe? Eine schwarze Frau, eine weiße Frau – warum ließen sie sich kaum voneinander unterscheiden? Weil ihre Körper sich glichen, nur die Hautfarbe unterschied sie.

Cecilia hatte ein Kind von ihm bekommen, er hatte es nie gesehen. Er wußte nur, daß es ein Mädchen war, ein Mischlingskind, dazu verdammt, keine Rechte zu haben in dem Land, in dem es geboren war. Behütet nur, solange es mit seiner Mutter im Hause Jonckers lebte. Doch wie würde es später sein? Würden seine Söhne diese Halbschwester anerkennen, sie ebenfalls behüten, würden sie je erfahren, daß es ihre Halbschwester war?

Er hatte nie nach dem Kind gefragt, doch in dieser Nacht dachte er daran. Er wußte nicht, wie es dem Kind ging, wie es aussah, ob es eines Tages so schön sein würde wie Cecilia.

Mit Maleen hatte er nie mehr über Cecilia gesprochen, auf dem Weingut wollte man ihn nicht sehen. Nur Johan, sein Schwager, hatte einmal eine Bemerkung gemacht: Sie hat eine Tochter bekommen.

Diese burischen Dickköpfe! Er hatte sie besiegt und geschlagen, sie wußten es nur nicht.

Eines Tages würde er seine Söhne holen und Cecilias Tochter dazu. Er brauchte nur noch Zeit. Und einen Ort, wo er bleiben konnte. Und Geld. Das vor allem, er brauchte Geld. Er konnte nicht nur die Tochter holen, auch Cecilia. Nein, wozu? Er besaß jetzt eine Frau, die war genauso schlangengleich in seinen Armen, eine weiße Frau. Und er würde auch sie besiegen.

Als Georgia zurückkam, sagte er: »Du wirst ein Kind bekommen.«

»Ah ja?« machte sie.

»Du nimmst doch nicht die Pille?«

»Nein, ich nehme die Pille nicht.« Sie stand vor dem Bett, in ihrem keuschen weißen Gewand, ein Tablett mit Flaschen und Gläsern in den Händen.

»Ich habe sie nicht gebraucht«, sagte sie freundlich.

»Dann wirst du ein Kind bekommen«, beharrte er.

»Eine Frau ist nicht immer und jeden Tag bereit dazu«, sagte sie ernsthaft. »Das habe ich jedenfalls gehört.«

Er mußte lachen über ihren Ton, ihr Gesicht. Eine Frau? Ein Kind, ein Mädchen.

»Komm schnell zu mir ins Bett«, er streckte ihr die leeren Arme entgegen.

»Willst du nicht erst etwas trinken?«

»Später. Hast du denn keine Angst davor, ein Kind zu bekommen?«

»Aber nein. Warum denn? Ich würde gern ein Kind haben.«

Die Überraschungen mit dieser Frau nahmen kein Ende. Sie plazierte sorgfältig die Flaschen und Gläser auf dem Nachttisch.

»Stell dir vor, Augustus, wie nett es wäre, in diesem Haus ein Kind aufzuziehen. Wir sind sehr glücklich in diesem Haus aufgewachsen, Karen und ich. Ich wäre nie mehr einsam, wenn du mit Karen fortgezogen bist. Frau Moser wäre entzückt, und Onkel Huber schließlich auch, ein Kind, das unter seinen Rosen spielt. Ich denke, auch Panino gefällt der Gedanke. Und meinem Vater erst.« Sie lachte leise, goß sich Wasser aus der Flasche in ein Glas, hob es sacht zum Mund und trank. »Er wäre auf einmal Großpapa. Er hätte ein Baby, das er bewachen könnte, ein süßes kleines Mädchen, nicht einen ungezogenen Buben wie Aldo. Ich möchte eine Tochter haben.«

Sie war verrückt, kein Zweifel. Gus blickte zu ihr auf, wie sie da stand und mit kleinen Schlucken von dem Mineralwasser trank.

Sie füllte ein zweites Glas, reichte es ihm. »Möchtest du nicht?«

Er nahm, wie in Trance, das Glas aus ihrer Hand.

»Sie ist so weit weg. Wir hätten es gar nicht dulden sollen, daß sie wieder dorthin fliegt. Wozu eigentlich? Du willst auch nicht mehr hin. Es wäre doch viel netter, wenn wir hier zusammen wären.«

»Du sprichst von Karen?«

»Ich spreche von Karen.«

»Und wie stellst du dir das vor?

»Du lägst in ihrem Bett und nicht in meinem. Zwei Frauen sind zu anstrengend für dich. Man könnte abwechseln. Wie käme ich sonst zu meinem Baby?«

Jetzt sprach er es aus. »Du bist verrückt.«

»Wieso? Das ist doch sehr leicht möglich. Ich habe mir das überlegt in den letzten Tagen. Ich will nicht allein sein. Wir gehören zusammen, Karen und ich. Und da werden wir dich eben in unser Leben einbauen.«

»Ihr werdet mich in euer Leben einbauen«, wiederholte er dumm.

»Und wenn wir dann ein Kind haben, und mein Vater ist wieder da...«

»Halt den Mund!« sagte er barsch.

»Erst könnten wir Weihnachten richtig schön Verlobung feiern. Du mit Karen, oder du mit mir oder wir drei überhaupt. Das hatten wir noch nie. Karen könnte alle ihre verflossenen Freunde dazu einladen. Das wäre eine Superparty. So schnell heiraten kannst du sowieso nicht, soweit ich das verstanden habe, bist du ja noch nicht lange Witwer.«

»Witwer? Ich bin Witwer?«

»Warum schaust du so erstaunt? Das bist du doch. Oder nicht?«

»Wir sollen zu dritt Verlobung feiern, und du willst ein Kind von mir?«

»Vielleicht will Karen dann auch ein Kind, dann sind es halt zwei Kinder. Zwei kleine Mädchen, Schwestern, wie es immer war.«

»Bist du eigentlich noch normal?«

»Jetzt einen Whisky?« fragte sie freundlich.

»Nein.«

»Du schaust mich so seltsam an, Augustus. Kannst du dir das nicht vorstellen?«

»Habt ihr das öfter gemacht, daß ihr euch einen Mann geteilt habt?«

»Bis jetzt noch nicht. Aber das lag an mir. Karens Freunde haben mich nicht interessiert. Aber mit dir ist das anders. Du gefällst mir ganz gut. Und ich denke, du kannst es leicht mit zwei Frauen aufnehmen.«

»Und du denkst, Karen würde das mitmachen?«

»Aber sicher. Sie konnte sich doch denken, was passiert, wenn sie dich hierher zurückschickt.«

»Sie hat mich nicht zurückgeschickt.«

Er war wie verhext von dem Blick der dunklen Augen, benommen von dem leichtem Geplauder, mit dem sie so ungeheuerliche Dinge sagte.

»Was hat sie denn gesagt, wohin du sollst?«

»Sie hat gar nichts gesagt, zum Teufel. Sie war nur überzeugt davon, daß du mich nicht leiden kannst.«

»Dann wird es sie bestimmt freuen, daß wir uns jetzt ein wenig besser verstehen. Was hast du denn vor in nächster Zeit?«

»Ich fliege erst nach Berlin, dann fahre ich nach Dresden, und dann will ich nach Moskau.«

»Nach Moskau? Jetzt, wo es Winter wird. Aber Weihnachten wirst du zurück sein?«

Sie saß auf dem Bettrand in ihrem keuschen, weißen Négligé hob die Hand und strich mit dem Finger über seine Wange. »Ehe du abreist, mußt du mir sitzen. Ich male ein Bild von dir, das bekommt Karen zu Weihnachten.«

»Hör endlich auf mit Weihnachten!« Er richtete sich auf im Bett, seine Stimme war laut geworden. »Ich feiere ganz bestimmt keine Verlobung unter dem Weihnachtsbaum, und ich werde weder dich noch Karen heiraten...«

»Wie schade! Da wird Karen enttäuscht sein. Vielleicht auch nicht. Willst du *jetzt* einen Whisky?«

»Nein.«

»Dann bitte, liebe mich noch mal.« Sie streifte das Négligé ab, glitt in seine Arme, er hätte sie wegstoßen mögen, aber diesmal küßte sie ihn, wie ihn noch keine Frau geküßt hatte, und ihr Körper, lebendig auf einmal, bebend vor Begierde schmiegte sich an ihn, warf sich über ihn, es gab keine Abwehr, keinen Widerstand gegen sie, und als er endlich in ihr war, entzog sie sich mit einem heftigen Stoß, wollte aus dem Bett, er hielt sie fest, das Spiel wurde ein Kampf, immer wieder dasselbe, wie eine Schlange wand sie sich von ihm fort, wieder und wieder, bis er sie endlich mit aller Kraft festhielt und brutal in sie hineinstieß, sie mit seinem Körper niederzwingend.

Diesmal schrie sie, ein einziger heller Schrei, ein Schrei der Lust, nicht des Entsetzens.

Eine Weile lagen sie, ohne sich zu rühren. Dann hob er sich auf die Ellenbogen, beugte sich über sie, sah in ihr Gesicht.

Schön und sanft wie zuvor, die Augen weit geöffnet, und

dann ein Lächeln um ihren Mund. »Du bist ein Ungeheuer«, sagte er.

»Eine seltsame Liebeserklärung«, antwortete Georgia.

Er legte den Kopf in die Beuge ihres Halses, dann glitt er an ihrem Körper nieder, langsam, Zentimeter für Zentimeter, und barg schließlich das Gesicht in ihrem dunklen Schoß.

So blieb er lange, müde und gelöst, so wäre er fast eingeschlafen. Doch ihre Hände berührten seinen Rücken.

»Noch mal«, forderte sie.

Diesmal brauchte er lange, und als er es endlich geschafft hatte, schlief er sofort total erschöpft ein.

Sie schüttelte ihn nach einer Weile wach. »Geh in dein Bett! Ich möchte nicht, daß Frau Moser dich morgen früh hier findet.«

Halb betäubt stand er auf.

»Schlaf gut, Augustus«, sagte sie freundlich. »Es war sehr hübsch.«

Sehr hübsch, sehr hübsch, hämmerte es in seinem Kopf, als er in sein Zimmer wankte.

Georgia streckte sich in ihrem breiten Bett, dehnte sich wollüstig und befriedigt.

»Jetzt kannst du ihn haben, Karen«, murmelte sie.

# Ende einer Reportage

Unlustig, widerwillig hatte Karen die zweite Reise nach Südafrika angetreten. Doch sie ließ es sich nicht durchgehen, eine Aufgabe, die sie übernommen hatte, nicht zu Ende zu bringen. Unwillig und unlustig verbrachte sie auch die ersten Tage in Kapstadt. Der Elan, mit dem sie sonst an die Arbeit ging, fehlte diesmal, es interessierte sie nicht im geringsten, was in diesem Land passierte, wer wen unterdrückte, wie die politischen, ethnischen, sozialen Verhältnisse gestern, und heute aussahen. Wie sie morgen aussehen würden, wußten sie hier selber nicht, soviel war klar. Sie fand auf einmal, es sei gerade genug darüber geschrieben worden und kein Mensch wollte darüber noch etwas lesen, selbst wenn Karen Wieck es geschrieben hätte.

Schon der Flug war ihr lang und langweilig vorgekommen. Sie verspottete sich selbst, erwartete sie vielleicht, daß sich in jeder Maschine ein Mann zum Verlieben fand.

Ein Mann zum Verlieben, wie andere auch, das war er!

Aber das stimmte nicht, so ehrlich war sie sich selbst gegenüber, sie war einem Gefühl begegnet, das sie nicht kannte, sie war sich selbst begegnet, wie sie sich nicht kannte. Sollte es wirklich einen Mann geben, ohne den sie nicht mehr leben konnte?

Lächerlich! So etwas hatte es nie gegeben, würde es nie geben. Kein Mann auf dieser Welt konnte ihre Unabhängigkeit zerstören.

Aber sie waren im Streit auseinandergegangen. Wenn man es denn Streit nennen wollte. Denn es ließ sich nicht mit ihm streiten, auch er war überlegen und unabhängig.

Nach Frauenart hatte sie in Zürich noch einmal davon angefangen, daß sie seine Weigerung, sie zu begleiten, nicht verstehen könne.

»Alles schön und gut, was du mir vorgejammert hast. Für wie blöd hältst du mich eigentlich? Du bist einfach abgehauen nach dem Tod deiner Frau, dann bist du zurückgekommen und hast für all die Leute, die du angeblich nicht mehr sehen willst, eine Riesenparty gegeben. Wie paßt das denn zusammen? Ich begreife es nicht.«

»Dann begreifst du es eben nicht. Für mich ist das Thema beendet.«

»Aber für mich nicht. Ich verlange eine Erklärung.«

»It was a challenge. Eine Herausforderung. Ich wollte sehen, was passiert, wenn ich komme.«

»Na und? Was ist passiert?«

»Nichts.« ·

Damit war das Thema wirklich beendet. Sie war es nicht gewöhnt, daß man in dieser Weise mit ihr sprach, es erfüllte sie mit Wut und mit einer nie gekannten Hilflosigkeit.

Der andere Streitpunkt war Georgia.

Die überstürzte Rückkehr aus Südafrika, Georgias Abwesenheit, der plötzlich vorhandene Vater, hatten sie Nerven genug gekostet. Sie empfand Eifersucht, weil dieser Mann namens Georg Wieck jetzt bei Georgia war, daß Georgia einem anderen Menschen ihre Zuneigung schenkte.

»Das ist doch nur gut für deine Schwester«, sagte Gus. »Ich denke, du läßt sie ungern allein, weil sie dann unglücklich ist.«

»Was soll sie denn mit dieser Niete anfangen?« Karens Stimme war voll Verachtung. »Er schnorrt bei ihr herum, das ist es doch. Salzburg, Wien, daß ich nicht lache. Drei Koffer hatte er. Ich wette, er ist mit einem Koffer bei ihr angekommen. Wozu brauchen wir einen Vater? Wir sind bisher ganz gut ohne ausgekommen.«

»Nun verstehe ich dich nicht. Das Leben deiner Schwester ist doch sehr eintönig. Jedenfalls hast du es so dargestellt. Kein Mann, keine Liebe, nun hat sie wenigstens den Vater.«

»Das Leben meiner Schwester ist nicht eintönig, sie ist eine Künstlerin. Und ich bin ja da. Lasse sie gerade mal ein paar Wochen allein.«

In ihrem Ärger hatte sich Karen hinreißen lassen, ihm von Georg Wieck und seinem plötzlichen Verschwinden vor nunmehr fast dreißig Jahren zu erzählen. Sie bereute es sofort, denn Gus hatte es sehr amüsiert.

»Da siehst du, es gibt auch andere Väter, die verschwinden, ich bin nicht der einzige. Ihr wart genauso gut versorgt und behütet wie meine Kinder.«

»Ich finde das gar nicht komisch«, sagte Karen erbost.

»Nun, ich werde ja sehen, wie Georgia sich fühlt, ohne Schwester, aber mit Vater.«

»Was soll das heißen? Was wirst du sehn?«

»Wenn ich den Wagen zurückbringe, werde ich, mein Liebling, die Situation ohne dich vielleicht besser beurteilen können.«

»Ich denke, du fliegst nach Berlin. Den Wagen läßt du einfach in Kloten stehen.«

»O nein. Georg und Georgia brauchen den Wagen vielleicht. Soweit ich es verstanden habe, fährt er doch ganz gern damit.«

»Das kommt nicht in Frage. Du fährst nicht nach München.«

Gus bekam ganz schmale Augen. »Und warum, bitte, nicht?«

»Ich will nicht, daß du meine Schwester belästigst.«

»Sie fühlt sich belästigt von mir, wie? Den Eindruck hatte ich allerdings auch.«

»Siehst du! Also laß sie in Ruhe.«

»Vielleicht komme ich besser mit ihr aus, wenn du nicht dabei bist.«

»Verdammt noch mal, Gus...«

In der letzten Nacht in Zürich kam er nicht in ihr Zimmer. Und sie ging nicht zu ihm. Ein Kuß auf die Wange, ehe sie zur Paßkontrolle ging, ein lässiges Winken.

Das alles beschäftigte sie auf dem Flug, darüber dachte sie in Kapstadt nach, es machte sie unfähig zu vernünftiger Arbeit. Sie lief durch die Stadt, ging dahin und dorthin, ohne ihre Eindrücke wie üblich zu speichern, sie vermied Kontakte zu Kollegen, die sie sonst immer als erstes suchte. In dieser Stadt hatte er also gelebt. Nein, er hatte in Johannesburg gelebt. Er war in dieser Stadt geboren. Oder nicht? Hatte er so wenig von sich erzählt? Sie hatten doch über die Frau geredet und die Kinder, über das Unglück, und am Abend an der Isar, als er über seinen Kummer sprach, da hatte sie doch den wirklichen Gus erlebt. Er war eben ein Macho, der seine Gefühle nur schwer offenbarte. Also! Was wollte sie denn noch?

Es war Sommer in Südafrika, warm und sonnig, es müßte herrlich sein, im Meer zu baden. Sie war nahe daran an diesen Strand zu fahren, in dieses Hotel, die Arbeit zu vergessen und von dem zu träumen, was sie dort erlebt hatte.

Liebe. Das war es doch. Liebe.

Statt dessen fuhr sie hinaus nach Green Point; Licht, Sonne, Blüten ringsherum. In einem dieser Häuser lebte Lizzy Jonckers mit den Kindern.

Seine Kinder, Lizzys Kinder. Kinder, die keinen Vater mehr hatten, aber eine Mutter. Kinder, die weder Vater noch Mutter hatten. Kinder, die später nach Europa kommen sollten, eins nach Deutschland, eins nach Frankreich, eins nach England. Kinder, die auch dann keinen Vater und keine Mutter haben würden.

Wieso bloß war sie auf einmal so sentimental? Wann hatte sie sich je für Kinder interessiert?

Sie stand und starrte auf einen grünen gepflegten Rasen, auf blühende Sträucher, sah einen schwarzen Gärtner, der dort arbeitete; fernab, weit von der Straße sah sie ein weißes Haus. Ob Lizzy dort mit den Kindern lebte? Oder in diesem oder jenem Haus? Lizzy, das fromme Mädchen, das keinen Mann mehr hatte. Auf einmal empfand sie schwesterliches Mitgefühl mit Maleen. Tot. Tot. Sie sah diese blühenden Bäume nicht, den blauen Himmel nicht und nicht das Licht über dem Meer. Sie war tot. Zerstört, zerfetzt, von wilden Tieren aufgefressen, was von ihr übrig war. Was für ein Gefühl mußte es sein, abzustürzen? Langsam, schnell, blieb noch Zeit zum Denken, zum Fühlen, blieb noch Zeit für Angst, für Entsetzen? Blieb noch Zeit, an die Kinder zu denken?

Sie stöhnte, legte die Hand über die Augen, geblendet vom Sonnenlicht. Zog die Sonnenbrille aus der Tasche und setzte sie auf.

»Karen Wieck, du nervst mich«, sagte sie laut. »Du kannst

den Tod dieser Frau nicht mitsterben. Und was gehen dich die Kinder an?«

Schließlich raffte sie sich auf, besuchte die Redaktionen, die Kollegen, legte ihre Pläne vor, fragte nach Terminen.

»Ich möchte Mandela sprechen.«

»Gogracions me, wie stellen Sie sich das vor!«

Am vierten Tag lernte sie einen Verleger kennen, der ein eigenes Blatt herausgab und einen kleinen Buchverlag dazu betrieb. Er rief am Morgen an und lud sie zum Lunch ein.

»Ich wollte Sie gern kennenlernen, Miss Wieck«, sagte er. »Ich habe schon viel von Ihnen gehört.«

»Das kann kaum möglich sein, so lange bin ich noch nicht hier.«

»Wir lesen hier auch deutsche Zeitungen. Und wir wissen, was für böse Dinge über uns darin stehen. Werden Sie auch darüber berichten, was für Unrecht in diesem Land geschieht?«

»Ich habe keine Vorurteile.«

»Nein? Das freut mich.«

Er war ein Mann um die Fünfzig, gebräuntes Gesicht, scharfe, helle Augen, in seiner Begleitung ein junger Mann, der eifrig Notizen machte.

»Jim wird über Sie schreiben. Es wird unsere Leser interessieren, eine Journalistin aus Deutschland hier zu haben, die keine Vorurteile hat.«

»Wenn es denn sein muß«, sagte Karen. »Ich schreibe über Sie, und Sie schreiben über mich. Fraglich, ob Ihre Leser das wirklich interessiert.«

Sie sprachen über dies und das, es war ein sachliches, gutes Gespräch, doch dann kam plötzlich die Frage.

»Sie haben Gus Heinze getroffen, als Sie hier waren?«

»Ja«, erwiderte Karen überrascht.

»Sie kennen ihn gut?«

»Ich kenne ihn flüchtig. Wir haben uns auf dem Flug kennengelernt. Und dann traf ich ihn in Johannesburg.«

»Ich habe davon gehört. Meine Frau ist mit Cornelie Jacobs befreundet.«

Cornelie Jacobs. Die große Blonde auf der Party in Sandton, Maleens Freundin.

«Ja, es stimmt. Ich habe Mrs. Jacobs in Johannesburg getroffen.«

»Es war für alle eine Sensation, daß Gus Heinze auf einmal auftauchte. Nach dem Unglück war er nicht mehr da. Sie haben davon gehört, Miss Wieck?«

»Ja, ja, natürlich.«

»Sie kennen Gus Heinze schon länger?«

Karen, scharf: »Ich habe eben gesagt, ich habe ihn auf dem Flug kennengelernt.«

»Wie auch sonst«, sagte der junge Mann und lachte albern. »Gus Heinze hat ja wohl sein halbes Leben im Flugzeug verbracht. Sehr komisch, daß seine Frau nun ausgerechnet mit einem Flugzeug abgeschmiert ist.«

Der Ältere sah den Jüngeren mit zusammengezogenen Brauen an. »Ich kann keine Komik darin entdecken, Jim.«

»Okay, okay, entschuldige. War eine blöde Bemerkung.«

Karen legte ihre Gabel auf den Teller. Der Salat schmeckte ihr nicht, die Hähnchenbrust schon gar nicht. Sie hatte überhaupt keinen Appetit zur Zeit.

»Warum fragen Sie mich nach Gus Heinze?«

»Sie sind auch wieder mit ihm zusammen nach Deutschland geflogen.«

»Wer sagt das?«

»Ich. Mein Sohn flog mit derselben Maschine. Ich war am Flugplatz und habe Sie gesehen.«

»Ja, es stimmt. Wir flogen zufällig mit der gleichen Maschine.«

»Und wo ist Heinze jetzt?«

»Woher soll ich das wissen? Er wollte nach Berlin.«

Der Verleger sah sie eine Weile nachdenklich an, dann sagte er. »Dies ist ein großes weites Land, Miss Wieck, in dem viele Menschen verschiedener Rassen leben. Aber es gibt gewisse Familien, die man kennt, über die man spricht. Die Familie Jonckers gehört dazu. Man kann ihren Stammbaum weit zurückverfolgen. Eine alte festgefügte Burenfamilie.«

»Also Anhänger der Apartheid. Feinde der schwarzen Bevölkerung«, sagte Karen darauf agressiv.

»Wenn Sie über uns berichten wollen, Miss Wieck, müssen Sie sich von Klischees freimachen. Das ist alles nicht so leicht mit rechts oder links, mit weiß oder schwarz zu klären. Es ist hier wie überall auf der Welt; die Menschen sind ein wenig gut, ein wenig böse, sie sind voll Hoffnung und erleben Enttäuschungen, sie empören sich über Ungerechtigkeit und sind dankbar für Verständnis. Würden Sie sagen, es ist in Ihrer Heimat anders?«

»Was wollen Sie mir beibringen?«

»Aber nein, ich will Ihnen nichts beibringen, wie käme ich dazu. Ich spreche bloß von der Wahrheit hinter der Wirklichkeit.« Und auf Karens erstaunten Blick: »Das ist doch ein Slogan, den Gus Heinze gern gebraucht. Es würde mich wundern, wenn Sie ihn nicht zu hören bekommen hätten.«

»Ich bin nicht sehr oft mit Herrn Heinze zusammengetroffen«, sagte Karen steif, »und daher mit seinen Slogans nicht vertraut.«

Der Verleger lächelte. »Ich kenne Heinze ganz gut. Er redet schon seit einiger Zeit davon, daß er ein Buch schreiben möchte. Und ich kenne ihn durch die Jonckers. Eine alte Burenfamilie, wie ich sagte. Aber ihre Schwarzen sind keine Outcasts. Sie gehören zur Familie.«

»Das ist ja sehr erfreulich. Nur stört mich das Wort *ihre* Schwarzen. Wieso sind es ihre Schwarzen? Sind es Sklaven? Sind es keine freien Menschen?«

Der Verleger lehnte sich zurück und betrachtete Karen mit resigniertem Lächeln. »Wie soll man euch das erklären.«

»Und was hat das alles mit Gus Heinze zu tun?«

»Gar nichts. Ich wollte mich bloß nach ihm erkundigen. Man traf sehr oft mit ihm zusammen, in Kapstadt, am Meer, in Durban vor allem. Er war weg, er war kurz wieder da, und nun ist er wieder weg. Darüber gibt es Gerüchte.«

Karen fragte nicht danach, was das für Gerüchte seien, sie konnte es sich denken. Vermutlich wußte dieser Mann, mit dem sie zusammen saß, genau, daß sie vier Tage mit Gus am Meer verbracht hatte. Aber was ging den das an?

Am übernächsten Tag kehrte sie gegen Abend aus Stellenbosch zurück, wo sie die Universität besucht hatte. In der Lounge des Hotels kam ihr Matthew Turner entgegen.

»Hallo, Mr. Turner. Nett, Sie zu sehen.«

»Es freut mich, daß Sie wieder im Land sind, Miss Wieck. Sie sind so plötzlich abgereist, daß wir dachten, es gefällt Ihnen nicht bei uns.«

»Ich bin zuerst von Johannesburg nach Kapstadt gefahren, das wußten Sie doch. Dann mußte ich allerdings zurück nach Deutschland, weil meine Schwester...« ach, verdammt, was ging den das an? »Sie fühlte sich nicht wohl, ich machte mir Sorgen um sie.«

»Es geht ihr wieder besser?«

»Ja, danke.«

»Ist Mr. Raabe auch wieder da?«

»Nein, diesmal nicht. Ich finde auch hier einen Fotografen, wenn ich Bilder brauche.«

Sie standen voreinander, sein Blick irrte ab, sein schmales Gesicht war blaß, unter seinem rechten Auge zuckte ein Nerv.

»Wie geht es Gus?«

Schon wieder die blöde Fragerei.

»Keine Ahnung. Er wollte nach Berlin. Und dann nach Dresden, glaube ich.«

»Ja, er sprach davon.«

Warum war der Mann so nervös?

»Wollen wir uns nicht setzen? Einen Drink vielleicht? Und Sie erzählen mir, woher Sie wissen, daß ich in diesem Hotel wohne. Oder ist es ein Zufall, daß wir uns hier treffen?«

Da ahnte sie schon, daß es kein Zufall war.

»Es geht darum... es ist so... also, ich bin eine Art Bote.«

»Aha. Eine Art Bote. Was für eine Botschaft haben Sie denn für mich, Mr. Turner? Und könnten wir uns nicht trotzdem in eine stille Ecke setzen und was trinken?«

»Nein. Meneer Jonckers möchte Sie sprechen.«

»Wer?«

»Meneer Jonckers. Der Vater von Maleen.«

»Er will mich sprechen? Warum?«

»Das wird er Ihnen erklären.«

»Ich verstehe kein Wort. Woher weiß denn nun wieder Mr. Jonckers, daß ich hier bin?«

»Von Cornelie Jacobs. Sie hat ihn angerufen.«

»Und was, zum Teufel, geht es Mrs. Jacobs an, ob ich hier oder sonstwo bin?«

Matt Turner beantwortete diese Frage nicht, sagte statt dessen: »Mr. Jonckers rief mich an und bat mich, zu ihm zu kommen. Ich bin heute von Johannesburg hergeflogen.«

»Das ist ja der reinste Spionagering hier bei euch. Soll ich das so verstehen, daß Mr. Jonckers auch in Kapstadt ist?«

»Er wartet auf Sie.« Matt Turner machte eine kleine Drehbewegung und blickte über seine Schulter. »Es gibt dort einen kleinen Konferenzraum. Mr. Jonckers hat ihn reservieren lassen, damit er in Ruhe mit Ihnen sprechen kann, Miss Wieck.«

»Ich verstehe immer Bahnhof«, sagte Karen auf deutsch, während der Ärger in ihr hochstieg. »Ihr seid eben doch eine verfluchte Diktatur hier.«

Matt hatte nicht verstanden, was sie sagte, aber er hörte den Ärger in ihrer Stimme, sah den Zorn in ihren Augen. Und das Wort Diktatur hatte er sehr wohl verstanden.

»Not at all«, sagte er. »Keine Diktatur. Mr. Jonckers bittet Sie, mit ihm zu sprechen. Und er hat mich gebeten, das Gespräch zu vermitteln, weil Sie mich kennen. Er ist ein sehr höflicher Mann.«

»Ist ja fein. Und Sie fliegen extra von Johannesburg hierher. Er hätte mich ja anrufen können. Oder mir eine Zeile schreiben, wenn er mich denn unbedingt kennenlernen will. Denn darum geht es ja wohl.« Und als Matt darauf nicht einging, sie nur abwartend ansah, fügte sie bissig hinzu: »Ich hoffe, er zahlt Ihnen wenigstens den Flug.«

Sicher ging es um die Gerüchte, die der Verleger vor zwei Tagen erwähnt hatte. Und nun wollte der alte Jonckers sehen, wie lange Gus sie schon kannte und was für eine Frau Maleens Kinder eventuell zur Mutter bekommen würden. Oder ob er nicht lieber sein Testament ändern sollte.

Die waren ja wohl alle hier nicht ganz dicht. Dem würde sie es zeigen.

»Go ahead!« schnarrte sie Turner an. »Ich habe nicht viel Zeit, ich bin zum Abendessen verabredet.«

Matt Turner wandte sich stumm und ging ihr voran.

Sie müssen alle einen Höllenrespekt vor dem alten Knakker haben, dachte Karen, als sie ihm wutgeladen folgte, er muß ein beachtliches Vermögen haben, wenn sogar ein Engländer wie Turner auf den burischen Pfiff angetrabt kommt.

Doch es war nicht das Geld, es war die Persönlichkeit des Mannes, der man Respekt zollte, das erkannte sie sofort, als sie ihm gegenüberstand. Er war groß, kräftig, hatte volles graues Haar, ein ausgeprägtes Gesicht mit großen, blauen Augen. Als Matt Turner sehr korrekt die Vorstellung vornahm, verneigte er sich höflich, die Hand gaben sie sich nicht.

Matt machte auf dem Absatz kehrt und verschwand aus dem kleinen Konferenzraum, in dem sich ein Tisch und ein paar Stühle befanden. Ein Gespräch unter vier Augen also.

»Bitte, nehmen Sie Platz, Frau Wieck.«

Zu ihrer Überraschung sprach er deutsch, ein sehr gewähltes, ein wenig umständliches Deutsch.

»Entschuldigen Sie, daß ich so formlos um Ihr Auftreten gebeten habe und Ihre Abendruhe störe.«

»O bitte«, erwiderte Karen verblüfft. »So spät ist es ja noch nicht. Und so formlos ging es auch nicht zu, wo Sie doch extra einen Boten für mich eingeflogen haben.«

Er neigte wieder den Kopf, sie setzten sich, er betrachtete sie sehr genau, und Karens Wut verflog, machte einem unbestimmten Angstgefühl Platz.

»Ich werde Ihre Zeit nicht lange in Anspruch nehmen, Frau Wieck. Es sind zwei Fragen, die ich an Sie richten will.«

»Bitte. Ich höre.«

»Sie sind mit August Heinze befreundet.« Es war keine Frage, es war eine Feststellung.

»Ich kenne ihn«, sagte sie vorsichtig.

»Sie sind mit ihm aus Deutschland gekommen, und Sie

sind mit ihm wieder nach Deutschland geflogen.« Auch dies keine Frage.

Karen unterdrückte einen Seufzer. »Ich habe ihn auf dem Flug von Frankfurt nach Johannesburg kennengelernt. Aber offenbar glaubt mir das kein Mensch. Ja, und dann sind wir zusammen von hier weggeflogen, das ist richtig. Ich mußte plötzlich abreisen, meine Schwester fühlte sich nicht wohl. Herr Heinze wollte sowieso nach Deutschland, also flogen wir zusammen. Ich verstehe nur nicht...« sie brach ab. Sie kam sich vor wie ein Kind, dem ein strenger Vater eine Untat vorhält.

»Wo befindet sich Herr Heinze jetzt?«

»Zum Teufel, ich weiß es nicht.«

Ein tadelnder Blick aus den blauen Augen.

»Ich weiß es nicht. Er wollte nach Berlin.«

»Ich nehme an, er wird Ihnen nicht nach Kapstadt folgen.«

»Also wirklich, Herr Jonckers, ich kenne die weiteren Pläne von Herrn Heinze nicht.«

»Er wird, das nehme ich an, nicht in die Union zurückkehren.«

Ich werde nie wieder nach Südafrika fahren...

»Können Sie mir bitte sagen, warum Sie mich über die Reisepläne von Herrn Heinze examinieren?«

»Kein Examen. Eine Warnung.«

»Eine Warnung?«

»Man hat mir berichtet, daß Sie eine schöne junge Frau sind. Eine berühmte Schriftstellerin in Deutschland.«

»Ich bin Journalistin und ich... Wovor wollen Sie mich denn warnen? Vor Gus Heinze? Vor Ihrem Schwiegersohn?«

Bei dem Wort Schwiegersohn senkte Jonckers die Lider halb über die Augen. »Er hat meinen Sohn und meine Tochter getötet.«

»Er hat... Was hat er?«

»Er hat meine Kinder ermordet.«

Karen hob wie abwehrend beide Hände. »Ich verstehe kein Wort. Soviel ich weiß, war es ein Flugzeugabsturz.«

»Ja, das ist so. Aber warum ist das Flugzeug abgestürzt? Wissen Sie das?«

»Woher soll ich das wissen.«

»Sie haben die Nacht vorher auf unserer Farm bei Pietersburg verbracht. Es war ein Gespräch vereinbart. Meine Tochter wollte sich scheiden lassen. Ihr Bruder wollte ihr zur Seite stehen bei diesem Gespräch.«

»Sie wollte sich scheiden lassen?«

»Sie wollte es schon seit langer Zeit. Er hat sie betrogen, immer und immer. Wir haben verabredet, mein Sohn und ich, daß er Geld bekommt. Man nennt es, glaube ich, eine Abfindung. Ist das richtig?«

Karen nickte, sie verkrampfte die Hände im Schoß.

»Eine Abfindung. Gutes Geld. Er sollte unterschreiben, daß er auf jedes Recht an den Kindern meiner Tochter verzichtet. Darüber sind sie einig gewesen, am Abend. Am Tag, der folgte, stürzte das Flugzeug ab. Ganz von selbst. Kein Sturm, kein Gewitter, gute Sicht. Mein Sohn war ein guter Pilot. Meine Tochter ebenfalls. Nun, Frau Wieck, was sagen Sie?«

»Aber um Gottes willen, wie bringt man ein Flugzeug zum Absturz?«

»Man gibt den Piloten ein später wirksames Gift, ein Betäubungsmittel. Sie haben zusammen Frühstück gegessen. Sie haben noch ein Glas Champagner getrunken. Sie waren guter Laune, sagt Jonas. Sie waren am Abend vorher einig geworden. Geld für Heinze, die Scheidung für meine Tochter, kein Recht für ihn auf die Kinder. Und auch keine Erbschaft, später. Nun?«

»Sie können das nur vermuten«, sagte Karen hilflos.

»Ich habe es von Anfang an vermutet. Er hat sehr schnell nach dem Unglück das Land verlassen.«

»Aber er ist doch wiedergekommen«, sagte Karen hilflos.

»Drei Monate danach. Als er erfahren hatte, daß kein Verdacht gegen ihn vorlag, daß man...« Jonckers stockte, legte die Hand über die Augen, »daß man die Toten nicht untersuchen konnte. Weil nichts mehr da war, was man hätte untersuchen können.«

»Das ist furchtbar. Das ist entsetzlich«, flüsterte Karen. »Ich kann nicht glauben, daß Gus... Woher soll er denn so ein Gift haben?«

»Da gibt es so manche Möglichkeit. Er ist viel in Afrika herumgereist, da gibt es noch manche dunkle Quelle. Von altersher.«

»Sie können es nicht beweisen«, sagte Karen erstickt.

»Doch«, sagte Jonckers und stand auf. »Jetzt kann ich. Man hat einen Fuß meines Sohnes gefunden. Er steckte in einem festen Stiefel.«

»Und da...«

»Der Fuß wurde untersucht. Man fand Spuren einer betäubenden Droge.«

Karen legte beide Hände an die Schläfen, ihr war übel. Das Schlimmste war, daß sie es glaubte. Sie hatte es schon geglaubt, ehe Jonckers von dem Fuß in dem Stiefel sprach.

»Darf ich Ihnen etwas bestellen?« fragte Jonckers.

Er drückte auf eine Klingel an der Wand. Sie schwiegen, bis der Kellner kam, und die Bestellung aufnahm.

»Ich kann es nicht glauben«, flüsterte Karen. »Nein, ich kann es nicht glauben.«

Tränen liefen über ihr Gesicht, sie preßte beide Fäuste auf ihren Mund, sie meinte, zu ersticken.

Jonckers stand und blickte auf die weinende Frau. »Sie lieben ihn?« fragte er.

Karen schüttelte den Kopf, die Stimme gehorchte ihr nicht.

»Es ist, wie ich sage, eine Warnung«, sagte Jonckers. »Ich habe meine Tochter auch davor gewarnt, diesen Mann zu heiraten. Aber bei ihr war es auch Liebe. Nur mich hat keiner gewarnt«, seine Stimme hob sich. »Meine Schuld ist es, daß ich sie habe fahren lassen auf die Farm. Um endlich die Scheidung zu vereinbaren. Ich dachte, es geht im guten. Ein Anwalt hätte es auch machen können. Es ist meine Schuld.«

Der Kellner kam, er brachte Wasser und Cognac. Jonckers wies ihn mit einer Bewegung wieder hinaus, er füllte selbst ein Glas mit Wasser und reichte es ihr. Doch ihre Hand zitterte so, daß sie es nicht nehmen konnte.

»Es gut mir leid, Frau Wieck, daß ich Ihnen Kummer mache. Aber ich mußte Sie warnen. Dieser Mann kennt nur Gier nach Geld und Gier nach Frauen. Es kann sein, er hat auch seine Eltern getötet.«

Karen blickte auf zu dem großen Mann, der vor ihr stand und sie mitleidig ansah.

»Seine Eltern?«

»Das kann niemand beweisen. Es war auf einer Reise; sie waren in Indien. Seine Eltern sind ertrunken bei einer Bootsfahrt auf einem Fluß. So hat er es berichtet. Er war sehr jung damals und erbte ein beträchtliches Vermögen.«

Karen legte die geballten Fäuste vor sich auf den Tisch. »Genug«, sagte sie. »Ein Doppelmord genügt. Wenn er sich denn beweisen läßt.« Sie griff mit tränenblinden Augen nach dem Glas mit dem Cognac und leerte es mit einem Schluck.

»Was werden Sie tun?«

»Ich werde seine Auslieferung beantragen. Es wird einen großen Prozeß geben. Falls man ihn findet. Kann sein, Jonas tötet ihn zuvor.«

»Wer... wer ist Jonas?«

»Der Sohn von Abraham. Sie kennen Abraham, nicht wahr?«

Karen nickte. Abraham, der schwarze Butler mit den weißen Handschuhen, die verfluchte Party.

»Jonas ist mit meinen Kindern zusammen aufgewachsen. Er war der letzte, der sie lebend gesehen hat. Er hat sofort gesagt: Es ist Mord. Abraham ist wieder bei uns auf dem Gut. Das Haus in Johannesburg wird verkauft. Sie können das Herrn Heinze sagen: Wenn es keinen Prozeß gibt, wird Jonas ihn finden und töten. Jonas wird soviel Geld von mir bekommen, daß er ihn über die ganze Erde verfolgen kann. Mehr habe ich Ihnen nicht zu sagen, Frau Wieck.«

Karen stand auf. Sie sah das harte, unbarmherzige Gesicht mit den blauen Augen wie durch einen Schleier.

»Sie entschuldigen mich? Ich fliege sofort zurück nach Deutschland. Sobald ich einen Platz in einer Maschine bekomme.«

»Sie können morgen fliegen«, sagte Pieter Jonckers. »Ich habe für Sie gebucht.«

# Ein Abschiedskuß

Das Telefon klingelte, als Georgia mit den Hunden ins Haus kam; sie nahm den Apparat, der in der Diele stand.

»Karen! Endlich! Du hast dich noch gar nicht gemeldet.«

»Wo steckst du denn eigentlich? Ich habe in der letzten Stunde dreimal versucht, dich zu erreichen.«

»Ich war mit den Hunden draußen. Und Poldi ist mir weggelaufen. Er läuft zu dem Haus von Herrn Karberg. Ich muß ihn an die Leine nehmen, wenn wir spazierengehen. Wir haben nämlich einen Hundegast, weißt du. Das kam so...«

»Das kannst du mir später erzählen. Hör zu, ich fliege morgen zurück.«

»Zurück? Wohin zurück?«

»Ich komme nach Hause.«

»Jetzt schon? Bist du denn mit der Reportage schon fertig?«

»Es gibt keine Reportage. Fertig bin ich mit Südafrika.«

»Ich verstehe nicht...«

»Kannst du auch nicht. Ich ruf' dich an, sobald ich in Frankfurt gelandet bin und sage dir mit welcher Maschine ich komme.«

»Heißt das, ich soll dich in Riem abholen?«

»Es würde mir guttun. Ich bin total am Ende, Georgia, ich brauche dich.«

So etwas hatte sie noch nie gesagt.

»Was ist denn passiert?«

»Ich kann am Telefon nicht darüber sprechen.«

»Bist du krank?«

Ein kurzes Lachen. »So könnte man es nennen.«

»Aber um Gottes willen...«

»Wo ist Gus?«

Georgia zögerte einen Moment mit der Antwort, sagte dann schnell: »Ich weiß nicht. Ich habe ihn nur kurz gesehen, als er den Wagen brachte. Er wollte nach Berlin.«

»Falls er anruft, sag ihm nicht, daß ich komme.«

»Warum soll er denn anrufen? Er weiß doch, daß du nicht da bist.«

»Ja, sicher. Sag ihm nicht, daß ich komme. Sag keinem, daß ich komme.«

»Wie du willst.«

Georgia blickte in den Spiegel, der über dem kleinen Tisch hing, auf dem das Telefon stand.

Karen kam zurück; zum zweitenmal nach einer Abwesenheit von wenigen Tagen.

Sag ihm nicht, daß ich komme.

Georgia lauschte nach oben. Hatte sie Karens Namen genannt? Gleich nachdem sie den Hörer abgehoben hatte, dann nicht mehr.

Die Hunde saßen vor ihr und blickten zu ihr auf, Pedro schwanzwedelnd, erwartungsvoll. Poldis Schwanz regte sich nicht, er hatte immer noch den traurigen verständnislosen Ausdruck in den Augen.

»Wartet hier, ich komme gleich wieder. Dann gehen wir mal in die Küche, ja?«

Sie stieg leise die Treppe hinauf, oben hörte sie das Rauschen der Dusche. Dann hatte er vielleicht nichts gehört.

Sie ging in sein Zimmer, ein Koffer war schon gepackt. Klappte hervorragend. Er würde fort sein, wenn Karen kam. Das einzige Problem war Frau Moser.

Ich könnte mich mit ihr verkrachen und sie hinauswerfen, dachte Georgia. Oder...

Nein, die Sache mit Venedig würde auch in diesem Fall funktionieren:

Liebe Frau Moser, nehmen Sie doch endlich mal für eine Woche Urlaub. Oder noch besser für zwei. Ich treffe meinen Vater in... wo gleich? Egal... ich treffe meinen Vater in Innsbruck, und dann fahren wir nach Venedig. Er wohnt ja dort, und dann...

Gus kam ins Zimmer, ein Badetuch um die Hüften geschlungen, nahm sie in die Arme und küßte sie.

Georgia machte sich frei, ihre seidene Bluse war voller Wasserflecken. »Kannst du dich nicht erst abtrocknen?«

Er griff wieder nach ihr. »Du warst so lange fort.«

»Poldi ist wieder weggelaufen. Du hast schon angefangen zu packen. Wann geht deine Maschine morgen?«

»Gegen elf. Wir können noch in Ruhe frühstücken. Unsere letzte Nacht, Zauberin. Du weißt, daß ich ohne dich nicht mehr leben kann.«

»Das wirst du dann schon sehen.«

»Und du kannst nicht mehr ohne mich leben.«

»Ich kann sehr gut ohne dich leben.«

Gus umfaßte ihr Gesicht mit beiden Händen, hob es dicht vor sein Gesicht. »Manchmal könnte ich dich umbringen. Ich habe dich und habe dich nicht. Du bist wie eine Schlange, die man nicht festhalten kann.«

»Dann bin ich halt eine Schlange. Und haben kann mich niemand. Laß mich los!«

»Wer hat angerufen?«

»Tommy Keller, ein Kollege von Karen. Du hast ihn kennengelernt, er war an dem Abend hier, als ich aus Wien kam. Er wollte wissen, ob ich mich sehr einsam fühle und falls ja, wollte er mich besuchen.«

»Das könnte dem so passen. Du bist nicht einsam, du hast mich. Und wir hätten noch so viel Zeit gehabt. Ich werde nie begreifen, warum du nach Venedig fahren mußt.«

»Fang nicht wieder von vorn an. Mein Vater hat mich darum gebeten.«

»Venedig im November.«

»Venedig ist im November am schönsten, ich habe dir das Heft von Linda gezeigt. Wunderschöne Bilder.«

»Und er ist ja gar nicht in Venedig, er ist in Mestre.«

»Deswegen kann ich doch in Venedig wohnen. Und dann kommen wir zusammen nach München, und darum kann ich dich hier nicht mehr brauchen.«

»Warum nicht?«

»Weil ich nicht will, daß du ständig hier bist. Eines Tages kommt Karen zurück. Was ist dann?«

»Wir werden uns schon einigen.«

Sie streifte seine Hände ab. »Nicht so, wie du dir das denkst, Augustus. Eine Ehe zu dritt! Weder mit mir noch mit Karen kannst du das machen.«

»Karen liebt mich.«

»Das bildest du dir ein.«

»Und du liebst mich noch mehr.«

Georgia lächelte sanft. »Ich muß jetzt runter, den Hunden ein bißchen Abendessen geben.«

»Das ist auch so was. Du hast den fremden Hund im Haus und fährst weg.«

»Das macht Frau Moser schon.«

Er zog sie wieder an sich, sein nackter, fester Körper preßte sich an ihren.

»Komm!«

»Jetzt nicht. Du bekommst auch Abendessen. Aber vorher wirst du mir noch eine halbe Stunde sitzen.«

»Heute abend noch?«

»Wann sonst? Bis Karen kommt, will ich das Bild von dir fertig haben. Ich schenke es ihr zu Weihnachten. Damit sie sich daran erinnern kann, wie du aussiehst, falls sie dich nie wiedersieht.«

»Sie wird mich nie wiedersehen.«

»Das dachte ich mir.«

»Ich hole dich nach Dresden. Wenn es sein muß mit Gewalt.«

Georgia lachte. »Zieh das schwarze Hemd an. Und dann geh ins Atelier, ich komme gleich.«

»Du Hexe!« rief er ihr nach.

Georgia summte vor sich hin, als sie die Treppe hinabstieg. Endlich hatte er gemerkt, daß sie eine Hexe war. Keiner konnte sie haben, wie er das nannte. Keiner konnte sie fassen oder halten. Und die Idee mit ihrem Vater war gut gewesen. Auf diese Weise wurde sie Augustus los.

Georg Wieck hatte wirklich angerufen, ein langes, liebevolles Gespräch war es gewesen. Er sagte, wie glücklich sie ihn gemacht habe, wie schön die Tage mit ihr gewesen seien. Giovanna sei da, es ginge ihr nicht gut, sie sei krank und sehr schlechter Laune, berichtete er. Und Aldo hätte keinen Job und es sei so eng in der Wohnung. Und der Himmel sei so grau.

»Das ist er hier jetzt auch manchmal«, erwiderte Georgia

freundlich. »Wenn du genug von ihnen hast, kommst du wieder zu mir.«

Wie lange würden sie wohl auskommen, diese drei, mit den fünftausend Mark? Es war anzunehmen, daß er wieder kommen würde, aber hoffentlich nicht zu bald. Es wäre besser, ihm Geld zu überweisen. Oder lieber nicht? Sie mußte es mit Karen besprechen.

Zum erstenmal in ihrem Leben freute sich Georgia auf das Alleinsein. Allein mit den Hunden, ihren Bildern und dem herannahenden Winter. Sie brauchte den Vater nicht, und sie hatte genug von der heftigen Leidenschaft des Mannes Augustus. Die erste Nacht war ihre Partie gewesen, aber nun hatte sie genug von ihm, von seiner Nähe, seinem Körper, seinen Umarmungen, seiner Lust.

Doch nun kam Karen.

Die Hunde saßen in der Diele und warteten. Sie ging mit ihnen in die Küche.

Poldi war seit zwei Tagen da. Sie hatte den alten Herrn nicht am Abend, sondern am Vormittag getroffen und ihm gesagt, was sie sich vorgenommen hatte: »Ich gebe Ihnen meine Telefonnummer, und wenn Sie wieder eine Erkältung haben, dann rufen Sie mich einfach an und ich gehe dann mit dem Poldi spazieren.«

»Das würden Sie wirklich tun, gnädige Frau?«

»Aber ja, sehr gern sogar. Obwohl ich hoffe, daß Sie nicht so schnell wieder eine Erkältung bekommen.«

Diese Aktivität war ganz neu für sie. Erst der Vater, dann der Mann aus Afrika und nun dies noch, der alte Herr und Poldi, denn wie sich herausstellte, kam ihr Angebot im rechten Moment.

»Der Liebe Gott hat Sie mir über den Weg geschickt«, sagte Poldis Herrchen. »Gerade vorhin habe ich mit einer Hundepension telefoniert.«

Er mußte am nächsten Tag in die Klinik, erfuhr Georgia, ein kleiner Eingriff, nicht weiter schlimm, hätte der Arzt gesagt.

»Ich will Sie nicht mit Krankheitsgeschichten langweilen, gnädige Frau. Ich habe es neulich schon bereut, daß ich von meiner Erkältung sprach.«

»Aber Sie sehen ja, daß es gut war, davon zu sprechen. Selbstverständlich kommt der Poldi zu uns. Mich kennt er ein wenig und mit Pedro kommt er gut aus. Er kriegt garantiert gut zu essen, und wir werden ihn schon beschäftigen, damit er nicht zu traurig ist.«

Nun erfuhr sie auch den Namen des alten Herrn. Er hieß Konrad Karberg, ein früher recht bekannter Schriftsteller.

Sie sagte: »Oh, ich kenne Sie. Es stehen mehrere Ihrer Bücher in unseren Regalen.«

»Das kann ich mir kaum vorstellen. Ich bin vergessen.«

»Sie sehen, daß es nicht der Fall ist.«

Die Bücher stammten noch von Panino, und Georgia nahm sich vor, sofort eines davon zu lesen.

Sie ging mit zu seiner Wohnung in der Mauerkircher Straße, bekam Poldis Schüssel und seine Decke.

»Sie leben ganz allein?«

»Ja. Meine Frau ist seit Jahren tot. Meine Tochter ist in Amerika, ich höre selten von ihr.«

»Am besten nehme ich Poldi gleich mit. Hat er auch eine Leine?«

Sie bekam die Leine, und Konrad Karberg sagte: »Und wenn ich gar nicht wiederkomme?«

Und als Georgia schwieg, fügte er hinzu: »Wenn ich sterbe?«

»Wenn Sie sterben«, sagte Georgia, »bleibt Poldi für immer bei uns.«

»Es war töricht von mir, in meinem Alter noch einen jungen Hund in mein Leben zu nehmen. Aber ich habe immer einen Hund gehabt. Und ich war so allein.«

Er hatte Tränen in den Augen, als Georgia ging. Poldi trottete brav und verständnislos an der Leine neben ihr her, Pedro bellte ihn an, er wollte spielen.

»Mei, o mei«, sagte Frau Moser, als Georgia mit den Hunden nach Hause kam. Und als sie die Geschichte erfuhr: »So ein liebs Hunderl, so ein liebs. Ich hab' reichlich Fleisch da, und eine gute Brühe. Ich koche gleich an Reis.«

Gus, an die Küchentür gelehnt, sagte: »Eine rührende Geschichte.«

Und Georgia dachte: das verstehst du nicht. Die Hunde kann ich lieben, dich nicht. Die Augen der Hunde sind voll Unschuld, sie sind Gott nahe. Deine Augen lügen. Womit sie ihm Unrecht tat, denn seine Augen waren voll Zärtlichkeit, voll Liebe, wenn er sie ansah.

Darüber dachte sie nach, als sie kurz darauf vor der Staffelei saß, Gus auf einem Stuhl, in dem schwarzen Hemd, das dichte Haar noch naß.

Das Bild war ihr schnell von der Hand gegangen, sie hatte ja zuvor schon mehrere Skizzen von ihm gemacht. Nur die Augen – die Augen waren noch leer.

Sie blickte auf das Bild von Tassilo, das an der Wand lehnte. Augen voller Unschuld, groß, glänzend, ein Gottesgeschöpf auch er.

»Du hast schöne Augen«, sagte sie.

»Danke, Zauberin«, erwiderte er. »Und was tut der eigentlich hier?«

Er wies mit der Hand auf den gelben Diamanten, der zwischen den Farbtuben lag und im Licht blitzte.

»Ich weiß es noch nicht. Aber er muß mit auf das Bild.«

»Du wirst ihn mir doch nicht um den Hals hängen wollen«, sagte er, »wie einem burgundischen Herzog?«

»Das ist gar keine schlechte Idee«, sagte Georgia. »Philip le Bon könnte so ausgesehen haben wie du. Mächtig, selbstbewußt, skrupellos und ein gewaltiger Liebhaber.«

»Vielen Dank«, sagte er. »Für den gewaltigen Liebhaber.«

»Das bezog sich auf die Quantität, soweit es Philip betrifft.«

Er lachte.

»Du kennst dich gut aus in Geschichte.«

»Dank Panino. Sein Vater war schließlich Historiker.«

»Der Teufel soll sich mit *dir* auskennen«, sagte Gus.

»Ja«, antwortete Georgia gedankenverloren.

Plötzlich wußte sie es. Sie würde den gelben Diamanten auf seine Nasenwurzel setzen. Direkt zwischen die Augen. Nein, er würde zum Teil die Augen verdecken, die Augen würden nur in den äußersten Winkeln zu erkennen sein.

Und der gelbe Diamant würde groß sein, sehr groß, er würde in die Stirn hineinreichen. Das war es.

Sie freute sich auf morgen, wenn sie allein sein würde. Dann könnte sie das in Ruhe ausführen. Bis Karen käme...

Karen. Was mochte bloß mit ihr los sein? Was war geschehen?

Sie blickte wieder auf das unfertige Bild. Der Diamant mitten im Gesicht, das war es.

Sie mußte das Bild dem Professor zeigen und sie wußte schon, was er sagen würde.

»Madl, warum haben deine Menschen nie normale Augen? Oder meistens gar keine. Kannst mir mal sagen, was das bedeuten soll?«

»Augen lügen, Bastian. Aber nicht für mich.«

»Bist du nicht bald fertig?« fragte Gus.

»Doch. Genug für heute.«

Sie legte den Pinsel hin, stand auf. Er trat neben sie und betrachtete das Bild.

»Was ist mit meinen Augen? Die sind noch so vage. So unbestimmt.«

»So sind sie eben. Sie haben mich auf so verschiedene Art angesehen.«

»Wie meinst du das?«

»Nun, an dem Abend, als wir uns das erstemal sahen, abwartend, spöttisch, am nächsten Tag ablehnend, mißtrauisch.«

»Und dann? Hast du die Bewunderung in meinen Augen nicht gesehen?«

»Was hast du bewundert?«

»Deine Schönheit.«

»Ah ja?«

»Und dann?«

»Dann waren deine Augen begehrlich, hungrig, zupackend.«

»Und dann?«

Sie lachte leise und legte die Arme um seinen Hals. »Liebevoll, zärtlich und... glücklich.«

Er zog sie fest an sich. »Komm jetzt!«

»Das Abendessen...«

»Wir können später etwas essen. Ich habe keinen Hunger. Nicht auf Essen. Nur auf dich.«

Und eine Stunde später: »Weißt du, was du aus mir gemacht hast, Zauberin?«

»Nein.«

»Ich weiß es auch nicht. Ich liebe dich.«

»Das hast du schon oft zu einer Frau gesagt.«

Er lang hingestreckt, den Kopf auf ihrer Brust: »Nein. Nur zu dir.«

Georgia, die Augen weit geöffnet, fuhr mit den Fingern spielerisch durch sein Haar.

Ihr Körper war satt, müde. Ihr Herz, ihre Seele?

Was ist das, mein Herz? Ein Organ.

Und was ist meine Seele? Die Kirche sagt, sie gehört Gott und ist unsterblich. Was gibt es denn sonst noch? Liebe? Was ist das? Ein Geschlechtsakt, mehr oder weniger gut gelungen. Ein Kampf, den ich gewonnen habe. Aber es bedeutet mir nichts.

Nein. Doch.

Vielleicht.

Ich habe Panino geliebt. Und Amili. Und meine Mutter? Nein. Ich kenne sie nicht.

Meinen Vater? Ich kenne ihn ein wenig.

Ich liebe Karen. Meine Arbeit. Den Himmel, die Isar, die Bäume, die Sonne, den Regen, den Wind, die Hunde und Karens schönes Pferd.

Sie hob beide Arme, legte die Hände unter ihren Kopf.

»Hörst du eigentlich zu, wenn ich etwas sage?« fragte der Mann, den sie Augustus nannte. »Du bist gar nicht bei mir.«

»Ah ja?« machte Georgia.

»Ich habe gesagt, ich liebe dich. Und du? Liebst du mich auch?«

»Aber ja«, sagte Georgia. Sie richtete sich auf, neigte sich über ihn, küßte ihn.

Es war ein Abschiedskuß.

# Die Wahrheit hinter der Wirklichkeit

Diesmal gab es keinen großen Bahnhof auf dem Flugplatz München Riem, kein Empfangskomitee, keine unternehmungslustige Karen. Sie war blaß, umschattet die Augen, bitter der Mund. Strähnig das Haar, ungeschminkt das Gesicht.

»Du bist krank«, sagte Georgia statt einer Begrüßung.

Karen schloß sie in die Arme. »Ich bin so froh, daß du da bist. Ich bin am Ende, verstehst du. Fix und fertig.«

Und ehe sie in das Taxi stiegen: »Du hast doch keinem gesagt, daß ich komme?«

»Kein Mensch weiß es. Nicht mal Frau Moser. Ich habe sie beurlaubt für eine Woche. Sie denkt, daß ich nach Venedig gefahren bin.«

»Nach Venedig?«

»Vater ist wieder dort, und ich habe gesagt, ich besuche ihn. Wir sind ganz allein. Ich habe reichlich eingekauft, wir haben zu essen, du wirst dich erst mal ausschlafen.«

»Ich habe zwei Nächte nicht geschlafen. Und der Flug hat mich genervt, er nahm kein Ende.«

»Du wirst dich ausruhen, viel schlafen, mit mir und den Hunden spazierengehen. Du wirst mir erzählen, was passiert ist, und dann wird es dir besser gehen.«

Als sie im Taxi saßen, sagte Karen: »Das ist gut, daß die Moser nicht da ist. Und der Huber?«

»Er wird schon mal kommen. Aber er braucht gar nicht zu wissen, daß du da bist. Das mach' ich schon.«

»Denkt er auch, du bist in Venedig?«

»Ja. Es wird mir ein plausible Erklärung einfallen.«

Karen fragte: »Wieso ist er in Venedig?«

»Er ist in Mestre in seiner Wohnung. Giovanna ist wieder da. Und ihr Sohn. Soll uns nicht kümmern. Vermutlich braucht er Geld. Da wird uns schon was einfallen.«

»Ach so.« Und dann: »Ich dachte, es hat dir viel bedeutet, daß er da war.«

»Es kommt und es geht«, sagte Georgia lässig. »Ich habe bisher auch ohne ihn gelebt. Es gibt nur einen Menschen, der mir etwas bedeutet, das bist du.«

Die Begrüßung durch die Hunde war stürmisch. Pedro sprang an Karen hoch, und Poldi schmiegte sich winselnd an Georgia. Er hatte wohl befürchtet, daß sie nun auch aus seinem Leben verschwände.

»Aber der ist ja reizend«, sagte Karen und erstmals kam etwas Leben in ihr Gesicht. »Wie kommst du denn zu dem?«

Georgia berichtete kurz, und wie sich herausstellte, hatte Karen zwei Bücher von Konrad Karberg gelesen.

»Er schreibt sehr gut. Irgendwie prätentiös. Nichts für die breite Masse. Ich dachte, er lebt gar nicht mehr.«

»Vielleicht nicht mehr lange.«

»Weißt du, in welcher Klinik er ist?«

»Rechts der Isar.«

»Wir werden uns nach ihm erkundigen. Und uns um ihn kümmern, falls er am Leben bleibt. Ich finde es prima, daß du seinen Hund genommen hast.« Das klang schon wieder ein wenig nach der alten Karen.

»Was willst du? Kaffee, Tee oder lieber ein Glas Champagner.«

»Bloß nicht. Ich habe auf dem Flug pausenlos getrunken und geraucht. Lieber Kaffee.«

»Zieh dich inzwischen aus.«

»Ich muß duschen und mir die Haare waschen. Aber erst muß ich dir erzählen.«

Es war ein sehr knapper Bericht. Georgia saß in der Sofaecke, Karen stand mitten im Zimmer.

»Ich kann es nicht glauben«, sagte sie am Ende. »Nein, ich kann es nicht glauben.« Und leiser: »Und dann glaube ich es doch.«

»Offen gestanden«, sagte Georgia ruhig, »kann ich deine Erregung nicht ganz verstehen. Das sind keine Tatsachen, das sind keine Beweise. Die Sache mit dem Fuß im Stiefel klingt doch reichlich makaber. Was will man da jetzt nach vier Monaten oder länger noch feststellen? Ein geheimnisvolles Gift von irgendeinem Medizinmann aus dem Busch, oder? Das ist doch lächerlich. Ich begreife nicht, daß du dich von so einer Schauergeschichte ins Bockshorn jagen läßt. Du bist doch sonst so kaltschnäuzig.«

»Kaltschnäuzig? Ich?«

»Sieh mal, dieser Jonckers ist von Haß erfüllt. Er mochte Heinze offenbar nie leiden. Und sein Schmerz ist auch zu verstehen. Sein Sohn ist tot, seine Tochter ist tot. Der einzige Sohn? Die einzige Tochter?«

»Soviel ich weiß, ja.«

»Rein psychologisch gesehen rettet er sich mit dieser Mordgeschichte vor letzter Verzweiflung. Das gibt ihm einen gewissen Halt. So sehe ich das.«

»So siehst du das?« wiederholte Karen erstaunt. »Das wundert mich.«

»Warum wundert dich das?«

»Du sagst, ich sei kaltschnäuzig. Aber ich habe mich total aus der Fassung bringen lassen. Jonckers hat mich gewissermaßen aus dem Land gewiesen, und ich bin dem widerspruchslos nachgekommen. Das hat mich auf dem Flug natürlich auch beschäftigt, warum ich mir das gefallen ließ.«

»Das meine ich ja. Was geht dich die Familie Jonckers an? Und was immer Heinze getan hat oder nicht getan hat, kann dir doch egal sein.«

»Ich habe ihn geliebt«, sagte Karen leise.

»Die paar Tage«, sagte Georgia wegwerfend.

»Glaubst du es denn? Kannst du glauben, daß er das getan hat?« fragte Karen eindringlich.

»Nein«, sagte Georgia entschieden. »Nein, ich glaube es nicht. Er ist zu klug. Und zu gerissen, um sich in solch eine Situation zu begeben.«

»Aber die Scheidung? Das Gespräch am Tag zuvor auf dieser Farm? Er sollte mit Geld abgefunden werden, die Kinder wollte man ihm wegnehmen. Und dann sein Verschwinden von heute auf morgen nach dem Unglück.«

»Und dann kam er zurück.«

»Er kam zurück. Ich habe auf dem Flug lange mit ihm gesprochen, er flirtete mit mir, er benahm sich wie ein ganz normaler Mann. Er erzählte mir sogar, was mit seiner Frau passiert war. Doch er wirkte nicht wie ein Mensch, der trauert. Der leidet. Später sagte er einmal, er betrachtete es als ein Wunder, daß er mich auf dem Flug kennengelernt habe.«

»Ein Wunder?«

»Ja«, Karen lachte kurz auf. »Irgendwie als ein Zeichen des Himmels, daß ein neues Leben für ihn beginne.«

»Ah ja?« Georgia lächelte. »Mit Worten ist er ja wohl sehr gewandt.«

»Warum ist er zurückgekommen, wenn er es getan hat?«

»Frag mal lieber so: Warum ist er zurückgekommen, wenn er es nicht getan hat? Es hat ihn wohl interessiert, wie die Sache mit der Erbschaft steht. Geschieden war er nicht, schriftlich war offenbar nichts vereinbart worden. Du weißt nicht, mit wem er gesprochen hat, als er in Johannesburg war. Du sagst, du hättest einige Tage nichts von ihm gesehen und gehört. Was hat er gemacht in diesen Tagen? Hat er dir das erzählt?«

»Nein.«

»Es ist doch anzunehmen, daß er mit Jonckers gesprochen hat, zumindest telefonisch. Und es ist anzunehmen, daß der Verdacht ausgesprochen wurde. Jonckers kann gesagt haben, wir kriegen dich und ... wie hieß der Schwarze?«

»Jonas.«

»Und Jonas wird dich töten. So kann es doch gewesen sein.«

»Dann gab er die Riesenparty für mich, und dann fuhr er mit mir an den Atlantik zum Baden. Und zum Lieben. Er muß doch verrückt sein. Aber die Kinder hat er nicht besucht. Ich muß ihn sprechen, Georgia. Ich muß ihn fragen.«

»Willst du das wirklich?«

»Ich – weiß nicht. Aber ich kann doch mit dieser Ungewißheit nicht weiterleben.«

»Was immer er dir auf deine Frage antworten würde, du wüßtest nie, ob es die Wahrheit ist.«

»Die Wahrheit hinter der Wirklichkeit«, murmelte Karen. »Ach, ich kann nicht mehr. Sag mir eins, glaubst du, daß er es getan hat?«

»Ich habe schon gesagt, nein, ich glaube es nicht.«

»Du hast ihn einen Gangster genannt.«

»Er ist ein Lügner und ein Blender«, sagte Georgia bestimmt, »aber kein Mörder.«

Karen setzte sich neben Georgia auf das Sofa, legte den Arm um ihre Schultern.

»Was täte ich ohne dich? Du bist heute so anders, so cool und so vernünftig. Ich habe eine ganz andere Reaktion von dir erwartet.«

»So? Was für eine?«

»Na ja, du hast doch oft so morbide Vorstellungen. Ich dachte, du würdest voll auf diese Geschichte abfahren.«

Georgia strich zärtlich über Karens Kopf. Sie mußte daran denken, wie sie in der vorletzten Nacht seinen Kopf gestrichelt, mit seinem Haar gespielt hatte. Ob sie je wieder von ihm hören würden, ob sie je diese eine, bestimmte Frage an ihn stellen könnten? Ach, wozu? Karen würde ihn vergessen, sie würde sich bald auf eine neue Aufgabe stürzen, ein neuer Mann würde auftauchen.

»Weißt du was? Ich fahre jetzt mal ab in die Küche. Ich mach' dir ein Geschnetzeltes mit Champignons, breite Nudeln dazu. Das kann ich gerade. Du gehst inzwischen unter die Dusche. Und nach dem Essen wirst du schlafen.«

Die Hunde lagen vor ihnen auf dem Teppich, sie hatten dem Gespräch gelauscht und nun sahen sie aus, als würde der Gang in die Küche dringend erwartet.

»Ihr kommt auch dran«, sagte Georgia. »Ich habe zwar kein Fleisch für euch, weil wir ja eigentlich verreist sind. Aber ich mache eine große Büchse auf, und ich kann ein wenig von unserem Kalbfleisch hineintun, ehe es gewürzt ist. Aber vorher verschwindet ihr beide nochmal im Garten.«

»Du kommst mir so verändert vor«, sagte Karen.

»Du wiederholst dich. Und nun zieh dich endlich aus und dusch dich.«


Karen schlief wirklich tief und fest, den ganzen Nachmittag lang. Sie hatte mit Appetit gegessen, ein paar Glas Wein getrunken, ein wenig Farbe war in ihr Gesicht gekommen, sie sah nicht mehr so verhärmt aus.

Georgia ging mit den Hunden spazieren, ehe es dunkel wurde, isarabwärts bis zum Wehr, und dann ging sie noch an dem Haus vorbei, in dem Konrad Karberg wohnte.

»Er ist nicht da, Poldi. Wir werden morgen anrufen, und uns erkundigen, wie es ihm geht.«

Diesmal kam Poldi bereitwillig mit, auch ohne Leine.

Karen schlief noch, den Stecker des Telefons hatte Georgia vorsorglich aus der Wand gezogen. Konnte ja sein, es rief jemand an, Augustus zum Beispiel.

Sie ging in das Atelier, machte alle Lichter an, betrachtete das Bild auf der Staffelei. Da fehlten immer noch die Augen. Waren es die Augen eines Mörders?

Sie sah auf ihren Tisch, suchte das Gefunkel zwischen den Farbtuben. Dann legte sie den Kopf in den Nacken und lachte laut.

Er hatte den Diamanten mitgenommen.

»Warum lachst du?« fragte Karen von der Tür her.

Georgia wandte sich rasch um. Es war zu spät, das Bild zuzuhängen. Also gut, dann wurde alles auf einmal erledigt.

»Er hat den Augustus mitgenommen«, sagte sie.

»Wer ist Augustus?«

»Der Diamant, den er dir geschenkt hat. Ich habe ihn Augustus getauft. Er sollte mit auf das Bild, ich wußte nur noch nicht wie und wo. Aber er hat ihn eingesteckt, ehe er abreiste. Kann sein, er braucht ihn, wir kennen ja seine Finanzlage nicht.«

»Wann ist er abgereist?«

»Gestern. Nach Berlin, nach Dresden zu August dem Starken, du weißt ja, daß er Dresden wieder mit aufbauen will. Da kann er den Augustus vielleicht gebrauchen.«

»Er war also hier. Ist er abgereist, weil ich kommen wollte?«

»Das hat er gar nicht mehr erfahren. Ich habe auch ihm die Reise nach Venedig verkauft. Und ich habe gesagt, ich käme mit meinem Vater zurück, und dann sei kein Platz mehr für ihn in diesem Haus.«

»Er war noch hier, als ich angerufen habe?«